La Science des Mages
Traité Initiatique de Haute Magie

Du même auteur chez Unicursal :

Traité de la Cabale Mixte
La Magie Sacrée d'Abramelin
Draconia : Les Enseignements Draconiques de la Véritable Magie des Dragons
Draconia Tome 2 : Le Code Draconique au Quotidien
Magie Blanche : Formulaire Complet de Haute Sorcellerie

Série Lemegeton
Goetia — Petite Clé du Roi Salomon (Livre I)
Ars Theurgia Goetia (Livre II)
Ars Paulina (Livre III)
Ars Almadel Salomonis (Livre IV)
Ars Notoria (Livre V)

Copyright © 2016 Marc-André Ricard
www.maricard.com

Éditions Unicursal Publishers
www.unicursalpub.com

ISBN 978-2-9816136-1-5

Première Édition, Samhain 2016
2ᵉ Édition révisée, Ostara 2022

Tous droits réservés pour tous les pays.

Aucune partie de ce livre ne peut être reproduite ou transmise sous aucune forme ou par quelque moyen électronique ou mécanique que ce soit, par photocopie, par enregistrement ou par quelque forme d'entreposage d'information ou système de recouvrement, sans la permission écrite de l'éditeur ou de l'auteur.

Marc-André Ricard

La Science des Mages

Traité Initiatique de Haute Magie

Au Grand Ciel.
Compagnons de route dont je n'ai point besoin de nommer puisqu'ils se reconnaîtront.

Table des matières

Préface de l'Auteur. 19
Introduction : Le Chemin vers l'Initiation Authentique. 25

Première partie
Les Premiers Pas sur le Sentier de la Perfection

Magie Micro-Ondes & Fausses Prophéties 31
Les Maximes : Les Cinq Règles d'Or 37
Le Nom Magique 43
À propos des Outils Cérémoniels utilisés en Magie. 45
Remarques sur les Cercles Magiques 47
Les Plans d'Existence 51
Au Sujet de la Divine Providence & des Déités 55
Le Recueil Magique 59

Deuxième partie
La Formation & l'Entraînement

PREMIER NIVEAU : La Maîtrise de Soi 63
1 - Le Monde Intérieur 65
    La neutralité 65
    Le contrôle mental : se centrer. 66
    La véritable méditation 67
2 - L'Équilibre des Éléments 68
    Le Pentagramme, symbole de la quintessence 68

Comprendre l'action des Éléments 71
Le comportement quotidien du mage. 72
3 - Remarques sur le Corps Psychique & Mental 74
4 - La Posture 75
La prise d'âsana 75
5 - De la Manifestation des Pensées, des Larves & Vampires
Psychiques. 77
De la pensée à la matérialisation. 77
Les larves et vampires psychiques. 79

DEUXIÈME NIVEAU : Le Développement 81
6 - Les Sens Psychiques 1er degré 82
L'importance de la visualisation. 82
Première variation : la visualisation avec les yeux fermés 82
Seconde variation : la visualisation avec les yeux ouverts 83
7 - Techniques Respiratoires 1er degré. 84
Première variation : les qualités relatives à l'inspiration 85
Seconde variation : les qualités relatives à l'expiration. 85
8 - Les Immersions Magnétiques 86
La charge du corps éthérique et astral. 86
9 - La Vibration des Noms Magiques 88
La verbalisation universelle 88
10 - Pratique Cérémonielle I. 90
RMBP : Le Rituel Mineur de Bannissement du Pentagramme . . 92
Résumé du Rituel Mineur de Bannissement du Pentagramme . 98
Version Énochienne du Rituel Mineur de Bannissement du
Pentagramme 99

TROISIÈME NIVEAU : La Poursuite du Développement . . . 101
11 - Les Sens Psychiques 2e degré. 102
La visualisation accentuée. 102
Première variation : La visualisation accentuée avec les yeux fermés 102
Seconde variation : La visualisation accentuée avec les yeux ouverts 103

L'ouïe psychique 104
Le toucher psychique 105
12 - Exercices avec les Éléments 106
Le premier contact élémental 106
La recherche des manifestations physiques élémentales 106
Première maîtrise élémentale 108
13 - Techniques Respiratoires 2ᵉ degré 110
Les chakras. 110
L'activation des chakras par la respiration. 112
14 - Pratique Cérémonielle II 114
RPM : Le Rituel du Pilier du Milieu 118
Résumé du Rituel du Pilier du Milieu 120
CCL : La Circulation du Corps Lumineux. 121

QUATRIÈME NIVEAU : Vers la Maîtrise Magique 123
15 - Les Sens Psychiques 3ᵉ degré. 124
Première variation : La mise à l'épreuve. 124
Seconde variation : L'intervention des sens psychiques. 125
16 - Techniques Respiratoires 3ᵉ degré 126
La respiration cutanée consciente et l'accumulation de la
force vitale. 127
17 - La Maîtrise des Éléments 128
L'accumulation et les charges 128
La technique des charges 132
Remarques à propos des charges, des inductions et de
certains prodiges. 134
18 - L'Hexagramme : Symbole Solaire & Planétaire. 135
L'Hexagramme au centre de l'Arbre Séphirotique 136
19 - Pratique Cérémonielle III. .139
RBH : Le Rituel de Bannissement de l'Hexagramme 141
Résumé du Rituel de Bannissement de l'Hexagramme 145
Version Énochienne du Rituel de Bannissement de
l'Hexagramme. 147

CINQUIÈME NIVEAU : L'Ennoblissement du Magicien. . .149
20 - La Clairvoyance 1ᵉʳ degré 150
    La lumière universelle .150
    Le miroir magique, le seuil entre les mondes 152
    La fabrication du miroir magique 153
    Premier exercice de clairvoyance : Les perceptions 154
    Second exercice de clairvoyance : La contemplation 156
21 - L'Heptagramme. 157
    Le Flux Énergétique et l'Arbre de Vie Kabbalistique. 157
    L'Arbre de Vie Kabbalistique 159
    Explications sur les Plans d'Existence et l'Heptagramme 160
    Explications sur les notions Élémentales de l'Heptagramme. . .162
22 - Pratique Cérémonielle IV 163
    Le Rituel de l'Heptagramme. 163
    Résumé du Rituel de l'Heptagramme 167

SIXIÈME NIVEAU : Le Perfectionnement 169
23 - La Projection de la Conscience 1ᵉʳ degré 170
    Premier exercice : la projection et transfert dans les objets
    inanimés 170
    Second exercice : la projection et transfert dans le règne animal .172
    Troisième exercice : la projection et transfert dans les Êtres
    humains et l'influence à distance 174
24 - Le Pouvoir Condensateur des Formes 175
    L'Art Talismanique .175
    Le Secret des Talismans 176
    La Rose-Croix Hermétique 179
    La Gématrie 182
    Le procédé de charge des talismans par la force vitale et la
    visualisation 184
25 - Les Serviteurs Personnels : Assistants du Mage 187
    De la nature des véritables Élémentaux. 187
    De la nature des Élémentaux et des Élémentaires créés par
    un acte magique 189

1- Les Élémentaux familiers 190
2- Les Élémentaires 192
La création consciente d'Élémentaux et d'Élémentaires 194
Les possibilités d'action 194
Les règles essentielles à suivre 196
Dernière remarque : Le danger de la densification d'un
Élémentaire et l'autorité 199
Rituel de Création d'un Élémental 200
Rituel de Création d'un Élémentaire 203
Au sujet de la projection de la force vitale 203
Au sujet de la création du corps astral 204
Au sujet de la création du corps mental 205
Au sujet de la naissance et de l'envoi de la vie 205
Au sujet de la dissolution de l'Élémentaire 207
26 - Pratique Cérémonielle V 208
SIRP : La Suprême Invocation Rituelle du Pentagramme 211
Résumé de la Suprême Invocation Rituelle du Pentagramme . .218

SEPTIÈME NIVEAU : La Conscience Magique 221
27 - La Projection de la Conscience 2e degré 222
La projection de la conscience dans le corps mental et les
voyages mentaux 222
Première étape : la familiarisation des sens mentaux 223
Seconde étape : les premiers pas .225
Troisième étape : Le premier voyage mental 226
Quatrième étape : L'exploration de lieux éloignés et des
Sphères élevées 228
28 - La Clairvoyance 2e degré 230
La charge du miroir au moyen de la substance éthérique 230
La projection à l'intérieur du miroir magique 231
La projection dans diverses Sphères et zones de densité 233
La projection dans les Sphères élémentales et
correspondances des Élémentaux 234
29 - Pratique Cérémonielle VI 237

SIRH : La Suprême Invocation Rituelle de l'Heptagramme 238
Résumé de la Suprême Invocation Rituelle de l'Heptagramme. .247

HUITIÈME NIVEAU : La Maîtrise **249**
30 – L'Éjection de la Substance Astrale 250
    Première approche : L'éjection consciente 250
    Seconde approche : Les formes 252
    Le guetteur astral : le serviteur personnel du magicien 253
    La création et la projection du guetteur astral. 254
    Remarques et précautions à propos de cette technique 256
31 - La Préparation au Voyage Astral 258
    L'autosuggestion favorisant les sorties hors corps 259
    La salutation de l'Être Inférieur. 262
    La projection dans son propre reflet 262
    Éjection de la substance astrale pour former le simulacrum . . .264
32 - Pratique Cérémonielle VII 266
    ROTG : Le Rituel d'Ouverture par les Tours de Guet 267
    Résumé du Rituel d'Ouverture par les Tours de Guet 274

NEUVIÈME NIVEAU : Le Mage **277**
33 - La Projection Astrale, le Plan Astral, la Peur, le Suicide et les
Attaques Psychiques 278
    L'astral 278
    La peur de l'inconnu. 280
    Le suicide 281
    Les attaques psychiques 282
34 - La Projection de la Conscience 3e degré 284
    La projection de la conscience dans le simulacrum. 284
    La technique de la corde. .288
35 - La Magie Astrale 292
    Modification des pratiques quotidiennes 292
    La magie astrale à l'aide du simulacrum. 293

La Synthèse : L'Obtention des plus Grands Secrets Magiques. . . .297

Schémas, caractères & symboles

Yod-He-Vau-He 70
Aimant quadripolaire 70
Pentagramme de renvoi à la Terre. 94
La ligne de lumière reliant les pentagrammes 95
Les centres d'activité énergétiques. 111
L'Arbre de Vie Kabbalistique 115
Les Trois Piliers 116
Le Pilier du Milieu. 117
Hexagramme planétaire traditionnel 136
Hexagramme planétaire Unicursal. 136
L'Hexagramme et les Séphiroth 137
Les Hexagrammes des Éléments 138
L'Hexagramme Unicursal 143
L'Arbre de Vie. 158
Les Quatre Mondes 158
Figure 1 - L'Épée de Flammes parcourant l'Heptagramme. 161
Figure 2 - L'Heptagramme et les Plans d'Existence. 161
L'Heptagramme et les Éléments. 162
La Rose-Croix Hermétique .180
Exemple de caractère talismanique symbolisant le mot succès . . .181
Exemple de caractère talismanique symbolisant le mot volonté . . .181
Tableaux des valeurs Gématriques pour l'énochien et l'hébreux . . .182
Talisman de volonté 183

La Magie est une Science Sainte.
Elle est, dans le vrai sens du terme,
La Science des Sciences car elle enseigne
La connaissance et l'usage des Lois Universelles.

Franz Bardon

Préface de l'Auteur

Cher lecteur et ami magicien. Avant d'entamer l'étude et la pratique de cet ouvrage et de fouler le sentier fascinant de la Haute Magie, j'ai pensé qu'il serait bien pour vous d'en connaître davantage, ne serait-ce qu'un peu plus, sur l'auteur lui-même; moi en l'occurrence. Après tout, si vous vous apprêtez à suivre cette formation magique que j'ai écrite, je pense qu'il serait une bonne chose que nous puissions faire plus ample connaissance.

Hormis mes élèves, mes correspondants et mes proches, la quasi-majorité d'entre vous me connaissent de nom seulement en tant qu'auteur du livre *Draconia*[1] et *La Magie des Dragons*[2] et pour d'anciennes collaborations. Et cela est à peu près tout. Alors, pour ceux et celles qui ne me connaissent pas (ou que très peu) ou encore, plutôt très mal, je me suis dit qu'une brève préface serait une excellente idée afin de mieux se connaître avant de cheminer ensemble au sein même de ce traité initiatique.

Ainsi, je me présente à vous en tant qu'élève de cette Sainte Science de la vie qu'est la magie. Un passionné des sciences occultes; un élève de l'école Universelle et non un maître; un Être incarné à la recherche de Vérités; un humain imparfait avec ses défauts, mais en constante évolution et continuellement en quête d'un bagage sans cesse grandissant de connaissances menant vers la sagesse.

Au moment d'écrire ces lignes (et de les réviser pour la énième fois), j'ai près d'une trentaine d'années d'expérience dans le domaine de la magie, des sciences occultes et de l'ésotérisme. Vrai, j'ai collaboré à l'écriture de plusieurs ouvrages dans le passé, essayant le plus possible de faire passer par écrit des parcelles de savoir. Certes, j'avoue moi-même

---

1 *Draconia : Les Enseignements Draconiques de la Véritable Magie des Dragons*, Unicursal 2016
2 *La Magie des Dragons : Les véritables enseignements et rituels draconiques*, Le Dauphin Blanc 2003

que ces livres pouvaient par moments m'apparaître trop simplistes, mais même dans la simplicité la plus absolue, j'ai toujours écrit au meilleur de mes connaissances avec les correspondances magiques les plus exactes. Âgé seulement de 25 ans à cette époque, je reconnaissais déjà la chance inestimable que j'avais de pouvoir écrire des pages qui seraient éventuellement publiées en livres et je me disais que si je pouvais faire passer ne serait-ce qu'une toute petite partie de sagesse théorique au travers de ces ouvrages, alors je le ferais en espérant que les lecteurs puissent la découvrir entre les lignes et s'y intéresser.

Finalement, après quelques années, il était temps pour moi de passer à autre chose. C'est alors que je décidai de produire des livres qui me ressembleraient entièrement et ne contiendraient aucune censure. Écrire exactement ce que j'avais envie de communiquer et le faire à ma façon. Le premier résultat fut mon livre sur la Magie Draconique, manuscrit qui fut complété en 2002 après 7 à 8 mois de travail ardu, après plusieurs communications et expérimentations, à défaut de plusieurs heures d'écriture de jour comme de nuit. Et dire que le plus étonnant dans tout cela, c'est que le manuscrit de *La Science des Mages* avait déjà été entamé 5 ans plus tôt!

Côté pratique, comme plusieurs d'entre vous, j'ai commencé à m'intéresser à la magie pour son côté mystique, à la fois impalpable et prometteur. J'étais jeune, avide de sensations et de savoir. Je voulais tout, mais absolument tout comprendre. Et quelle ne fut pas ma surprise de découvrir, encore adolescent, qu'il existait bel et bien des rituels pour faire face à toutes les situations les plus courantes de la vie quotidienne… et plus encore! Je pouvais désormais accomplir beaucoup de choses grâce à la magie! Du moins c'est ce que j'ai cru au début…

Après avoir étudié attentivement les modes d'emploi et consulté encore et encore ces premiers ouvrages de 'magie blanche' sur lesquels j'étais tombé en fouillant les rayons à la bibliothèque municipale, je décidai qu'il fallait comprendre avant de pratiquer. J'ai alors, sans réellement m'en rendre compte, ouvert une boîte de pandore. Je mis en marche un engrenage sans fin: *le questionnement*. Poser une question qui en entraîne une autre, qui en entraîne une autre, qui en entraîne une autre, etc., etc., etc.

Voyons voir. Pourquoi donc si je suivais à la lettre cette recette, j'arriverais à obtenir ce qui est écrit? On indique de faire un cercle de sel autour d'une bougie blanche lors d'une lune croissante. D'accord. Et si jamais je remplaçais la bougie blanche par une de couleur verte, juste pour voir... Est-ce que cela fonctionnerait quand même?

Le sel, lui, à quoi sert-il?

Si je n'en utilisais pas ou, au pire, si j'employais disons du laurier?

Et la phase lunaire quant à elle, est-ce vraiment important?

Si la lune est décroissante, arriverais-je aux mêmes résultats?

Attention, ce qui suit est important.

Je crois que ce qui différencie les vrais magiciens de ceux qui ne suivent que les livres de recettes se précise ici. Chercher à comprendre comment les Lois Universelles opèrent. Chercher à comprendre la différence entre utiliser un accessoire comme la bougie, le sel, etc. et en leur conférant des pouvoirs magiques au lieu de faire le focus sur notre propre personne et découvrir qu'au final, *la véritable puissance magique ne provient de nulle part ailleurs que... à l'intérieur de nous-mêmes.*

De fil en aiguille, j'ai accumulé un grand nombre de livres sur le sujet de même qu'un lot diversifié de savoir, de connaissances et d'expériences. Et ainsi se poursuivit ma quête personnelle de la magie et de l'évolution de l'Être à travers cette pratique. Cela m'a pris près de deux ans avant de me décider à pratiquer un simple rituel; ne serait-ce que d'allumer une seule chandelle ou un bâton d'encens pour faire une prière. Tout comme vous, je l'espère, je lisais et cherchais à comprendre le fonctionnement des Lois Universelles. Découvrir et analyser le comment du pourquoi dans chaque chose et non seulement suivre un mode d'emploi. Comment tel ou tel acte magique pouvait-il produire tel ou tel effet au détriment d'un autre? Pourquoi une chandelle blanche au lieu d'une verte? Pourquoi faire brûler de l'armoise ou de la sauge? Comment fonctionne le taux vibratoire? À quoi bon une image talismanique au lieu de simplement visualiser les effets recherchés? Les Intelligences planétaires existent-elles réellement? Se sont-elles déjà incarnées? D'où viennent-elles? Comment les âmes ont-elles été créées? Etc.

Tout comme un arbre dont nous montons le long de son tronc, qui se divise en plusieurs branches qui, à leur tour, se subdivisent en de nouvelles autres branches qui à leur tour, une fois encore, se divisent en de nouvelles intersections et ainsi de suite, plus je cherchais des réponses à mes interrogations, plus je trouvais les réponses désirées, mais qu'elles-mêmes, ensuite, soulevaient toujours un nombre exponentiel de nouvelles questions et de nouveaux mystères à élucider. Et cela ne fit que continuer, jour après jour, année après année. L'Univers est sans fin...

Je me considère également et surtout comme un élève du Maître Arion, plus connu sous le nom de Franz Bardon. Il est, de mon avis personnel, l'un des plus nobles mages à avoir foulé la Terre et le savoir qu'il nous a laissé, tout simplement admirable. Ceux qui connaissent, qui ont pratiqué ou simplement lu ses œuvres, reconnaîtront son influence ici et là à travers moi au cours de ce traité; comme il en est pour tout disciple d'un Maître. Sa rencontre au détour de ma vie apporta un changement radical et voilà pourquoi sa lumière continuera de briller par-delà les pages que j'ai écrites afin que ce savoir puisse perpétuellement être transmis et partagé. Je le perçois toujours à ce jour comme mon mentor et guide spirituel. Les personnes très chrétiennes prieront Jésus-Christ, moi c'est plutôt Maître Arion ou encore, au lieu de nommer tous les Êtres des plans élevés un par un; j'envoie mes pensées vers ceux que j'appelle tout simplement le *Grand Ciel*.

Étant passionné et déterminé à comprendre les rouages de la magie, j'ai touché pratiquement à tout ce que je découvrais. J'ai fait mes propres expérimentations et élaboré mes propres théories et calculs. J'ai eu mon lot d'échecs, mais aussi de grandes réussites. J'ai étudié et utilise encore grandement, entre autres, le système de l'Ordre Ésotérique de la *Golden Dawn* à travers lequel j'ai appris la magie cérémonielle. Donc à ce jour, je dirais que mes bases de Haute Magie reposent principalement sur ces derniers; FB et GD. Avec tous les autres manuscrits et pratiques occultes que j'utilise pour parvenir à des amalgames homogènes, j'en suis venu à découvrir que j'étais ce que l'on nomme un *magicien éclectique*.

De mon vécu, je remercie la Vie d'avoir eu la chance immense de pouvoir rencontrer, échanger et dialoguer avec des personnes qui m'ont été très marquantes. Des Êtres de la Grande Loge Blanche, des initiés d'un Ordre dont je ne peux citer malheureusement le nom, ainsi que d'autres Entités des plans élevés avec l'aide d'un excellent canal.

Je crois qu'il est maintenant temps de remercier publiquement Diane; une femme exceptionnelle à qui, lorsque j'étais encore un tout jeune homme à ses débuts de carrière magique, j'ai posé tant de questions la poussant presque à l'exaspération, humoristiquement parlant. "Tu as toutes les réponses en toi", me répondait-elle très souvent. Au bout du compte, j'en suis finalement arrivé à un constat; l'évolution magique, personnelle et spirituelle est véritablement perpétuelle et n'a, pour ainsi dire, aucune fin, tout comme la vie.

Voilà, je crois que ceci résume brièvement le cheminement que j'ai parcouru jusqu'à ce jour. Tout ceci est loin de me monter à la tête avec prétention, car toute personne désirant trouver des réponses saura tôt ou tard où les chercher. Bien au contraire, cela me fait plutôt reconnaître et apprécier en toute humilité la splendeur de l'Univers et, main droite sur le cœur, le bonheur et les joies que j'ai eu de vivre toutes ces choses merveilleuses.

À vous, si vous n'avez pas encore eu cette chance, je vous la souhaite en toute sincérité.

Introduction
Le Chemin vers l'Initiation Authentique

Ceci est vrai, sans mensonge, certain et très véritable. Voici comment débute la Table d'Émeraude d'Hermès Trismégiste. J'ai décidé de commencer ce livre par cette affirmation, car c'est justement ce qui vous attend au fil des chapitres à venir : la juste vérité sur l'initiation magique et les techniques des mages authentiques.

Ainsi, c'est avec cet état de conscience que j'entrepris l'écriture de cet ouvrage en 1997. Au fil du temps et des années, les pages s'ajoutèrent et furent écrites, réécrites, révisées et encore réécrites. Peu à peu le livre commença à prendre forme jusqu'aux environs de 2007 où dix ans plus tard, hélas, il fut laissé de côté malgré le fait qu'il était achevé. À ce moment-là, l'édition de nouveaux livres du genre étant devenue plus difficile, je mis davantage d'énergie à offrir des cours basés sur mes écrits et délaissai l'écriture de nouveaux manuscrits. Les années passèrent et finalement, après avoir révisé *Draconia*, je sus qu'il était plus que temps de faire connaître au grand public *La Science des Mages*. Enfin les étoiles semblaient être alignées…

C'est alors que nous voici aujourd'hui avec le produit final que vous détenez entre vos mains, près de vingt ans plus tard. Ce fut un travail colossal, excessivement long et ardu, mais autant agréable à faire, et j'espère de tout cœur que le chercheur sérieux saura l'apprécier et en reconnaître toute sa valeur.

J'ai jugé qu'il était essentiel de vous transmettre toute l'information la plus exacte possible afin que vous puissiez parvenir à l'accomplissement le plus complet au sein de cette formation magique. Car oui, il s'agit bien ici d'une formation, d'un cours que vous suivrez de manière autodidacte. Tout ce qui ne sera pas à caractère lumineux et ne traitant pas de vérités ne figurera pas dans ce livre. Il n'y aura pas de recette, aucune fausse promesse ni raccourci. Je vous dévoilerai en contrepartie les exercices menant à la maîtrise de soi et des énergies Universelles afin de pratiquer efficacement la magie par des procédés qui ont maintes fois fait leurs preuves et avec lesquels vous parviendrez à des résultats tout simplement étonnants. Je vous offre un traité théorique et éminemment pratique.

Par ailleurs, *La Science des Mages* est à la fois un cours et une synthèse. Effectivement, je dirais avec assez d'aisance que la SDM est tout comme mon journal personnel. Tout mon entraînement y est répertorié. Les pratiques et les exercices que je fais quotidiennement y sont dévoilés. Si vous vous êtes toujours demandé "Mais qu'est-ce que ça fait un magicien?" Voilà, vous aurez votre réponse sous peu.

Je me souviens encore aujourd'hui, lors de mes débuts en magie, je trouvais qu'il manquait ce livre qui aurait fait ma plus grande joie. Un ouvrage qui aurait su répondre le plus possible à toutes mes interrogations immédiates et qui m'aurait aidé à cheminer adéquatement sur le sentier de l'hermétisme, du développement magique et personnel. Mais qui plus est, un livre qui aurait été en mesure de m'apporter un lot de connaissances, de révélations complètes et véritables. Et en réponse à ce besoin, je décidai d'écrire le livre que j'avais toujours souhaité me procurer : un ouvrage aussi complet qu'il est possible de faire et empli de justesse; ce livre que vous lisez en ce moment présent. Mon but, par ce traité de Haute Magie, est de vous fournir tout le matériel et les outils nécessaires afin que vous puissiez vous élever à un niveau supérieur et devenir un authentique magicien.

La façon recommandée de lire cet ouvrage est d'y aller étape par étape, un niveau à la fois. Vous vous apprêtez à suivre un cours de magie avec l'aide d'un manuel de formation. Il est donc inutile de vous dépêcher et je ne le répéterai jamais assez; *la magie n'est pas une course contre la montre!* Vous avez toute votre vie devant vous pour vous perfectionner. Alors prenez tout votre temps et soyez à votre aise. Si vous jugez ne pas avoir maîtrisé un niveau avec un degré de satisfaction suffisant, travaillez davantage sur ce dernier tant et aussi longtemps que vous ne serez pas prêt à poursuivre vers un niveau supérieur, jusqu'à la prochaine étape. Allez-y à votre rythme et les résultats n'en seront que plus probants.

Voilà donc pourquoi l'étudiant sérieux sera comblé devant l'étendue des capacités et le potentiel magique qu'offre ce livre initiatique. Il procurera au chercheur mature une formation magique adaptée aux besoins de chacun. C'est un livre qui traitera abondamment de cette Sainte Science et de l'usage des Lois occultes et hermétiques; un ouvrage théorique et pratique, un outil de référence et de vérités.

Depuis que le monde est monde, l'Être branché à la Source a toujours été attiré vers la Lumière. Et il n'est pas compliqué de comprendre ce fait, car ne sommes-nous pas justement tous issus de cette même Lumière Cosmique, de cette Grande Famille Universelle? Chacun étant une parcelle de Divinité? Nous sommes tous, malgré notre dense apparence physique, un réceptacle Lumineux, et pour ceux et celles qui en sont conscients, ils aspireront un jour à retourner vers celle-ci.

Puissent vos efforts être couronnés de succès dans l'éclat fraternel de l'Un.

Marc-André Ricard ~555

Première partie

Les Premiers Pas sur le Sentier de la Perfection

Magie Micro-Ondes & Fausses Prophéties

La pratique de la magie est bien loin de la représentation populaire qui demande à ce que l'on revête des habits cérémoniels dans le but de se confiner à l'intérieur d'un cercle pour y proférer des formules magiques en brandissant une baguette. Oui bien sûr, ces choses existent bel et bien, mais cela consiste seulement en une infime partie pratique de l'Art Blanc, un aspect parmi tant d'autres. Beaucoup de choses sont demeurées voilées jusqu'à ce jour et voilà pourquoi une grande majorité de ces pseudo-livres de magie n'apportent aucun résultat; il y manque tout simplement... l'essentiel!

Avant d'entamer un projet, peu importe lequel, il est impératif de faire des recherches afin d'être bien informé sur la nomenclature de la chose. Savoir ce qui est nécessaire et ce qui ne l'est pas et faire le tri. Il faut établir un plan d'action à entreprendre, considérer ses moyens et ses capacités, faire des esquisses et des croquis, opter pour les bons outils, etc. Ensuite, viendra le moment de passer aux actes et de mettre en mouvement les rouages qui feront de notre entreprise personnelle une réussite.

Suivre une formation magique ressemble beaucoup à cela. On ne peut se lancer tête baissée et tenter de franchir tous les obstacles menant à la réussite comme le ferait un taureau en pleine crise de furie, fonçant au travers des barrières et clôtures qu'il pourrait rencontrer sur son passage. Il faut savoir agir avec sagesse, mais surtout, être conscient dans nos futurs agissements. En gros, il faut une préparation adéquate et faire des études approfondies sur lesquelles reposeront solidement tous les fondements de nos actions et de nos succès.

Oubliez donc pour un court instant ce que vous avez lu dans le passé au sujet de la magie, car ce qui suivra tout au long de ce livre pourrait vous sembler tout à fait différent de votre conception même de cette

Grande Science si vous avez suivi une approche alternative. De même, si par le passé vous avez déjà tenté de vous adonner à des pratiques ésotériques en suivant ce que l'on nomme couramment des livres de recettes, et que ces dernières se sont toujours concrétisées par des résultats stériles, avant d'abandonner, avez-vous alors songé ne serait-ce que pour l'espace d'un moment que ces ouvrages bien qu'attrayants pouvaient être à quelque part partiellement incomplets et que la véritable connaissance de base y était tout bonnement absente?

Métaphoriquement parlant, imaginez un instant que vous tentez de suivre une recette de cuisine pour concocter un succulent canard au vin. Même si votre livre est rempli de photographies, qu'il explique les étapes de la cuisson et les ingrédients, si au préalable vous n'avez aucune base en cuisine et que vous éprouvez des difficultés à faire cuire un simple œuf, il est plus que probable que vous manquiez votre repas et que ce dernier aura un goût et un aspect, disons, des plus discutables. Enfin, ceci est une éventualité, entendons-nous.

En effet, pour pallier cette métaphore, on retrouve de nos jours sur le marché un nombre grandissant d'ouvrages sur la magie se composant, entre autres, de recettes innombrables pour faire face aux populaires situations les plus courantes de la vie de tous les jours; notamment l'argent, l'amour, le travail, etc. Oui, je l'admets, ce sont des domaines qui nous touchent tous et auxquels nous aimerions tous avoir du succès, moi y compris.

Ce que je tiens à vous démontrer, c'est que ces livres, bien qu'en apparence simplistes, portant souvent la fameuse mention — à la portée de tous — sont généralement destinés à ceux qui ne veulent pas apprendre proprement les bases de cette Science qu'est la Magie et, comme notre taureau, foncer directement dans les expérimentations pratiques en outrepassant volontairement l'illumination de l'intellect. Cette majorité des livres nous amènent ainsi directement (et superficiellement hélas) dans les pratiques simples et sans tracas de basse magie (plus souvent qu'autrement un amalgame néo-païen), sans pour autant nous dévoiler les fondements nécessaires de la réussite pour accomplir les rituels en question avec un degré de succès satisfaisant.

Si ces livres pouvaient vous parler, ils vous entretiendraient probablement de séduisants dialogues vous promettant des résultats sans efforts. Pour une très forte population, cela semble effectivement très alléchant. Mais cela demeure agir sans un rigoureux développement magique des aptitudes personnelles. Et une fois encore, agir sans la conscience magique.

Par ailleurs, on découvre autour de nous, de plus en plus d'individus souffrant de paresse intellectuelle et d'un manque d'efforts personnels. Les gens sont attirés par le pouvoir et les gains instantanés, par le désir de prendre leur vie en main, mais ce, que de la façon la plus rapide. En résumé, ces personnes essaient d'obtenir l'impossible : des résultats immédiats sans aucune formation de base adéquate. J'appelle cela vouloir pratiquer de la magie « micro-ondes ». On met un plat, règle le minuteur et voilà c'est fait, la magie s'est opérée d'elle-même. C'est tout comme si l'on demandait à une personne passionnée par l'aéronautique de piloter un astronef sans aucune formation au préalable. L'échec est éminemment assuré.

De plus, il me semble apparent que cette omission d'informations vitales est plus que souvent volontaire et fort compréhensible. Effectivement, une majorité de ces auteurs n'ont jamais pratiqué eux-mêmes la magie. Dans notre monde actuel où trône mercantilisme, argent et profits, nous sommes rendus loin, sinon à des années-lumières de la noble et nostalgique transmission ancestrale de maîtres à disciples. Ainsi, faites attention afin de ne pas remettre votre évolution magique, personnelle et spirituelle entre les mains des faux prophètes aux fausses prophéties. Soyez donc vigilants. Car ceux-ci, on les retrouve partout. Croyez-vous véritablement tout ce que l'on vous raconte dans les médias, sur internet, à la télévision ou dans les journaux? Sûrement pas. Vous en prenez et en laissez de côté. Prenez donc ce que vous croyez être juste et laissez ce qui vous semble erroné. Et retenez simplement, au risque de vous décourager, que la magie n'est pas aussi simple à pratiquer qu'on pourrait l'imaginer. Cette Science est de loin beaucoup plus vaste; elle est Universelle. La magie est avant tout une très grande discipline personnelle axée principalement sur les facultés enfouies au plus profond de la structure et de la conscience humaine. Facultés que vous apprendrez bientôt à développer.

Si vous ne prenez pas la peine de vous efforcer et d'allouer à votre développement magique le temps nécessaire pour parfaire son entraînement, alors vous ne pourrez jamais vous contenter autrement que de petites réussites ou pire, synthétiser que la magie n'est que fatras pour désespérés et ne fonctionne tout simplement pas. Cela est similaire à une personne qui désire courir le marathon sans prendre le temps de suivre une diète adéquate et un entraînement sportif rigoureux. Par contre, tout comme une balance à plateau que l'on tente d'équilibrer, plus vous déployez sans compter d'un côté tous les efforts requis pour parvenir à la perfection, plus le plateau opposé sera alors pourvu en succès.

Pour demeurer dans le contexte, je ne me considère ni prophète, ni faux prophète; simplement un guide, un élève en constante évolution désirant vous aider du mieux possible. Jamais je n'aurai la prétention de dire que je possède la science infuse ou que mon livre est le meilleur qui soit car ce n'est point le cas. Si nous étions parfaits, nous ne serions pas ici en ce moment. Sinon, seulement de vous dire qu'il fut écrit avec cet amour de partager des connaissances et que j'y ai donné le meilleur de moi-même au fil de ces longues années d'apprentissage et d'écriture.

À ce propos, il existe beaucoup d'autres excellents manuscrits et certains d'entre eux font déjà partie de ma précieuse bibliothèque occulte, notamment les œuvres de Bardon, Papus et Levis, pour ne citer que ces auteurs. Je suis humain après tout et *La Science des Mages* a donc été écrite par un humain; un humain imparfait. Par contre, pour posséder et avoir lu des milliers et des milliers de pages de livres de magie et autres sujets connexes, pour les avoir étudiés et pratiqués, pour avoir communiqué avec des Êtres magnifiques de la Grande Loge Blanche, je suis en mesure de constater aujourd'hui, avec mon humble expérience d'auteur et praticien de l'Art, lesquels de ces ouvrages peuvent m'être utiles et lesquels pourraient me servir pour caler une patte de bibliothèque.

Repensez à l'appareil micro-ondes et à cette personne qui désire entamer un projet et prenez simplement le temps de lire ce traité de magie, de le comprendre et de le mettre en pratique. Ensuite, jugez vous-même s'il vous convient. Si ce n'est pas le cas, peut-être est-il trop tôt pour en faire la lecture. Fermez-le et cherchez alors une patte de table ou une bibliothèque à niveler. Par contre, si ce dernier vous ait été utile de quelque façon dans votre développement magique, alors il aura pleinement atteint son but.

En conclusion, la prochaine fois que votre attention se portera vers l'un ou l'autre de ces ouvrages de magie, demandez-vous si ces derniers sont véritablement complets et s'ils vous transmettent de quelconques informations propres à votre développement magique, personnel et spirituel, au-delà des rituels qu'ils contiennent. Et cherchez surtout à comprendre comment ces derniers sont construits, explorez et tentez de trouver les correspondances exactes, élevez votre conscience, ouvrez votre champ de vision, cherchez encore et évoluez! Si vous vous retrouvez toujours avec des interrogations, poursuivez sans relâche vos démarches afin de lever le voile sur la vérité. Vous finirez tôt ou tard par la trouver.

Les Maximes : Les Cinq Règles d'Or

Les maximes sont pour ainsi dire des règles d'Or remplies de sagesse et d'un sens profond de vérité, elles sont en quelque sorte à elles-mêmes des Lois ésotériques dévoilant un certain comportement à adopter et une manière d'approcher les choses sous un nouvel angle. Lorsque l'on aborde la voie initiatique, on ne peut faire autrement que de contempler l'Univers avec des yeux différents, conscients et beaucoup plus alertes.

Le but premier de ces maximes est de stimuler votre esprit afin que ce dernier demeure toujours en état d'éveil. Si vous êtes en mesure d'intégrer dans votre vie de tous les jours les cinq règles d'Or suivantes que je m'apprête à expliquer, soyez dès lors assuré que vous serez capable de gérer avec plus d'aisance les événements et les épreuves que la vie vous réserve; car après tout, le véritable mage sait que pour être en mesure de contrôler les éléments extérieurs de l'Univers, il doit impérativement apprendre à maîtriser son propre Univers, c'est-à-dire... lui-même.

> **Première Maxime**
> Étudier, apprendre et appliquer

La magie, comme nous l'avons vu ensemble précédemment n'est ni un passe-temps, ni quelque chose à prendre à la légère; la magie est bel et bien une Science complète et sérieuse. Lorsque l'on emprunte le chemin initiatique, nous nous rendons compte bien assez tôt que pratiquer la magie devient rapidement un état d'âme, un mode de penser, une manière de vivre et un excellent moyen de parvenir à la réunification de notre Soi Divin.

Or, la magie blanche —l'étude et la mise en application des Lois Cosmiques et naturelles— consiste en l'adoption d'un comportement strict et sérieux. Les conséquences désastreuses qui frappent malheureusement trop souvent les praticiens inexpérimentés relèvent toujours d'un manque de connaissances, de pratique et de discernement.

Voilà pourquoi il sera essentiel que vous preniez le temps de bien connaître ce à quoi vous toucherez et pratiquerez dans le futur. L'efficacité et l'érudition en magie ne sont jamais instantanées, il faut prendre le temps nécessaire pour bien maîtriser son Art. N'oubliez jamais; ce n'est qu'en forgeant que l'on devient forgeron! Plus vous y mettrez de votre propre énergie, plus les résultats que vous obtiendrez seront tangibles et parfois même spectaculaires.

Ainsi, en prenant le temps d'étudier et apprendre toute la matière contenue dans ce présent livre, en mettant en pratique les techniques employées par les mages authentiques sur une base régulière, soyez certains que vous connaîtrez tôt ou tard le succès.

Lorsqu'un magicien en devenir choisit la voie initiatique menant à la perfection, il devra donc indubitablement étudier, apprendre et appliquer.

Deuxième Maxime
L'introspection, la véritable connaissance de soi

L'introspection est le procédé par lequel nous apprenons à nous connaître davantage en voyageant à l'intérieur de notre propre conscience. Un mage sait qu'il n'existe personne capable de mieux lui faire comprendre qui il est avec autant d'exactitude que lui-même. Par contre, faut-il encore avoir l'humilité de s'accepter tel que nous sommes et de savoir reconnaître autant nos côtés positifs que nos côtés négatifs ou discordants.

Comme l'explique si bien la quatrième maxime, il faut être en mesure de se maîtriser avant d'aspirer à une maîtrise de l'Univers extérieur, et en pratiquant les techniques d'introspection, vous parviendrez à découvrir quelles sont vos bonnes qualités ainsi que vos mauvaises. C'est alors que vous serez capable d'avancer plus rapidement dans vos pratiques magiques en sachant sur quel point de votre personnalité travailler afin de les améliorer pour finalement parvenir à un équilibre parfait.

Troisième Maxime
À ce qui est en haut pour ce qui est en bas

Le sens profond de cette maxime se retrouve dans le fait que, sur le plan terrestre dans lequel nous vivons, tout est basé sur un schéma de dualité. Le bien et le mal, la vérité et le mensonge, le noir et le blanc, la lumière et les ténèbres, etc. Tout autour de nous est donc dualiste et composé de deux facettes contraires, deux contreparties diamétralement opposées l'une de l'autre mais, à la fois complémentaires.

En effet, l'un ne pourrait exister sans son opposé ici sur cette Terre; tout est une question de juste équilibre. C'est ainsi que l'étudiant attentif devra prendre en compte que, pour tout ce qui est visible, tangible et palpable, il y aura également une contrepartie qui sera quant à elle invisible et subtile. En bref, si l'on croit en l'un, il faudra alors accepter et reconnaître l'existence de son opposé.

Quatrième Maxime
Afin de produire des changements dans le Macrocosme
Une maîtrise du Microcosme doit être obtenue

Afin de bien intégrer cette information, imaginez un arbre. À première vue vous pourriez déduire qu'il possède un tronc unique et robuste ainsi que des branches feuillues. En observant de plus près, vous remarquerez que chaque branche, chaque pousse aussi petite soit-elle est constituée de la même manière; un autre tronc plus petit, d'autres branches plus menues, etc. On peut donc dire qu'un arbre est constitué de plusieurs petits arbres vivants les uns avec les autres, soit plusieurs microcosmes uniques vivant en symbiose au sein d'un tout parfait, une représentation d'un seul arbre, un seul Univers ou macrocosme. Or, nous sommes tous à nous-mêmes un petit Univers complet interagissant à l'intérieur d'un autre Univers, lequel est immense et infini.

Comme il fut si bien dit dans *Liber Legis*[3] : "Chaque homme et chaque femme est une étoile." Plusieurs étoiles uniques et individuelles en orbite dans un même et unique Univers.

---

3   Aleister Crowley : *Liber AL vel Legis* — *The Book of the Law*, 1:3.

Cette Loi très importante stipule donc que pour être en mesure de produire des changements dans l'environnement du mage, celui-ci doit en premier lieu être capable de se maîtriser lui-même — *maîtrisez votre propre Univers intérieur avant d'aspirer à maîtriser l'Univers extérieur*. Ce concept du microcosme et du macrocosme est important à retenir. Sachez que nous sommes tous conçus de la même manière que l'Univers dans lequel nous vivons; la nature, notre planète, le système solaire, etc. Ici, le macrocosme tient lieu du grand monde contenant tous les petits mondes, dont nous, et tous les êtres vivants.

Le microcosme, notre Univers intérieur que l'on désigne par « le petit monde » est donc la représentation du macrocosme « le grand monde ». Comment donc un magicien peut-il aspirer à changer tout autour de lui s'il n'est même pas en mesure de se contrôler et d'apporter des changements sur lui-même? Cela est tout simplement impossible en magie et ceci explique pourquoi de nombreuses personnes n'atteignent aucun degré de réussite satisfaisant et encore davantage pour celui qui ne pratiquera que des 'recettes'.

Voilà pourquoi lorsque l'on emprunte le sentier de la véritable initiation magique, il est primordial de pratiquer des exercices de maîtrise et de développement personnel. Car une fois en plein contrôle du microcosme, le mage sait qu'il sera en mesure d'apporter des changements au sein du macrocosme. Vous devez être en mesure de comprendre cette Loi afin d'apporter des changements sur votre propre personne et ainsi, de la même manière, vous serez capable d'affecter votre propre environnement en accord avec votre volonté.

Cinquième Maxime
Savoir, Oser, Faire et se Taire

Savoir, oser, faire et se taire, tels sont les quatre piliers sur lesquels repose la science hermétique. Ces piliers représentent également les quatre Éléments Cosmiques primordiaux, soit le Feu, l'Eau l'Air et la Terre; c'est la pierre angulaire de la personnalité magique du praticien, la synthèse de toutes ces règles d'Or.

Savoir : Cette facette représente un intellect illuminé par l'étude de la science hermétique. Apprendre, comprendre et intégrer au sein de sa propre vie les Lois Cosmiques, occultes et naturelles.

Oser : Cela implique le fait qu'un magicien doit avoir une volonté de fer à toute épreuve et une patience sans limite. Oser c'est vouloir accomplir.

Faire : Les efforts et les sacrifices que le magicien devra faire afin de parvenir à la perfection et à la réussite magique. Prendre le temps nécessaire pour s'accomplir au sein d'une formation magique et mettre en action les connaissances et les méthodes ésotériques afin d'atteindre les buts qui ont été fixés.

Se taire : Adopter une attitude humble envers soi-même et faire preuve de prudence. Ne jamais dilapider la force de ses actions inutilement, eu égard des résultats. Savoir se taire signifie également le fait que nous vivons sur une planète où malheureusement trop de gens sont encore endormis et inconscients, et loin d'être prêts à accepter les vérités Universelles que vous aimeriez partager. Car à cet effet, dire une vérité à qui n'est pas prêt à l'entendre serait synonyme de lui raconter un mensonge.

Le Nom Magique

Le nom magique définit la personnalité occulte du magicien

Parfois, on entend dire que lorsque l'on a choisi un nom magique, il ne peut être changé. D'autre part, certains affirment que ce dernier doit être remplacé par un autre, le tout conformément au progrès du magicien, en adoptant un nouveau nom lorsqu'une étape importante fut atteinte au sein d'un développement magique.

Le magicien adopte un nom magique pour définir sa personnalité occulte. En d'autres termes, ce nom symbolise une qualité précise que l'on désire acquérir ou exprimer. Si vous aviez à vous définir en un seul mot ou une simple expression, pour toutes vos qualités de magicien, votre nom magique en serait la juste définition. Étant donné que l'on change avec le temps (en bien c'est encore mieux!) un nom magique peut alors lui aussi changer afin de représenter un nouvel aspect de sa personnalité, lorsqu'une autre étape est franchie. Bref, cela dépendra des besoins moraux de chaque individu.

Par ailleurs, adopter un nom nous permet également de nous acquitter de notre personnalité de tous les jours : l'individu qui doit aller travailler, payer ses comptes et qui est constamment sous les pressions de la société dans laquelle il vit. Autrement dit, se baptiser par un nom spécialement choisi pour pratiquer la magie fera en sorte que vous puissiez plus facilement vous détacher de votre personnalité de tous les jours. Dans votre quotidien, vous êtes peut-être étudiante, commis de bureau ou informaticien. Peu importe. Car lorsque viendra le temps de vous adonner à votre Art, vous devrez mettre toutes ces considérations de côté pour vous détacher complètement de la personne que vous êtes et que les autres connaissent. Vous oublierez aussitôt tous vos tracas et obligations quotidiennes en revêtant une tout autre identité; le magicien que vous êtes véritablement.

Je vous conseille donc de prendre tout votre temps lorsque viendra le moment de choisir votre *motto*, c'est-à-dire votre nom magique ou affirmation, car il fera partie de votre propre personnalité et son sens en deviendra tout aussi important. Vous pouvez bien entendu débuter votre entraînement sans toutefois avoir choisi ce nom et attendre de recevoir l'inspiration nécessaire pour effectuer un bon choix. Vous n'avez pas à agir à la hâte, vous possédez tout le temps nécessaire.

Or, quel nom choisir au juste? À vous la personnalité, à vous le choix. Je ne vous donnerai pas d'exemples de noms magiques car je tiens absolument à ce que votre choix demeure personnel et que ce dernier ne soit pas influencé par quiconque, ni même par moi. Oui, ce nom peut être conçu par vous-même, mais quoi qu'il en soit, retenez qu'il devra évoquer dans votre esprit ce sentiment de puissance magique et de sagesse. En fait, le choix d'un nom magique peut tout aussi bien être employé en tant que mot de puissance; votre puissance personnelle en tant que magicien. Ainsi, vous pourrez à votre guise ajuster certains rituels en ajoutant une partie spéciale en conséquence de votre mot de pouvoir afin d'évoquer et stimuler votre puissance personnelle.

Quoi qu'il en soit, il est vrai que certains ne voudront pas faire l'emploi de noms magiques, voire même qu'ils trouveront cela futile et superflu et laisseront cela aux praticiens qui sont membres d'un ordre ou d'une cellule magique, voyant que la pratique en solitaire n'en nécessite aucunement le besoin. Ce choix est tout aussi acceptable. Un nom magique n'est pas indispensable, je vous l'accorde. Cependant, il peut s'avérer fort pratique à certains égards. Pour ma part, j'en possède un (pratiquement deux, mais cela est une tout autre histoire et je ne poursuivrai pas dans cette direction). Et vous? Croyez-vous que cela pourrait vous aider ou vous être utile en considérant ce qui vient d'être dit? Agissez avec conscience et si vous ressentez ce besoin d'adopter un nom de magicien, je vous encourage alors à le faire.

À propos des Outils Cérémoniels utilisés en Magie

Les outils cérémoniels sont les auxiliaires du magicien

La magie cérémonielle fait état de tout un arsenal d'instruments magiques. Les outils magiques de base sont véritablement les auxiliaires du magicien; ils servent à aider ce dernier à manipuler et diriger les énergies élémentales lors des rituels. On y retrouve entre autres plusieurs types de baguettes, mais surtout, des instruments dédiés à représenter et évoquer les forces des quatre Éléments, soit; le pentacle de la Terre, la coupe de l'Eau, la dague de l'Air et la baguette de Feu. À ces derniers, un cinquième pourrait être nommé, comme la Tablette d'Union pour représenter le cinquième Élément; l'Élément Esprit ou Akâsha.

Par ailleurs, il en va de ceux, tout comme moi, qui croient que les outils magiques sont à proprement parler facultatifs en ce sens que **la véritable puissance magique provient de nul autre que du magicien même**. Un mage expérimenté serait plus qu'en mesure de s'en passer. Attention, je parle ici des instruments de base et non d'articles confectionnés dans le cadre de rites élaborés visant un but bien précis. Ainsi il est vrai de dire que la magie peut être pratiquée à mains nues, au sens figuré, bien entendu.

À cet effet, si vous ressentez le besoin d'utiliser ces intermédiaires dans le cours de votre développement, alors je vous recommande très fortement de les employer jusqu'au jour où leur usage ne sera plus nécessaire. Si vous préférez vous en passer, comme cela sera indiqué au cours des rituels de Haute Magie de cet ouvrage, il vous sera alors possible d'employer tout simplement votre index pour tracer à main levée les symboles magiques.

Je ne voudrais cependant pas élaborer davantage sur ces derniers et leur confection. Car tout comme dans mes ouvrages précédents[4] où vous retrouverez plusieurs exemples d'outils magiques, de nombreux autres ouvrages existent à cet effet et vous serez en mesure de trouver aisément les informations nécessaires quant à leur fabrication et leurs correspondances magiques.

---

[4] *Draconia*, p : 83 et seq., Les Instruments de la Magie des Dragons.

Remarques sur les Cercles Magiques

Il existe un concept qui revient très souvent au sujet de la magie, sans toutefois en être un précepte. Je me fais poser très fréquemment des questions au sujet des fameux cercles magiques; comment dois-je tracer le cercle; est-ce un cercle de protection; est-ce que les cercles magiques sont importants ou obligatoires, etc.

Ces nombreuses questions trop souvent soulevées démontrent à quel point le sujet est encore d'actualité et que personne ne semble détenir de véritables réponses. Je vais donc vous révéler sans plus attendre quelles sont les fonctions des cercles magiques et comment un magicien peut en faire usage.

Le cercle est avant tout un symbole magique de la plus haute importance. Il signifie un tout, le commencement et la fin en cycles perpétuels, l'Un. Je désigne par « l'Un » la Divine Providence, le Tout Suprême ou encore Dieu pour certains autres. Lorsque le magicien se tient au centre du cercle, il symbolise qu'il est le maître du microcosme et du macrocosme. Il se représente comme étant lui-même la puissance Divine. Il devient donc à ce moment-là, la Lumière sur toute chose.

Or, le cercle magique, physiquement et immatériellement parlant, est aussi employé comme un espace de confinement ou une lentille de puissance afin de concentrer en un même endroit les forces et les énergies manipulées par le magicien.

La raison qui explique pourquoi de nombreuses personnes le nomment « cercle de protection », c'est que le cercle vu en tant qu'espace énergétique, je préfère dire lentille de puissance, empêche les forces de se dissiper en dehors de cet espace, évidemment si le cercle a été conçu convenablement selon les lois de l'hermétisme. Ainsi, le cercle *protégera* contre les fuites d'énergie. Finalement, le cercle possédera aussi son sens protecteur en tant que barrière psychique, empêchant les Entités et esprits d'y pénétrer, toujours, et à la seule condition que ce dernier fut tracé adéquatement, c'est-à-dire non seulement physiquement par la main, mais sur les trois plans d'existence simultanément, physique, psychique et mental.

Car effectivement, ériger une barrière physique ne fera jamais plus qu'empêcher les intrus du plan physique. Une Entité vivant sur le plan astral n'étant pas régie par les Lois de la matière pourra aisément pénétrer le cercle magique aussi facilement qu'elle pourra pénétrer dans n'importe quelle demeure. Ainsi, pour se protéger des Entités astrales, le magicien devra construire une défense sur le même plan d'existence que ces dernières.

Pour résumer, nous pourrions définir et simplifier au maximum les fonctions du cercle magique sous deux aspects bien distincts. En magie pratique, le cercle protégera contre les vibrations hostiles en provenance de l'extérieur, tandis que de l'intérieur, le cercle concentrera les énergies évoquées dans cet espace délimité formant ainsi une forte lentille de puissance et un espace de travail sacré pour l'officiant.

Sachez aussi qu'il existe plusieurs types de cercles magiques. Ceux-ci sont toujours ressemblants, mais il existe de nombreuses façons de les tracer ou plutôt, de les charger. Il y en a des plus simples aux plus complexes. Dans un ancien ouvrage, j'ai écrit qu'il existait au moins trois manières différentes d'élaborer de tels cercles de confinement. Il en existe d'autres, mais ces derniers suffiront à vous donner un bon aperçu des possibilités.

Voici trois types de cercles qui peuvent être construits par analogies :

A) Analogies Divines - le cercle est basé sur les correspondances Divines à invoquer/évoquer.

B) Analogies Planétaires - le cercle est basé sur les correspondances, les couleurs et fumigations associées aux planètes.

C) Analogies élémentaires - le cercle est basé sur les correspondances, les couleurs et fumigations élémentaires; cercle de Feu, d'Air, d'Eau et de Terre.

Ces types de cercles se caractérisent ainsi :

A) Ce cercle est basé essentiellement sur les représentations Divines et la Lumière Cosmique de la Divine Providence. C'est notamment le type de cercle obtenu par la pratique du Rituel Mineur de Bannissement du Pentagramme.

B) Ce cercle est construit selon les correspondances planétaires, en analogie avec la planète dominante dans un rituel spécifique.

C) Ce cercle est construit selon les correspondances élémentaires d'un Élément donné, qu'il s'agisse du Feu, de l'Eau, etc.

Ceci étant clairement démontré, sachez que les cercles magiques ne sont pas toujours requis. Cela vous étonne-t-il ? Certes, ils sont employés lors des pratiques cérémonielles, lesquelles font plus souvent qu'autrement appel au Rituel Mineur de Bannissement du Pentagramme et par conséquent, le cercle est déjà tracé par la mise en pratique de ce rituel ; mais les pratiques de Haute Magie, comme celles que vous allez bientôt découvrir, hormis bien évidemment les évocations spirites, n'en exigent pas le moindre du monde. Retenez simplement que lorsque vous ferez usage d'un cercle magique, le cercle tracé physiquement sur le sol agira uniquement en tant que support visuel et mental. Tout se passe constamment au niveau de la conscience du mage ; ne l'oubliez jamais.

Les Plans d'Existence

Les plans d'existence sont au nombre de sept. Ceci en tenant pour acquis que le monde grotesque de la matière dans lequel nous vivons soit considéré lui-même comme un plan d'existence.

Pour bien comprendre comment s'opèrent la vie et surtout la magie sur les différents plans, sachez tout d'abord que tout l'Univers est conçu d'énergies et de vibrations. Imaginez à présent que vous êtes au pied d'une montagne, tout juste au niveau de la mer. Il n'y a à ce degré d'élévation aucune pression, c'est le point neutre. Si vous entamez l'escalade de la montagne, plus vous serez proche du sommet, plus la pression sera élevée. Si votre corps n'est pas assez pur, il ne pourra supporter cette haute vibration.

Or, comme la maxime *à ce qui est en haut pour ce qui est en bas*, si au lieu de gravir la montagne vers l'élévation spirituelle vous vous enfonciez dans les profondeurs de la mer (ou de la densité de l'esprit), vous ressentiriez alors un autre genre de pression. Celle-ci sera quant à elle plus dense et de vibration moins élevée et moins accélérée. Plus vous vous enfoncez, plus la densité sera forte et omniprésente.

Pour expliquer mes propos, j'emploie le terme de pression car on retrouve dans les exemples de la vie quotidienne une plus grande facilité de compréhension. Au lieu d'appeler les hautes et basses fréquences des plans d'existence par pression, on nomme cela le taux vibratoire.

L'Univers est constitué d'un amalgame de fréquences vibratoires. Tout est donc pure énergie. Plus les vibrations seront denses et lentes, plus nous nous rapprochons du monde brut de la matière. À l'opposé, plus le taux vibratoire sera élevé et accéléré, plus près nous serons alors du monde spirituel et Divin. Voilà pourquoi, entre autres réalités, il existe plusieurs plans d'existence et pourquoi, également, certains Êtres vivent à différents niveaux, dans de multiples Sphères subtiles. Ils ne vibrent pas tous à la même fréquence car ils ne possèdent pas la même évolution spirituelle.

Les plans éthérique et astral sont les dimensions invisibles les plus proches du monde physique; ils sont, comme tous les autres plans d'existence, concentriques et s'interpénètrent les uns les autres, imbriqués à même notre dimension matérielle. Imaginez, par exemple, l'air qui nous entoure et que nous respirons. Vous êtes capable de ressentir une fraîche brise par une journée d'été. Cependant, si l'air était aussi rempli d'un gaz très volatil, vous ne seriez pas en mesure de le voir ni de le détecter, car il serait trop subtil pour être perceptible mais n'en demeurerait pas moins présent.

En d'autres termes, tous les plans d'existence sont au même endroit au même moment. Ils coexistent tous en même temps, indépendamment les uns des autres. Le plan physique possède le taux vibratoire le moins élevé. Vient ensuite le plan éthérique, là où deviennent perceptibles les Élémentaux; les Gnomes, les Sylphes, les Ondines et les Salamandres. Ensuite nous retrouvons l'astral qui est lui-même subdivisé en multiples sous-plans ou diverses zones de densité dont, le bas astral, qui se réfère à l'Enfer du christianisme, l'astral terrestre ou inférieur et l'astral supérieur. Le plan astral vibre à une intensité au-dessus du plan éthérique. Puis, il y a le plan mental, qui, lui, vibre plus rapidement que le plan astral et ainsi de suite, jusqu'à l'étincelle parfaite, la dimension Divine.

Pour bien vous représenter ce concept important, imaginez que l'Univers est un escalier que vous montez à reculons. Le bas de l'escalier correspond au monde physique de la matière, notre monde concret, comme nous le voyons. Ayant toujours le dos tourné à cet escalier, montez d'une marche; cette dernière correspond au plan éthérique. Montez encore jusqu'à la marche suivante qui serait donc le plan astral. Arrêtez votre ascension un moment. Comme vous ne voyez pas ce qui est derrière, en penchant la tête vous serez toutefois conscient des marches (ou plans, dimensions) qui se trouvent en dessous de vous. Commencez-vous à comprendre? Peu importe sur quelle marche vous vous tiendrez (ou dans quel plan d'existence vous êtes), vous serez toujours capable de percevoir les marches précédentes ou, pour ainsi dire, les plans inférieurs. Plus élevée sera la marche sur laquelle vous serez, plus vous serez en mesure de contempler les nombreux plans d'existence précédents.

Évidemment, ceci n'est qu'une simple métaphore. Au lieu de marches d'escalier, nous désignons ces zones en termes de taux vibratoire. Ce qui vibre à un niveau supérieur (ou les marches de notre escalier imaginaire qui se trouvent derrière notre dos) ne sera pas perceptible à moins d'être entraîné ou spirituellement élevé. Par contre, tous les plans inférieurs (ou les marches en dessous de nous) seront visibles et accessibles pour les habitants des plans plus élevés. Puisque nous vivons incarnés et limités en bas de cette chaîne spirituelle, au premier échelon, il est évident que la plupart des humains ne perçoivent que ce que leurs yeux physiques réussissent à voir, sans plus.

La magie s'opère principalement à partir des trois derniers plans d'existence, soit le plan mental (le siège des pensées), l'astral (le plan des émotions) et le plan matériel (la réalisation ou manifestation physique). C'est la raison pour laquelle les enseignements de ce livre viseront un développement de ces mêmes trois niveaux de conscience.

Au Sujet de la Divine Providence & des Déités

De tous les enseignements hermétiques et spirituels, s'il existe un point commun à chacun, un soleil central qui relie toutes ces traditions les unes aux autres; il s'agit bien de l'aspect de la Divinité Suprême. Peu importe le système magique qu'un praticien applique ou l'école de pensées d'où il provient, la source Divine Primaire demeurera toujours la même eu égard des noms utilisés pour la représenter. La Divine Providence est Lumière, et cette Lumière est unique.

En lisant ce présent ouvrage, vous démontrez votre intérêt pour ce qui est de nature élevée de même qu'un esprit en état d'éveil et une ouverture spirituelle. Et cela est très bien car ce sont des qualités importantes pour parvenir à l'accomplissement de soi au sein d'un entraînement magique. Vous avez peut-être déjà votre propre conception de la Lumière Universelle, que certains nomment Dieu, tandis que d'autres appellent Lumière Divine ou encore, comme le disait si bien mon Maître de pensées, la Divine Providence. Retenez que les termes que vous emploierez personnellement pour désigner cette noble Puissance Céleste n'auront pas de véritable impact. Toutefois, ce qui est de la plus haute importance, et je ne le répéterai jamais assez, c'est de savoir à qui l'on s'adresse.

C'est pourquoi l'étudiant en formation devra toujours demeurer alerte et redoubler de prudence lorsqu'il fera appel aux sources supérieures, car il devra être en mesure de reconnaître ce qui est vrai du faux, ce qui provient des hautes Sphères de Lumière des basses Sphères sombres et denses. En effet, les préceptes de divinité ont été confondus depuis des siècles et voilà pourquoi nous nous retrouvons avec plusieurs Entités divines, que l'on nomme déités.

La Wicca par exemple, pour ne nommer que celle-ci, a divisé l'Unité divine en deux parties distinctes, le dieu et la déesse; ces dernières représentent la dualité, le principe masculin et féminin, le soleil et la lune. Or, les dieux païens ne sont en fait que des aspects différents de la même source divine (ou maligne) et les traditions ésotériques ont fragmenté cette dernière sous différentes formes, choisissant seulement l'une des facettes de cette divinité Universelle pour ainsi lui conférer un nom et un aspect physique et moral, le tout en analogie avec les fonctions et les qualités de ce fragment Divin que l'on nommera par la suite une déité. En conséquence, ce que nous appelons le dieu et la déesse sont en réalité qu'une seule Entité. Plusieurs rayons menant toujours au même Soleil central...

D'autre part, ces mêmes représentations divines existent bel et bien également en tant qu'Entités vivant de manière individuelle et autonome. La raison qui explique ce paradoxe est telle qu'il y existe pour ainsi dire deux chemins menant à une déité; le premier est direct et rejoint la Source Universelle, un fragment ou une humble représentation d'une qualité particulière de la Providence Divine, tandis que l'autre mène directement vers sa contrepartie astrale, laquelle est beaucoup plus dense, sans toutefois être pour autant dénuée de certains pouvoirs.

Une explication détaillée s'impose. En effet, lorsque le mage donne une apparence physique particulière à la divinité, en lui conférant un véhicule tangible, soit un corps, il fera alors plus souvent qu'autrement appel à la contrepartie astrale densifiée de la déité évoquée; elle n'est en fait qu'un égrégore et non une étincelle de la source primaire, qui elle, n'est que Lumière et bonté et ne possède aucune forme particulière, sinon que d'illuminer.

Par ailleurs, en donnant naissance aux dieux et déesses, en leur octroyant des qualités précises pour venir en aide aux humains qui les implorent, ces religions se sont détachées de la véritable Source Universelle. Au lieu de simplement demander ce dont ils avaient besoin à la Source Unique, Source Universelle polyvalente œuvrant dans tous les domaines terrestres et spirituels, ces peuples l'ont divisée en plusieurs panthéons de déités.

Au sujet des égrégores, il est important de retenir qu'un magicien ou même le commun des mortels (n'ayant aucune connaissance en occultisme et même à son insu) peut parvenir à créer l'un de ces Êtres au moyen de la pensée. Car lorsque cette forme-pensée reçoit une forte dose d'énergie en provenance de la matrice mentale, et ce, sur une base régulière, elle gagne en puissance et en autonomie. On nomme ainsi cette forme-pensée un égrégore, c'est-à-dire qu'il s'agit d'une forme-pensée maintenant densifiée avec le temps, laquelle est devenue un être parfaitement autonome et vivant dans le plan astral. Alors vous comprendrez que si certaines Entités n'existaient pas au départ, elles le sont devenues définitivement depuis le temps.

Le Recueil Magique

Le recueil magique est le journal de bord du magicien. C'est le livre personnel tout indiqué pour y retranscrire vos rituels et vos pratiques quotidiennes. Son usage est fortement recommandé. Rédigez-le de la manière qui vous semblera la plus appropriée. L'une des utilisations recommandées est d'y déposer tous les résultats de vos exercices de développement magique. De cette manière, il vous sera aisé, avec le temps, de constater à quel rythme vous progressez et en quelles circonstances vous avez obtenu de bonnes (ou mauvaises) réussites.

Notez-y tout ce qui vous passe par la tête et n'ayez pas peur de vous critiquer s'il le faut. Trouvez des façons de vous encourager à persévérer. Vous pouvez notamment y écrire le moment du rituel ou de l'exercice, la durée, la phase lunaire, votre état de santé et condition physique, etc. Inscrivez tous les détails qui vous sembleront pertinents et dignes de mention. Vous pouvez également, et c'est ce que je vous suggère le plus, diviser vos pages par jours de la semaine et y inscrire les pratiques journalières afin de suivre le fil de vos exercices, vos tâches quotidiennes et les rituels à mettre en pratique à tous les jours.

Or, le journal magique sera considéré comme votre compagnon de route. Plus vous cheminerez sur le sentier initiatique de la magie, plus ce dernier sera pourvu en notes, expérimentations et remarques des plus diverses.

Deuxième partie

La Formation & l'Entraînement

PREMIER NIVEAU

La Maîtrise de Soi

La deuxième partie de cet ouvrage consiste en la base de toutes disciplines hermétiques. C'est un cours complet divisé en plusieurs niveaux d'entraînement magique, lesquels seront centrés sur les trois derniers plans d'existence. Un développement magique ne peut se faire autrement qu'en exerçant simultanément le corps mental, psychique et physique; à défaut de quoi, il y aurait discordance dans les corps du mage et celui-ci ne pourrait se rendre à la juste perfection équilibrée car tôt au tard, comme un château de cartes, les bases sur lesquelles repose son entraînement finiraient par se rompre.

Il est possible que quelques-unes des techniques que je m'apprête à vous dévoiler puissent parfois vous sembler plutôt simplistes, *mais ne les sous-estimez jamais, en aucun cas*. En effet, vous devez être en mesure d'atteindre un degré de maîtrise acceptable pour chacun des exercices qui suivront avant de poursuivre au prochain niveau. Soyez honnête envers vous-même et accordez-vous tout le temps nécessaire pour réussir. Vos efforts seront récompensés au centuple.

Prenez soin aussi, lorsque vous mettrez en pratique ces exercices, de ne jamais outrepasser un niveau, de cesser ou voire même de favoriser à répétition la pratique d'une technique au détriment d'une autre. Car comme je l'ai mentionné, les techniques contenues dans le cadre de ce développement magique suivent en quelque sorte un ordre chronologique. C'est-à-dire que pour être en mesure de maîtriser un niveau quelconque de cette formation, vous devez impérativement avoir obtenu le succès dans ceux qui le précèdent; à défaut de quoi, si vous pratiquez les exercices d'une manière aléatoire, vous encourrez le risque d'éprouver certaines difficultés avec les exercices de niveau supérieur et l'équilibre de votre entraînement magique pourrait être sérieusement compromis. Ainsi, à mesure que vous franchirez les étapes une par une, vous aurez la satisfaction d'avoir accumulé un surprenant bagage de connaissances et d'expériences valorisantes.

Notez qu'à mesure que vous cheminerez vers le perfectionnement et avancerez en niveau, plus les exercices seront élaborés et plus ils mettront en pratique ce que vous aurez expérimenté, tout cela en faisant appel à l'emploi des techniques précédentes. Donc, afin d'obtenir un succès garanti, je vous conseille pour votre propre réussite personnelle de suivre les étapes telles qu'elles vous le sont présentées. Vous devriez, de plus, pratiquer idéalement chaque niveau de formation pendant une période d'au moins un mois avant d'envisager de passer au suivant. Or, même si vous obtenez rapidement la maîtrise sur certains exercices en deçà de trente jours, vous devrez néanmoins poursuivre leur mise en application régulièrement. Personne ni aucune Entité ne pourra jamais vous octroyer la puissance magique; vous devez y parvenir par vous-même en déployant tous les efforts nécessaires. Le secret de la force du véritable mage se résulte en quatre mots : la *patience*, *l'étude*, la *constance* et la *pratique!*

Souvenez-vous, un mage authentique sait que le chemin menant à la perfection magique n'est pas une course contre la montre, et la rapidité n'est pas un terme employé dans les pratiques de magie authentique. Seul le côté sombre de la magie emploie le terme de vitesse et vous comprendrez maintenant pourquoi plusieurs sont tombés dans le guet-apens des forces Malignes. Le côté noir a beau faire miroiter l'illusion de résultats rapides, immédiats et sans efforts, mais nous savons tous que ceci ne serait être juste. Si vous désirez devenir un véritable magicien afin de n'avoir recours qu'à votre propre puissance personnelle pour manifester et obtenir tout ce que vous souhaitez, et plus encore que vous pourriez l'imaginer, vous devrez alors travailler et pratiquer. C'est en forgeant que l'on devient forgeron; souvenez-vous-en!

⁂

Nous allons sans plus attendre aborder la partie pratique de cet entraînement magique. Les exercices que je vais maintenant vous présenter seront orientés vers la maîtrise de soi, de son potentiel magique et de ses capacités, et finalement, vers l'ennoblissement du mage. Portez une attention particulière à chaque pratique contenue dans cet ouvrage, et ce, pour tous les niveaux d'entraînement, car la réussite est essentielle et constituera les piliers sur lesquels reposera tout votre entraînement, étape par étape.

Par ailleurs, il est possible que vous soyez tenté de parcourir les pages ici et là afin de connaître d'une manière globale tous les exercices que vous aurez à pratiquer dans le cadre de cette formation magique. Cela est tout à fait normal. Cependant, n'allez pas croire que je vais vous faire pratiquer de manière intense jusqu'à un degré d'épuisement où vous n'aurez plus de temps pour faire autre chose que de pratiquer la magie! Certes, plus vous consacrerez de temps pour parfaire votre formation, plus les résultats en seront analogues. Je ne pourrais jamais admettre que la véritable maîtrise magique s'obtient sans efforts, toutefois, je vais vous rassurer dès cet instant en vous mentionnant que plus vous avancerez en niveau, plus la durée de vos pratiques journalières sera écourtée. Nous y reviendrons plus tard lorsque le moment sera opportun.

1 - Le Monde Intérieur

Afin d'obtenir la maîtrise sur son mental, le mage en formation pratiquera les exercices suivants sur une base régulière en gardant à l'esprit que tous les résultats qu'il obtiendra seront toujours en analogie avec le temps consacré à la pratique. Vous pourrez considérer avoir obtenu une maîtrise satisfaisante des exercices lorsque vous pourrez les pratiquer aisément pendant au moins une dizaine de minutes, sans interruption.

La neutralité

Le but de cet exercice est d'observer vos pensées errantes un peu comme si vous étiez assis au bord d'un chemin pour y regarder défiler les passants. Prenez d'abord une position confortable, assise ou couchée et fermez les yeux. Détendez-vous et laissez vos pensées venir à vous sans les presser ni les manipuler d'aucune façon. Relâchez simplement et entièrement votre esprit. Tout comme un spectateur qui regarderait passivement une scène se dérouler sous ses yeux, faites-en de même avec votre écran mental et observez vos pensées aller et venir, tout bonnement, sans interagir.

Vous serez surpris au début comment votre mental peut être assailli de pensées les plus diverses, lesquelles s'entrechoquent les unes avec les autres. Vous aurez probablement tendance à penser à plusieurs choses à la fois, à ce qui s'est passé au cours de la journée, ce que vous ferez demain, votre prochaine sortie entre amis, etc. Si cela se produisait, ne vous en faites pas. Cela est normal au tout début lorsque l'on manque de pratique et que notre mental n'est pas encore *dompté* et soumis à notre volonté.

Cet exercice est très simple, vous en conviendrez. Vous ne devriez encourir aucune difficulté jusqu'ici car je crois que personnellement, la grande majorité des gens font inconsciemment la même chose le soir avant de s'endormir. Il vous servira néanmoins de repère lorsque vous aurez progressé de manière significative avec votre développement mental, car peu à peu, vous serez à même de constater comment ce dernier sera devenu moins agité et de plus en plus calme. Vos pensées deviendront de moins en moins chaotiques.

Le contrôle mental : se centrer

Ce deuxième exercice, bien que tout aussi simpliste en apparence que le précédent, se doit aussi d'être maîtrisé. Le but cette fois-ci sera de parvenir à contrôler votre mental et de centrer ce dernier sur une unique pensée faisant partie d'un seul domaine quelconque. Vous pouvez par exemple penser à une forêt, un lac ou un ruisseau. Vous devrez donc trouver un sujet général et vous en tenir uniquement à celui-ci. Une fois encore, détendez-vous, fermez les yeux et concentrez-vous sur une idée précise. N'essayez pas au début de vous compliquer la tâche en prenant des sujets trop complexes, allez-y avec des pensées toutes simples. Toute votre attention doit être portée sur cette imagerie mentale et rien d'autre. Par exemple, si vous optez pour un lac, pensez seulement à ce dernier, voyez l'eau et ses rivages, etc. Gardez votre conscience sur le lac en tout temps et nulle part ailleurs. Si au cours de cet exercice, des pensées errantes ou de nature diverse au sujet de celui-ci survenaient, supprimez-les immédiatement et reprenez votre concentration là où elle était avant d'être dérangée.

Les résultats ainsi obtenus vous permettront de mieux saisir le moment présent, d'agir consciemment avec toute votre attention sur tout ce que vous faites. Pendant vos tâches quotidiennes, au travail ou lors de vos pratiques magiques, votre esprit sera là où il doit être et ne pourra plus vaquer à d'autres préoccupations. C'est un exercice facile à maîtriser en peu de temps et ses bienfaits en seront ressentis très rapidement. Lorsque vous aurez du succès avec cette technique, passez à la suivante.

La véritable méditation

La technique de la véritable méditation consiste à pouvoir dompter son mental à un point tel qu'aucune pensée ne puisse naître ni se réaliser dans l'esprit du mage; il ne doit y régner que le vide le plus complet. Certes, de prime abord, vous pourriez avoir tendance à dire qu'il est facile de ne penser à rien, mais en fait, c'est l'exercice le plus difficile à maîtriser de ce niveau. Prenez une position confortable de manière à pouvoir oublier votre corps physique pour le temps de cette pratique puis fermez les yeux.

Détendez-vous et essayez maintenant de vider votre esprit en totalité et chassez toutes les pensées ou les images mentales que vous pourriez avoir en ce moment. Concentrez-vous sur la noirceur, sur ce sentiment paisible de vide et de silence. Demeurez dans cet état le plus longtemps possible. Si une pensée quelconque venait à vous assaillir, repoussez-la sur-le-champ avec force et volonté. Vous remarquerez qu'il sera probable, en certaines occasions, que vous en veniez même à vous endormir pendant cet exercice si vous êtes le moindrement fatigué. Dans le cas échéant, ne vous en faites pas et recommencez lorsque vous serez plus alerte. Lorsque vous aurez terminé, notez vos résultats dans votre journal magique. Ainsi vous serez en mesure d'évaluer rapidement vos progrès.

Lors de vos premières tentatives, vous remarquerez fort probablement que vous n'arriverez pas à atteindre cet état de vacuité mentale pendant plus de quelques secondes à peine. Une fois de plus, ne vous découragez pas et transformez tout en positif; il n'y a jamais eu d'échec. Dites-vous plutôt que vous êtes parvenu à une petite réussite et qu'à la prochaine occasion, vous ferez mieux. C'est ainsi qu'en poursuivant sans relâche et en appliquant cet exercice quotidiennement, vous serez en mesure de prolonger votre séquence de vide pendant quelques minutes et plus encore.

2 - L'Équilibre des Éléments

Le Pentagramme, symbole de la quintessence

L'Univers, de même que tout ce qu'il contient, est le produit de l'action des Éléments. Ces forces primaires se retrouvent partout et se manifestent simultanément sur tous les plans d'existence. Ils sont le Feu, l'Eau, l'Air et la Terre. À ces derniers s'en ajoutera un cinquième pour former cette quintessence que l'on nomme couramment en magie l'Élément Esprit, Source Divine Primordiale ou encore Akâsha. Dans les anciennes traditions orientales, ces Éléments sont appelés les Tattwas, soit respectivement : Waju, Tejas, Apas, Prithivî et, finalement, l'Akâsha. C'est ainsi que les Éléments sont représentés par chacune des pointes du pentagramme, tel qu'illustré sur la figure suivante.

Ces Éléments, à la base de tout ce qui existe, sont de nature bipolaire; c'est-à-dire qu'ils possèdent à la fois une polarité positive et négative, des qualités actives et passives, constructrices et destructrices. Dans cette perspective, les Éléments Cosmiques ne sont ni bons, ni mauvais. Ils sont en quelque sorte des Forces brutes, neutres et malléables. C'est seulement par la nature de la volonté de magicien que ces derniers deviendront bénéfiques ou maléfiques.

En outre, ces quatre Éléments primordiaux ont été assignés à chaque point cardinal, aux quatre directions de la Terre, aux quatre Tours de Guet des cercles magiques. Nous retrouvons à l'Est l'Élément Air aux propriétés chaudes et humides. Au Sud, l'Élément Feu, qui possède la particularité d'être chaud et sec. L'Ouest, froid et humide correspond à l'Eau, et, finalement, au Nord, l'Élément Terre, froid et sec. En magie kabbalistique, chaque quartier est sous la diligence d'un archange, soit respectivement : Raphaël, Michaël, Gabriel et Oriel (aussi nommé parfois Uriel).

Le pentagramme, lorsque la pointe supérieure est orientée vers le haut, signifie la domination de l'esprit sur les Éléments et la matière. Cela démontre donc que l'esprit de l'homme n'est pas ancré sur le plan matériel, il est ainsi considéré comme étant le maître en pleine conscience de son Univers intérieur, le petit monde, que nous désignons par le microcosme, comparativement au macrocosme, qui lui, représente le grand monde, la création et l'Univers, l'hexagramme, $5 = 6$ ou la formule de l'opération solaire.

La position de la pointe du pentagramme n'est pas non plus arbitraire, et donc, dépendamment comment la pointe supérieure est orientée, soit vers le haut ou vers le bas, le symbolisme de l'étoile à cinq branches peut changer considérablement et alors être employé pour des rites et expérimentations occultes de nature plutôt néfaste. En effet, pointant vers le bas, le pentagramme symbolise les Éléments et la matière sur l'esprit de l'homme et, de ce fait, la densification de l'ego.

L'action des Éléments se nomme la Lumière Astrale ou le fluide terrestre que nous désignons par le Grand Agent Magnétique, le fluide électromagnétique ou l'Od. L'empire de la volonté sur la Lumière Astrale, laquelle est pour ainsi dire l'âme physique des quatre Éléments, est représenté en magie par le symbole du pentagramme. C'est justement ce symbolisme que nous emploierons tout au long de cet ouvrage, lorsque le magicien aura à appliquer le pentagramme de manière rituelle.

Cette interaction des polarités élémentales constituant un parfait aimant quadripolaire, nous amène inévitablement vers un autre symbole encore plus grand et plus mystique : le Tétragramme ou Tetragrammaton, désigné en magie kabbalistique par le Yod-He-Vau-He (YHVH), le mystère du nom de Dieu.

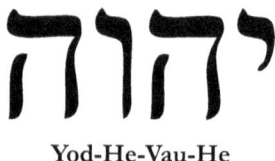

Yod-He-Vau-He

Ces quatre lettres hébraïques sont à la base d'une multitude d'associations et de formules magiques. Les correspondances du Tétragramme sont multiples. Nous y retrouvons entre autres les Quatre Mondes des kabbalistes, les quatre Éléments, les quatre groupes des signes du zodiaque et les planètes, les quatre suites du tarot, et j'en passe. Il est recommandé à l'élève de consulter les nombreux ouvrages disponibles à ce propos afin qu'il puisse approfondir ses connaissances kabbalistiques.

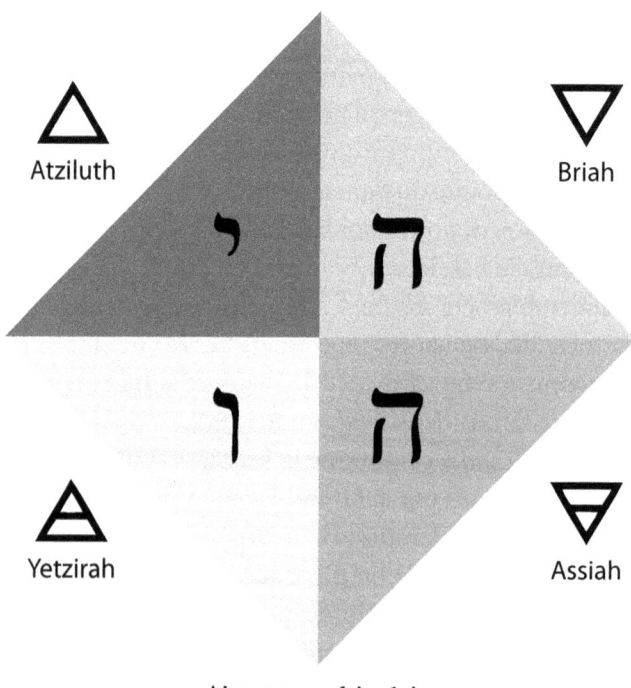

Aimant quadripolaire

Comprendre l'action des Éléments

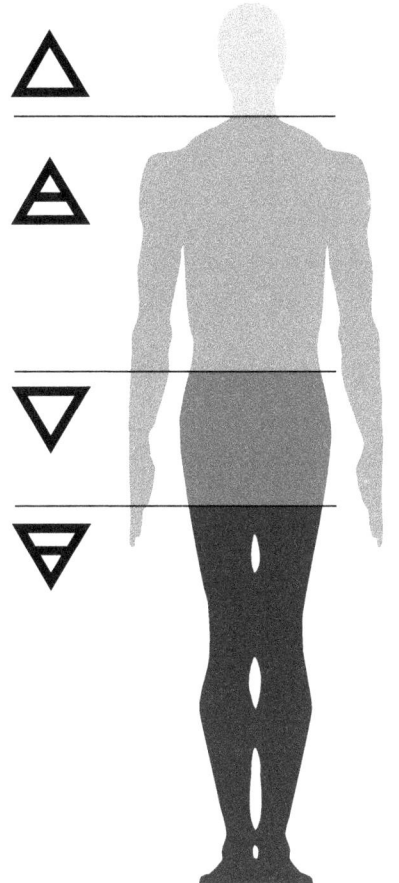

Comme nous venons de le voir ensemble, les Éléments sont bipolaires et expriment donc à la fois des polarités opposées et complémentaires. Sachez d'ailleurs que le corps humain est régi par l'action de ces mêmes Éléments. Le siège de la tête est régi par le Feu. Le torse quant à lui est soumis aux influences de l'Élément Air. La région du bas-ventre, elle, est sous l'action de l'Eau, puis finalement le reste du bas du corps, sous l'action de l'Élément Terre.

De la même manière, l'action élémentale se répercute également sur le tempérament et les comportements humains. De la polarité positive des Éléments, résulteront les comportements positifs tandis que de la nature négative émaneront les agissements négatifs. De ces actions élémentales nous retrouvons donc les quatre types de tempérament humain.

Voici un bref résumé des actions découlant de la bipolarité des Éléments Cosmiques.

Feu : La polarité positive de cet Élément exprime le courage, la volonté, la résolution, la hardiesse, l'audace, le mouvement et l'activité, l'enthousiasme, etc. La polarité négative de cet Élément exprime la haine, la vengeance et la colère, la faiblesse, la jalousie, l'impuissance et l'emportement.

Eau : La polarité positive de cet Élément exprime, entre autres, la compassion, la sobriété, le pardon et la ferveur, la tranquillité, la patience, la modestie et la délicatesse. La polarité négative de cet Élément exprime l'insensibilité, la timidité, l'inconstance et la négligence, l'indifférence, le flegme et la condescendance.

Air : La polarité positive de l'Air exprime la joie, l'habileté, l'optimisme, la cordialité, le plaisir et l'application. La polarité négative quant à elle exprime plutôt la présomption, la dissipation, la légèreté, la vantardise, le bavardage et les médisances.

Terre : La polarité positive démontre les comportements d'estime, la profondeur, la ponctualité, la persévérance, la tempérance et le sens des responsabilités. La polarité négative de cet Élément reflète et implique la déloyauté, la mélancolie, la lourdeur, l'irrégularité ainsi que la paresse.

Les Éléments, faisant partie intégrante de tout ce qui existe, de la planète jusqu'à une infime poussière, affecteront donc tous nos comportements. Dépendant des Éléments prédominants chez chaque individu, ceci explique pourquoi nous retrouvons, par exemple, des personnes dans notre entourage qui ont des accès de colère et d'emportement. L'Élément Feu serait en cause, dans ce cas-là, et démontrerait du même fait un déséquilibre élémental du corps par l'Élément igné. Le véritable mage en devenir devra donc s'appliquer sans plus tarder à parvenir à l'équilibre de ces forces qui agissent en lui et sur son être tout entier.

Le comportement quotidien du mage

Nous avons vu précédemment comment interagissaient les Éléments sur chaque individu, et comment ces derniers pouvaient affecter nos comportements. La prochaine tâche qui vous incombe sera de parvenir à transmuter les défauts de votre psychisme en qualités opposées et d'atteindre le parfait équilibre élémentaire.

Les bienfaits de cet exercice seront, chez certains, tout simplement grandioses! En effet, vous allez assister à un changement de comportement que tous pourront voir s'opérer sur votre propre personne. Vous deviendrez plus calme, plus sage et posé, vous réfléchirez avant d'agir, bref, apprêtez-vous à vous métamorphoser tout comme un magnifique papillon qui sort de son cocon.

Prenez votre recueil magique ou une feuille de papier et divisez-la en quatre colonnes distinctes. Pour chaque colonne, vous écrirez en haut de page le nom de chaque Élément. Ensuite, faites un trait horizontal en plein centre afin de subdiviser le tout pour obtenir deux sections de quatre colonnes chacune. La partie du haut, sensiblement la plus plaisante, sera dédiée à vos qualités. La section du bas sera consacrée aux défauts de votre psychisme. En vous servant des correspondances antérieurement citées, inscrivez une liste complète de toutes vos qualités. Si vous ne savez pas où caser certaines de celles-ci, fiez-vous à votre intuition et associez-les à un Élément correspondant. Lorsque vous aurez terminé, vous constaterez quel est l'Élément qui prédomine en vous de façon positive.

Maintenant, et ceci est la partie la plus importante, faites-en de même pour toutes ces petites laideurs de votre psychisme et associez-les aux Éléments correspondants. Inscrivez tout, et je dis bien tous vos défauts et comportements discordants, sans exception (même ceux qui vous gênent le plus). Faites-moi confiance, si vous êtes honnête envers vous-même, vous serez capable d'en trouver des dizaines et des dizaines.

Généralement, vous devriez obtenir comme résultat un Élément très dominant sur votre personnalité. Quoi faire ensuite, maintenant que vous l'avez décelé? La première chose sera d'étudier votre attitude dans toutes les situations mondaines. Portez attention à vos actes, faits et gestes lorsque vous ferez vos emplettes, lorsque vous conduirez votre automobile, lors d'un repas entre amis, etc. Essayez d'identifier à chaque fois que vos agissements seront sous l'influence de cet Élément qui prédomine en vous par sa nature négative et stoppez immédiatement ce comportement pour le remplacer par son opposé. Par exemple, en allant au cinéma, vous vous êtes retrouvé dans une longue file d'attente. Soudainement vous remarquez que vous commencez à vous impatienter (Élément Feu). Vous prenez conscience de ce fait et vous vous calmez en employant une qualité de l'élément Eau (la patience). Vous venez de combattre un comportement négatif de votre psychisme, bien joué!

Vous remarquerez, à la longue, que plus vous mettrez en pratique cet exercice avec tous vos défauts, plus votre tempérament changera et plus vous vous rapprocherez de l'équilibre psychique qu'il est si important d'atteindre. Mais mieux encore, vous remarquerez comment vous aurez acquis un semblant de sagesse. En bref, un avenir positif en vue!

3 - Remarques sur le Corps Psychique & Mental

Nous savons maintenant que l'Univers est constitué d'un amalgame d'énergies et de zones de densité différentes que nous désignons par plans d'existence et taux vibratoire. Nous cohabitons tous au sein de ces énergies qui, sans cesse, s'entrechoquent les unes avec les autres. Nous contribuons tous, également, à l'émanation de celles-ci, soit par la pensée, soit par nos émotions. Effectivement, tout au long de la journée, nous contribuons à ce lot d'énergies subtiles par la projection et le rayonnement de nos pensées et de nos émotions autant dans les Sphères plus élevées que directement autour de nous par le biais de notre aura. Plus souvent qu'autrement à ceci se produit à notre insu. Parfois ces énergies sont de nature bienveillante, tantôt chaotique, discordante et malveillante.

C'est alors que le corps psychique et mental agissent comme une sorte d'éponge; car ils sont non seulement capables et en mesure de capter ces vibrations qui les entourent, mais plus encore, ils absorbent sans cesse ces énergies ou plutôt, ils s'en empreignent.

Ce que je veux vous faire comprendre, c'est dans la vie de tous les jours, et surtout lorsque l'on prend des bains de foule (où règne un degré de manifestation énergétique beaucoup plus élevé), nous nous imprégnons constamment de ces vibrations qui collent à nos corps subtils. Ces derniers s'en retrouvent alors affectés et deviennent donc, par conséquent, impurs. Imaginez un instant si vous deviez passer une journée dans une mine de charbon; à la tombée de la nuit, vous en ressortiriez maculé de la tête aux pieds! Ainsi, tout comme le corps physique peut être souillé par des éléments physiques, le corps psychique et mental sont aussi la proie de... saletés invisibles à l'œil de chair.

Ces explications démontrent pourquoi il est important pour le mage de bien se purifier à la fin d'une journée et également, dans le meilleur des cas, après une sortie publique. Évidemment, comme tout le monde, vous prendrez une douche ou un bon bain chaud afin de vous nettoyer convenablement. En agissant de la sorte, vous parviendrez à purifier votre corps physique uniquement. Voilà la raison pour laquelle il est important de savoir se laver consciemment afin de non seulement nettoyer notre corps de matière, mais qui plus est, nos corps subtils.

Le secret pour y parvenir tient dans l'état de conscience lorsque l'on se nettoie. Or, à l'avenir, lorsque vous vous laverez, tout en nettoyant votre corps, visualisez le plus clairement possible que vous purifiez et nettoyez également votre corps psychique et mental au même instant. Vous devez être convaincu de cette action pour que celle-ci s'opère réellement. Pour vous aider, vous pouvez visualiser que votre corps est empli d'un nuage sombre qui peu à peu se décharge, se dissout et s'écoule dans l'eau de la baignoire pour vous quitter en définitive, complètement. Expiez de cette façon toutes les mauvaises vibrations qui se sont collées à vous pendant la journée. Cette technique est rapide, efficace et ne prendra que quelques secondes supplémentaires de votre temps. Dorénavant, et ce tout au long de votre développement magique et davantage, vous vous nettoierez consciemment à tous les jours. Vous aiderez alors votre cause en vous libérant sur une base régulière de toutes les impuretés subtiles.

4 - La Posture

La prise d'âsana

Lorsque l'on met en pratique les exercices de développement magique ainsi de même ultérieurement pour les rituels, il est très important de pouvoir se centrer et de se concentrer uniquement sur ce que l'on est en train de faire et rien d'autre. Nous avons vu comment il était très important de taire son mental, mais aussi faut-il savoir taire son corps physique et l'oublier complètement afin que ce dernier ne puisse devenir une source de distractions. Je m'explique.

Par exemple, si lors d'un rituel vous avez à visualiser une action spécifique pendant une période de temps indéterminée ou encore, admettons, à appliquer une charge par la respiration, il sera alors important (lire primordial) que votre corps ne puisse devenir une cause d'inconfort, vous distrayant ainsi de la tâche que vous essayez d'accomplir, notamment à cause de légers engourdissements. Pour rendre mes propos encore plus compréhensibles, imaginez cette situation un peu loufoque. Vous pratiquez un rite quelconque se terminant par une visualisation prononcée de trente minutes devant une bougie et une fumigation d'herbes. Votre concentration est à son apogée lorsque soudainement, vous éprouvez des picotements sur la nuque, suivi d'une envie irrésistible de vous gratter. Au début, vous vous efforcez de combattre cette situation, puis, n'en pouvant plus, vous vous soulagez. Aussi banal soit-il, cet exemple est suffisant pour vous démontrer comment votre corps peut devenir une source de distractions dans des moments où la maîtrise doit être parfaite et où la concentration ne doit pas être brisée.

Ainsi donc, la technique que l'on nomme *la prise d'âsana* consiste à adopter une pause et à forcer le corps le plus possible à se faire oublier. Avec le temps et en réitérant cet exercice, vous serez en mesure de prendre votre âsana et de demeurer immobile pour une très longue période de temps sans même ressentir aucun malaise physique. Comme vous pourrez le constater plus tard, votre âsana vous sera d'un très grand recours pour tous les exercices de cette formation magique. Il est donc plus que conseillé de porter une très grande attention à cette technique dès maintenant.

Pour commencer, asseyez-vous sur une chaise ou sur un fauteuil, le dos bien droit. Respirez calmement et maintenez cette position le plus longtemps possible sans bouger. Au début, surtout si vous n'êtes pas habitué, vous ressentirez rapidement de l'inconfort. Vos muscles commenceront à s'engourdir, vous éprouverez probablement une soudaine envie de bouger sur place et de faire quelques étirements. Tentez de soumettre votre corps à votre volonté et combattez ces envies le plus fortement possible. Il est important d'oublier tous les caprices de votre corps pour demeurer immobile. Vous pouvez commencer par des séances de cinq minutes, puis prolonger progressivement l'exercice à dix minutes et ainsi de suite. Lorsque vous serez en mesure de conserver votre âsana pendant une période d'au moins 30 minutes, sans inconfort ni malaise, vous pourrez considérer que vous maîtrisez la prise de posture.

Vous vous souvenez que je vous mentionnais précédemment qu'il était possible de raccourcir la pratique de vos exercices quotidiens? Voici une manière d'y arriver. Lorsque vous serez capable de maintenir votre âsana pendant une période de temps satisfaisante, vous pourrez en profiter, tout en maintenant la posture, pour pratiquer d'autres exercices, comme ceux du contrôle mental et de méditation, afin de faire d'une pierre deux coups.

✱✱✱

5 - De la Manifestation des Pensées, des Larves & Vampires Psychiques

De la pensée à la matérialisation

Le plan mental est le lieu où toutes les pensées prennent forme et naissent. À cet effet, nous pourrions nous demander combien de fois nous pensons par jour, et la réponse est beaucoup trop! Vous remarquerez que nous sommes constamment en train de mentaliser et rationaliser sur tout et rien à la fois, et plus souvent qu'autrement, nous accordons malheureusement trop d'importance aux choses qui ne méritent pas autant d'attention. Bien entendu, il est normal en un sens de « réfléchir » car le mental est toujours en état d'activité. Par contre, comme les pensées créent et prennent vie sur le plan mental, le mage conscient aura à contrôler les siennes afin de seulement donner naissance à de bonnes manifestations et événements qui se répercuteront tôt ou tard dans son environnement immédiat.

Avant d'aller plus loin dans les détails complexes de la manifestation des pensées, prenez le temps de lire cette petite métaphore qui exprime si bien ce que je m'apprête à vous expliquer.

Un jour, un homme se promène dans un grand magasin lorsqu'il aperçoit cet objet de désir qu'il ne possède pas. Il le regarde pendant de longues secondes et se dit combien il serait heureux de posséder une telle merveille. Peu à peu au fil du temps, l'image de cette chose lui revient à l'esprit de plus en plus fréquemment et il se dit combien il pourrait être facile avec un peu de volonté de s'en emparer et de la glisser dans sa poche sans que personne ne le remarque. L'homme, qui est encore une personne honnête, commence à penser régulièrement à cet objet qu'il désire posséder plus que tout. Cette image revient sans cesse dans son esprit et finit par le tourmenter à un point tel qu'il commence maintenant à s'imaginer la manière dont il pourrait procéder pour en faire l'acquisition en commettant un vol. Quelques jours plus tard, il s'en retourne finalement à la boutique, puis manifeste sa pensée initiale; il passe à l'action...

La pensée est une force, une énergie très puissante qui, initialement, est encore trop subtile pour affecter physiquement le plan de la matière grossière sur lequel nous vivons. Cette force agissant dans le plan mental est reliée à certains mécanismes. Un peu comme un pendule, les rouages de l'énergie-pensée sont intimement reliés à d'autres engrenages sur d'autres plans invisibles et ainsi de suite.

Toutes les actions, aussi grandes ou minimes soient-elles, proviennent en premier lieu d'une pensée ou d'une idée spécifique. Ces dernières ne sont, pour ainsi dire qu'au stade embryonnaire de la manifestation matérielle. Afin qu'une idée devienne tangible sur le plan physique, elle devra suivre le processus de la *descente dans les plans d'existence*; elle devra en quelque sorte engendrer le mouvement des engrenages.

Le procédé est tel que lorsque l'on pense fortement à quelque chose en particulier, comme pour le cas de notre voleur, cette pensée prend forme sur le plan mental, elle naît. Si vous étiez en mesure de contempler vos pensées sur ce plan invisible, vous seriez capable de les percevoir aussi clairement que si elles étaient physiques et vues avec vos yeux de chair. Ensuite avec le temps, si cette création mentale se voit renforcée et maintenue en vie par de nouvelles pensées dirigées à son égard, le mécanisme se mettra en mouvement. La pensée en viendra à se densifier et effectuera donc sa descente dans l'astral, le plan des émotions.

Une fois sur le plan astral, l'idée de départ est devenue beaucoup plus puissante; c'est-à-dire qu'elle pourra agir en concert avec les sentiments de son créateur, prenant maintenant la forme d'un besoin ou d'une impulsion, qui n'est pas encore à ce stade, assouvie. Or, si cette pensée gagne toujours en force, elle devra indubitablement se densifier de nouveau pour finir par se matérialiser sur le plan matériel et exister physiquement à un degré de manifestation quelconque. Dans l'exemple précédent, cette manifestation s'est concrétisée par un vol.

Plus une pensée est maintenue à l'esprit et plus elle reçoit d'énergie et de substance mentale, plus elle gagnera en force. En conséquence, à chaque fois que l'on y portera attention, elle sera nourrie et activera les rouages de sa propre descente vers le plan grossier de la matière. Ensuite, en ajoutant à cela l'énergie émotionnelle du plan astral, cette idée ne tardera pas à se manifester tôt ou tard, en bien ou en mal.

Nous comprenons maintenant pourquoi le plan mental est parfois nommé la *décharge publique*, car toutes les pensées humaines y sont contenues. À savoir lesquelles pourront parvenir à se manifester physiquement, cela demeurera toujours relatif à l'énergie qui sera déployée envers elles. Voilà pourquoi un mage conscient du mécanisme de la matérialisation, de la descente dans les plans d'existence, devra toujours s'efforcer d'avoir de nobles pensées et de ne créer que du positif.

Les larves et vampires psychiques

Comme nous l'avons vu ensemble, la pensée peut se manifester sur plusieurs plans d'existence. Il existe également un autre type de création qui peut résulter de la force de la pensée; il s'agit ici des larves.

Les larves sont des êtres vivant dans les plans denses du monde mental ou astral. Elles sont créées inconsciemment par la répétition constante d'une pensée, laquelle est reliée à une passion ou un défaut de nature négative, une mauvaise habitude ou même la crainte. Elles possèdent un corps ou une enveloppe; cette dernière aura une forme analogue à la nature de la cause qui lui aura donné naissance.

Ainsi, dépendant du lieu où elles résident, les larves se nourriront de la substance mentale ou astrale dégagée par son créateur à chaque fois qu'il exprimera ce comportement malsain.

Ayant un fort instinct de préservation, les larves sont des créatures difficiles à dissoudre car elles vivent aux dépens de la personne qui les a créées et feront tout en leur pouvoir pour se conserver et continuer d'exister. Étant donné qu'elles sont très subtiles pour ne pas dire malignes, ces vampires psychiques doivent continuellement recevoir *leur nourriture* pour demeurer en vie. Et pour y arriver, elles prépareront le terrain favorable et provoqueront des situations où leur créateur pourra une fois de plus s'adonner à cette passion qui leur apportera la substance vitale nécessaire pour s'en régaler.

Retenez qu'il n'y a aucune exclusion au nombre de larves qui peuvent être conçues par une personne n'ayant pas une parfaite maîtrise de son comportement. En effet, on peut facilement devenir la proie de plusieurs créatures de la sorte. Or, la meilleure solution pour se garder de créer des larves est d'adopter une attitude saine envers soi-même. Si par contre l'on croit être à certains moments sous l'influence de ces dernières, la première règle de conduite à adopter sera de faire un effort de volonté supplémentaire pour ne pas y porter attention et résister à la tentation provoquée par les larves. Le mage devra se dégager de l'envie passionnelle immédiate. Avec le temps, une larve ainsi privée de sa substance vitale finira éventuellement par se dissoudre et mourir. À l'opposé, un vampire psychique de la pire espèce s'accrochant éperdument à l'opérateur telle une sangsue peut parfois être très difficile à détruire. C'est pourquoi en ces moments-là je recommande de faire l'emploi d'immersions et de fumigations à base d'absinthe afin de le dissoudre convenablement.

Finalement, il existe un dernier point que j'aimerais clarifier au sujet des larves. J'ai mentionné précédemment que les craintes étaient également l'un des éléments déclencheurs. La peur est possiblement l'un des attributs discordants le plus fréquemment mis en cause lorsque l'on se penche sur le sujet de la création des larves. En effet, la peur est une force extrêmement puissante et engendre une perte d'énergie incroyable, laquelle peut être utilisée par les vampires psychiques pour se nourrir. Lorsque l'on exprime un comportement de peur face à une situation précise, on risque malheureusement de tomber dans le piège des mauvaises pensées. On commence par s'imaginer le pire, on se transpose ensuite dans un décor qui provoque cette crainte, on anticipe, on angoisse, etc. Pour le mage en développement, la peur n'existe pas; il n'y a que des causes encore inconnues.

Pour éviter de voir ses craintes se retourner contre lui, l'étudiant devra faire une introspection et essayer de découvrir les éléments déclencheurs et la racine de ses propres peurs. Tout comme il est dit en démonologie, à savoir que, de connaître le nom d'un démon nous donne un ascendant sur ce dernier, de la même façon vous serez en mesure d'exorciser vos propres démons intérieurs en sachant les reconnaître et les dévoiler au grand jour. En levant le voile sur ce qui est voilé, en connaissant la véritable identité de son ennemi, la peur peu à peu s'évadera.

DEUXIÈME NIVEAU

Le Développement

Le deuxième niveau de votre entraînement magique poussera votre formation d'un degré supérieur. Souvenez-vous qu'il est important d'avoir bien maîtrisé le niveau précédent et de l'avoir pratiqué pendant une période d'au moins un mois. À ce moment-ci, vous devriez être en mesure de faire proprement le vide mental sans difficulté, vous avez aussi travaillé sur vous-même et vers l'équilibre élémental de votre corps, et, bien sûr, vous avez connu du succès dans tous les autres exercices. Si tel n'est pas le cas, attendez avant de poursuivre ce chapitre et travaillez encore davantage le premier niveau de cette formation. Dans le cas contraire, si vous êtes prêt, faites alors un pas en avant sur le sentier initiatique et poursuivez.

6 - Les Sens Psychiques 1er degré

L'importance de la visualisation

La visualisation est incontestablement l'une des plus grandes clés de la magie, et ce, pour tous les systèmes magiques confondus. Elle est indéniablement l'une des forces, sinon la plus grande arme du magicien. La visualisation est employée dans la quasi-totalité des pratiques magiques. Sans celle-ci, très peu de choses peuvent être accomplies et c'est la raison pour laquelle je n'insisterai jamais assez pour vous dire de porter une attention toute particulière aux exercices de visualisation qui suivront au cours des prochains niveaux. Plus vous aurez de la facilité à visualiser et voir avec les *yeux de l'esprit*, meilleurs seront les résultats obtenus lors de cette formation magique complète.

> *La visualisation est l'une des plus grandes clés de la magie*

La capacité de vous représenter visuellement les choses comme si elles existaient physiquement, là, devant vos yeux, fera en sorte de rendre ces mêmes manifestations réelles et authentiques sur les autres plans d'existence. Ceci vous sera essentiel, voire même vital lorsque vous passerez à la partie pratique et rituelle. J'espère que vous comprenez maintenant pourquoi je mets une si importante emphase sur ces exercices à ce moment de votre développement sur le sentier de la Haute Magie.

Première variation : la visualisation avec les yeux fermés

Le premier degré de la visualisation consiste à être en mesure de vous représenter n'importe quel objet de votre choix, en relief, comme s'il était là, tout juste sous vos yeux, étant presque capable de le saisir de vos mains. Pour commencer, prenez une position confortable ou profitez-en pour maintenir votre âsana, tel qu'expliqué lors du niveau précédent. Fermez à présent les yeux et imaginez dans votre esprit un objet ordinaire et simple pour commencer, comme par exemple, une cuillère à soupe, une aiguille à coudre ou pourquoi pas une belle et appétissante pomme rouge. Bref, trouvez un sujet de visualisation et représentez-le aussi clairement possible dans votre esprit. Maintenez cette imagerie mentale pendant au moins dix minutes sans broncher. Tentez de voir l'objet choisi comme s'il était véritablement et physiquement devant vous. Contemplez-le dans tous ses menus détails. Observez-le ainsi de la même façon que vous le feriez avec vos yeux de chair. Si des pensées diverses ou d'autres images venaient à perturber le cours de cet exercice, chassez-les immédiatement et sur-le-champ, repoussez-les avec force et poursuivez votre travail de concentration.

Il est possible au début, surtout chez les gens n'ayant jamais pratiqué la visualisation, que vous éprouviez de la difficulté à maintenir une image claire et nette pendant une longue période de temps, voire même quelques secondes. Ne vous en faites pas si tel est le cas. Vous pouvez vous aider lors de cet entraînement en regardant l'objet de votre travail afin de graver son image dans votre esprit, puis, refermez les yeux et poursuivez là où vous vous êtes arrêté. Redoublez d'efforts et continuez cet exercice avec fermeté et la conviction que vous pouvez y arriver. Cela fait partie du processus d'apprentissage et vous êtes ici pour apprendre, appliquer, mais surtout... pour réussir.

Seconde variation : la visualisation avec les yeux ouverts

Cet exercice est presque identique au précédent, mais à la différence que vous conserverez les yeux ouverts en tout temps. Pour vous aider à y arriver plus facilement, fixez un mur dénudé ou la surface d'une table et visualisez ensuite un objet de votre choix et voyez-le aussi clairement que possible, comme s'il était véritablement là, présent devant vous, presque saisissable de la main. Par exemple, visualisez une horloge et regardez comment son balancier se déplace de gauche à droite, voyez le mouvement des aiguilles, etc. Efforcez-vous de contempler le sujet de votre exercice dans tous ses menus détails pendant une période de dix minutes consécutives, sans interruption.

Lorsque vous serez capable de vous représenter n'importe quel objet, en trois dimensions, pendant dix minutes avec les yeux ouverts vous aurez alors maîtrisé le premier degré de la visualisation. Vous pourrez ensuite pousser l'exercice un peu plus loin en visualisant des personnes, des animaux ou tout ce que vous désirez.

7 - Techniques Respiratoires 1ᵉʳ degré

Je mentionnais précédemment que la visualisation était l'une des plus grandes clés de la magie. La seconde clé est sans contredit le mystère de la respiration. À l'unisson, *ces deux techniques seront à même de produire de véritables prodiges*. Par la respiration, le mage sera en mesure de générer, accumuler et diriger l'énergie. Nous y reviendrons un peu plus tard.

Le corps humain à besoin d'oxygène pour vivre. Ceci est un fait que nous reconnaissons tous. Tout comme la flamme d'une chandelle, si celle-ci ne peut plus brûler d'oxygène, elle s'éteindra et mourra indubitablement. Sachez toutefois lorsque nous respirons de manière inconsciente, nous ne faisons rien d'autre que nourrir notre corps de sa source vitale pour le maintenir en vie. Eh oui, nous ne faisons qu'alimenter notre sang en oxygène pour nous permettre de survivre. La respiration à ce moment-là n'a d'autre effet que de nourrir banalement le corps physique.

> *La seconde clé de la magie est le mystère de la respiration*

Par contre, en magie, le mystère de la respiration implique, quant à lui, qu'il faut savoir respirer de façon consciente. Ainsi, en sachant que tout ce qui existe, dont l'air également, est constitué des cinq Éléments, lorsque nous respirons consciemment, nous sommes en mesure de charger l'akâsha (l'Élément Esprit de l'air) par une qualité représentée sous forme d'un désir, d'une image ou d'une pensée spécifique, laquelle sera ensuite conduite à travers les vaisseaux sanguins, puis, transmise et imprégnée par la suite au corps astral, et ainsi jusqu'au corps mental là où finalement la qualité prendra siège. Voici donc comment s'effectue en magie la respiration lorsqu'elle est faite consciemment et chargée d'un désir précis.

Le premier degré de la technique respiratoire vous apprendra dans un premier temps comment respirer avec conscience afin d'imprégner vos corps subtils d'une qualité, laquelle finira tôt ou tard à s'exprimer concrètement sur le plan physique. Cet exercice vous préparera également pour ceux des prochains degrés qui suivront bientôt. Évidemment la nature du désir dont vous chargerez l'air que vous respirerez sera analogue avec le temps que prendra ce dit désir à se manifester. Par ailleurs, il serait une excellente idée de votre part de ne pas sauter d'un désir à l'autre avant que le premier ne se soit pleinement concrétisé. Je vous recommande aussi de ne pas viser des buts trop égoïstes dans la mesure du possible. Ma recommandation serait que vous cherchiez à développer des qualités qui vous seront utiles tout au long de votre apprentissage afin de parfaire votre entraînement magique, tel que la persévérance, l'application, la confiance, le succès et la constance.

Première variation : les qualités relatives à l'inspiration

Prenez votre âsana comme vous avez maintenant habitude de le faire. Détendez votre corps et relâchez vos muscles, puis fermez les yeux. Pensez de toutes vos forces à un désir spécifique ou une qualité que vous aimeriez obtenir. Inspirez ensuite par le nez et imaginez que l'air qui entre dans vos poumons et qui alimente le sang dans vos veines amène avec lui la qualité ou le désir voulu. Visualisez et ressentez intensément ce désir vous pénétrer par l'air inspiré, fortement chargé de la qualité, qui ensuite se transmet à votre corps psychique puis mental. Soyez confiant, véritablement assuré et convaincu que ce désir est maintenant en vous qu'il se manifestera aussitôt. Vous devez avoir une très nette conviction de ce processus afin que celui-ci s'opère réellement en vous.

Sachez d'ailleurs que vous n'avez nullement besoin de prendre de très grandes inspirations pour pratiquer cet exercice. Il est inutile de vous essouffler sans raison. Le succès réside plutôt dans la qualité et l'intensité accrue de la visualisation et non par la quantité d'air absorbée par votre organe respiratoire, soit, vos poumons. Répétez cet exercice pendant quelques minutes par jour, dix, tout au plus.

Seconde variation : les qualités relatives à l'expiration

La seconde variation consiste à employer, pendant le même exercice respiratoire précédent, les qualités relatives à l'expiration. À cet effet, vous pourrez faire d'une pierre deux coups et expulser par le fait même un défaut ou une mauvaise habitude grâce à la seconde action de la respiration consciente.

Pour y parvenir, cela est fort simple. Tout se passe une fois de plus avec la concentration et la visualisation. Or, prenez votre âsana ou posture habituelle et détendez votre corps. Lorsque vous serez neutre, inspirez consciemment votre désir avec la force de votre volonté et de votre visualisation, de préférence le même que tantôt tant que celui-ci ne se sera pas manifesté. Maintenant, au moment de l'expiration qui s'effectuera par la bouche, songez intensément à un défaut que vous aimeriez vous départir et visualisez que celui-ci quitte votre corps par l'air que vous rejetez. Voyez-le se dissoudre dans l'Univers. Vous devez toujours conserver cette très nette conviction du processus afin que celui-ci s'opère réellement. Répétez cet exercice pendant quelques minutes par jour, dix, au maximum.

À partir d'aujourd'hui, vous serez apte à imprégner vos corps subtils d'une qualité souhaitée et de chasser en même temps, par le même exercice, un défaut ou toute laideur de votre psychisme. Prenez soin de tout noter votre travail dans votre journal de bord.

8 - Les Immersions Magnétiques

La charge du corps éthérique et astral

Si vous avez déjà étudié quelque peu l'occultisme, vous êtes sûrement tombé tôt ou tard sur un concept de pratiques ésotériques que l'on désigne par le terme commun de « bains magiques ». Pour certains, sinon la majorité de la masse populaire, prendre un bain magique signifie faire couler un bon bain chaud et confortable pour y ajouter une poignée d'herbes ou d'essences spécifiquement choisies. On brûle un bâton d'encens, quelques bougies et le tour est joué. Restera ensuite à prendre place dans la baignoire pour profiter des influences des dites herbes aux propriétés spéciales. Si cela correspond à peu près à votre conception des bains magiques, sachez qu'un tel bain rituel ne vaut pas plus que de se baigner dans une énorme tisane! En effet, une telle pratique ne vaut rien du point de vue du magicien expérimenté.

Le secret des bains magiques réside dans les propriétés magnétiques inhérentes à l'Élément aqueux, c'est-à-dire l'eau. Nous avons vu que l'air pouvait véhiculer et transmettre une charge. Ainsi en est-il également pour l'eau. L'eau, par sa nature, possède des propriétés magnétiques. Plus l'eau sera chaude, plus les propriétés magnétiques de celle-ci seront inexistantes. Lorsque l'eau atteint la température du corps humain, soit 37 degrés Celsius, son pouvoir magnétique devient alors neutralisé. Au-dessus de cette température, l'eau n'est plus du tout magnétique. Voilà ce qui explique pourquoi un bain magique en eau chaude est inopérant, à moins bien sûr de savoir comment charger l'eau différemment par le principe akashique. Je vais y revenir dans quelques instants.

À l'opposé, plus l'eau sera froide, plus son pouvoir d'absorption magnétique sera élevé. Il sera alors facile pour le magicien de charger cette eau d'un désir ou d'une qualité spécifique, tout comme nous l'avons vu avec l'air. Par la suite, en prenant un bain dans cette eau froide et chargée, il suffira de visualiser intensément, toujours avec force et conviction, que la charge magnétique qui fut imprégnée à l'eau se transmet, par le biais de celle-ci, au corps éthérique et psychique du mage lors de cette immersion.

Ainsi, l'eau sous son dense aspect physique et matériel est considérée en occultisme comme une batterie accumulatrice de charges qui peuvent être transmises au magicien. Je vous mentionnais qu'il était toutefois possible d'employer une eau chaude pour transmettre une certaine charge donnée au corps éthérique et astral. Bien que je vous recommande de toujours employer une eau la plus froide possible, il est normal de comprendre qu'un tel bain entraînerait rapidement des engourdissements et de l'inconfort lorsque nous ne sommes pas habitués. La concentration en serait tout aussi affectée. Mais après seulement quelques réitérations, vous constaterez que cela deviendra facilement supportable.

Aussi, si vous désirez utiliser une eau tempérée ou même assez chaude, vous devrez alors savoir que cette eau *ne sera pas magnétisée*, elle devra au contraire être chargée directement à partir du principe akashique (Élément Esprit); le plan primordial du cinquième Élément. De cette façon, la température de l'eau n'importera guère car la charge de cette dernière pourra produire et apporter les effets escomptés par l'entremise des quatre autres Éléments sous l'action du fluide électromagnétique. Cependant, je n'irai pas vous compliquer les choses davantage à ce stade de votre formation avec des explications encore plus élaborées dans le développement de cette dernière technique. Considérez plutôt celle mentionnée plus haut, laquelle est tout aussi efficace et beaucoup plus facile à réaliser.

Dans le cadre de votre développement magique, je vous conseille donc de faire emploi de ce secret, en eau froide, afin de concrétiser des désirs non égoïstes tel qu'obtenir le succès dans vos pratiques, la santé, la guérison, etc. Vous pourrez donc, en apposant vos mains à la surface de l'eau, allié à une forte visualisation, charger une baignoire entière ou même juste un bol d'eau pour ensuite y tremper tout votre corps ou juste les mains et imaginer que la charge de l'eau se transmet immédiatement à vos corps subtils pour y prendre siège, et finalement, se manifester aussitôt sur le plan physique de la matière.

Évidemment, le degré de manifestation et le temps que cela prendra pour qu'un désir se manifeste sera toujours en conséquence de la nature du désir, de votre niveau de concentration et de votre force de visualisation, laquelle doit être très intense — vous ne devez jamais avoir le moindre doute dans votre esprit.

Connaissant maintenant la technique magique de la charge de l'eau, il vous sera dorénavant aisé de pratiquer efficacement des rituels d'immersions magnétiques ou si vous préférez, de « bains magiques », avec des accessoires si le cœur vous en dit, tant que leurs correspondances auront été soigneusement analysées avant leur emploi. Vous comprendrez toutefois que ceux-ci ne seront que de bons auxiliaires tant et aussi longtemps que l'élément clé et essentiel (l'eau) aura été préalablement chargé et magnétisé de votre volonté. Ceci conclut donc le secret relatif aux immersions magnétiques.

9 - La Vibration des Noms Magiques

La verbalisation universelle

La puissance du verbe est une force reconnue en magie et surtout chez les kabbalistes. La kabbale, qui est fondamentalement la Science du Verbe Universel, démontre comment chaque mot ou formule kabbalistique est constitué de plusieurs lettres exprimant une idée, un nombre, une force ou une action bien précise. Par la verbalisation consciente de ces formules, de très grands effets peuvent être apportés et manifestés sur les plans subtils tels que le plan mental et psychique autant que sur le plan matériel. Car nous savons tous que tout ce qui existe est pure énergie. Et autant en est-il pour le verbe.

Le pouvoir du son est aussi couramment employé notamment lors de la verbalisation de mantras, lesquels sont constitués de voyelles et de consonnes spécifiquement adaptées en raison de leurs grandes qualités vibratoires et de leur lien sympathique envers des effets recherchés. Ces vibrations émises par la voix résonnent sur les plans subtils et peuvent apporter plusieurs bienfaits pour l'opérateur et magicien.

Ceci dit, il existe une technique vibratoire des mots que le mage reconnaîtra en tant que la « vibration des noms magiques ». En magie cérémonielle et en ce qui concerne de près ce présent ouvrage, la vibration des noms sera très fréquemment utilisée, et pour cause, car ce procédé « charge » et amène extrêmement de puissance à toute forme de verbalisation rituelle.

En chargeant de cette façon un nom magique en appliquant cette technique, le magicien sera en mesure de le faire vibrer et résonner, comme une onde de choc, non seulement sur le plan physique, mais tout aussi à travers les Sphères les plus élevées et dans l'Univers tout entier.

Or, la vibration des noms magiques doit être effectuée en pleine conscience. Il ne s'agit pas seulement de formuler un nom magique à voix haute pour que les effets s'opèrent instantanément, et ce même si ces derniers peuvent être vibrés mentalement sans rien prononcer du tout. Il faut savoir visualiser à l'aide du support mental tout le processus de résonance sur tous les plans, jusque dans l'Univers infini.

Le but de cette technique vibratoire consiste en ceci; vous devez tout d'abord, lors d'une inspiration, visualiser que vous aspirez profondément le nom magique en vous, tout en ressentant l'énergie de celui-ci venir et passer à travers vous et pénétrez votre corps mental, astral et physique, le tout soutenu toujours par une forte concentration, et ce, à travers tout votre être, jusqu'aux membres inférieurs. Autrement dit, aspirez le nom dans votre corps et emplissez-le complètement. Par la suite, *pendant toute la durée de l'expiration*, verbalisez le nom à voix haute alors que vous visualiserez ce dernier s'expulser de votre corps pour finalement être projeté à l'extérieur, jusqu'aux confins de l'Univers et dans les Sphères les plus subtiles, dans un fracas de puissance et de résonance, tel un gigantesque et puissant coup de tonnerre, créant cette onde de choc partout sur son chemin.

Cela va de soi que pour que la vibration d'un nom s'effectue réellement, vous devez être en mesure de vous représenter mentalement et avec netteté tout le cheminement et la vibration du nom magique à travers vos corps (mental, astral et physique) jusqu'à l'expulsion de ce dernier dans l'Univers et les Sphères subtiles. Une fois encore, la qualité de la visualisation jouera un rôle primordial.

Par ailleurs, si pour des raisons évidentes vous étiez contraint et ne pouviez, lors d'un rituel, vibrer les noms magiques à voix haute, alors faites-le mentalement ou à voix basse si cela est possible. La façon de faire est identique à celle qui vient d'être démontrée. La puissance de cette technique magique tient autant du degré de conscience et de la ferme visualisation dans laquelle cette procédure est effectuée autant que l'appui de l'acte verbal en lui-même. Les deux vont de pair. Utilisez cette technique vibratoire à chaque fois qu'un rituel mentionnera de *vibrer* un nom magique.

10 - Pratique Cérémonielle I

Voici un rituel de Haute Magie cérémonielle connu et diffusé partout à travers le monde sous le nom abrégé de LBRP (*Lesser Banishing Ritual of the Pentagram*). En français, les lettres signifient Rituel Mineur de Bannissement du Pentagramme ou RMBP. Le premier rituel de ce traité de magie provient de l'Ordre Ésotérique de la *Golden Dawn*. Il fait appel au puissant symbolisme de l'étoile à cinq branches. Il comporte plusieurs utilités et avantages pour le praticien de l'Art. Comme vous le constaterez, ce rituel est employé presque toujours en guise de prémisse lors des rituels de magie cérémonielle, il est donc très important de le maîtriser dès que possible.

Sa fonction principale est de vous relier directement à la source Divine, la Lumière Cosmique et de faire passer cette énergie bienfaitrice à travers votre corps et de la diffuser ensuite dans toutes les directions. Vous serez en mesure de bannir efficacement toutes les influences hostiles ou non désirées de votre entourage immédiat et de chasser toutes les Entités négatives. Autrement dit, ce rituel est idéal en guise de préliminaire pour purifier votre temple magique avant tout rituel de magie cérémonielle ou comme rite de protection. De plus, le Rituel Mineur de Bannissement du Pentagramme, lorsque complété, créé à lui-même un parfait cercle magique de Lumière Divine.

Par ailleurs, vous n'aurez besoin d'aucun outil pour pratiquer ce rituel sinon que de votre index ainsi que de votre grand pouvoir de visualisation, sans plus. Vous pouvez, également, faire brûler une à trois chandelles blanches qui reposeront au centre de votre autel, mais cela est laissé à votre entière discrétion.

En réitérant le RMBP sur une base quotidienne, préférablement une fois par jour, vous serez en mesure d'élargir votre aura (ou champ vibratoire), de générer et contrôler les énergies spirituelles, augmentant du même coup le degré de perception de vos sens psychiques et de vous relier ainsi directement à la Source Divine. Il vous semblera probablement impossible ou inimaginable, à ce moment-ci, de mesurer tous les bienfaits d'une telle pratique. Cependant, ce qui vous attend, risque de vous surprendre davantage. Croyez-en mon expérience, il y a de nombreux bénéfices à pratiquer ce rituel avec minutie.

Ceci dit, il est possible au premier regard que vous trouviez le rituel quelque peu complexe et parfois même un peu long. Cela n'est qu'un leurre. En effet, soyez sans inquiétude, après quelques essais sérieux vous constaterez qu'il vous sera possible de le mémoriser par cœur et de le mettre en pratique en moins de dix petites minutes, même si vous prenez tout votre temps.

Il existe deux versions du RMBP que j'affectionne beaucoup. La première, celle qui vous sera présentée en premier est la version classique et, fait emploi des noms hébraïques et du support des quatre Archanges populaires. La seconde version, quant à elle, est pratiquement identique, toutefois elle fait partie du complexe système de Magie Énochienne. Les noms à vibrer sont différents car il s'agit du langage dit « angélique ». La seule différence est qu'au lieu d'invoquer la puissance des Archanges, on fera appel aux puissances élémentales ainsi qu'aux quatre Rois Énochiens qui régissent les quatre mêmes Tours de Guet. Or quelle version employer? Il n'en tient qu'à vous. Désirant vous offrir une formation magique des plus complètes, je vous offre ces deux versions du RMBP. Essayez les deux rituels et utilisez celui qui vous conviendra le mieux.

Finalement, prenez note que si vous ne disposez pas d'une pièce entièrement dédiée à vos pratiques magiques et que vous souffrez d'un manque d'espace, vous pourrez toujours tracer un petit cercle autour de votre position et pivoter sur vous-même pour faire face aux différents points cardinaux. Un petit truc pour vous aider à la mémorisation des noms à prononcer. Vous pourriez par exemple, tout simplement, coller sur les murs de votre temple magique ou pièce de travail, de petites cartes avec les noms inscrits dessus afin de les avoir sous les yeux en permanence, si besoin il y a.

RMBP : Le Rituel Mineur de Bannissement du Pentagramme

Première partie : La Croix Kabbalistique

Tenez-vous debout face à l'Est, au centre de votre pièce de travail. Tout en maintenant par la visualisation que vos pieds demeurent bien encrés au sol, c'est-à-dire que vous êtes perpétuellement relié et bien enraciné à la Terre, visualisez que votre corps grandit et s'étire de façon à vous retrouver au centre précis de l'Univers. La Terre est toute petite et très lointaine en dessous de vous. À présent, regardez au-dessus de votre tête ; voyez-y un point très lumineux. Continuez par la suite cette croissance afin de vous en approcher davantage, tant que ce point ne devient pas aussi gros qu'une sphère de la taille d'un ballon. Prenez ensuite quelques instants pour bien la contempler. Cette lumière est d'une extrême brillance, blanche et pulsative, et encore plus rayonnante que le plus éclatant des astres solaires ; c'est la Source Divine Primaire, la Providence Divine, l'Un. Pointez maintenant votre index vers elle et faites descendre un rayon de lumière au niveau de votre front. Cette dernière démarche est des plus importantes car elle relie directement votre Être Supérieur au Divin. Les mots entre parenthèses indiquent phonétiquement la prononciation.

Vibrez : **ATAH** (Ah-tah)

Faites descendre le rayon lumineux en pointant votre index vers le bas, au niveau du bas-ventre. Ressentez cette colonne de pure lumière passer à travers votre corps, jusqu'aux confins de l'Univers, très loin en dessous de vous.

Vibrez : **MALKUTH** (Mahl-koot)

Remontez avec votre index vers le cœur, puis touchez ensuite votre épaule droite en visualisant la lumière suivant ce même mouvement et se perdant aux les confins de l'Univers à votre droite.

Vibrez : **VE-GEBURAH** (Vih-Geh-boo-rah)

De la même manière, allez lentement toucher votre épaule gauche, en amenant une fois de plus la lumière vers ce côté.

Vibrez : **VE-GEDULAH** (Vih-Geh-doo-lah)

Joignez ensuite les mains contre votre torse, de la même manière que vous le feriez si celles-ci étaient jointes pour une prière. Visualisez maintenant au centre de votre poitrine une belle et douce sphère dorée extrêmement brillante.

Vibrez : **L'OLAM** (Lih-Oh-Lahm), **AMEN**

En prenant quelques secondes pour constater ce que vous venez tout juste d'accomplir, vous remarquerez que vous êtes au centre d'une croix Universelle de lumière Divine qui touche toutes les directions les plus éloignées du Cosmos.

Les mots que vous venez de vibrer correspondent respectivement à la phrase suivante :

"Ici à l'intérieur, est le royaume, et la puissance,
et la gloire, pour toujours, tel soit."

Prenez bien le temps de comprendre tout le sens et l'impact de vos paroles lorsque vous les prononcez, car vous vous adressez directement à la puissance Divine Universelle.

Deuxième partie : La Formulation des Pentagrammes

Dirigez-vous aux abords de votre cercle, toujours le corps orienté vers l'Est. À l'aide de votre index, tracez devant vous, dans les airs, un pentagramme de renvoi à la Terre. Débutez par la pointe inférieure gauche, comme démontré sur la figure suivante.

Pour vous aider à tracer le pentagramme de la bonne dimension, utilisez votre corps en guise de repère. Commencez par la hanche gauche et tracez le premier côté en montant jusqu'au niveau de votre front. De là, redescendez jusqu'à votre hanche droite. Remontez maintenant vers l'épaule gauche, puis allez vers celle de droite, et finalement, complétez le pentagramme en retournant à votre point de départ, soit la hanche gauche.

Pentagramme de renvoi à la Terre

Visualisez au fur et à mesure que vous tracez le pentagramme, une flamme jaillissant de la pointe de votre index, tel le feu éclatant d'une torche à souder. Cette lumière doit être visualisée d'un bleu électrique extrêmement brillant.

Faites à présent ce que l'on nomme le *signe d'entrée*, c'est-à-dire que vous allez amener vos mains de chaque côté de votre tête en pointant les index vers l'avant, tout en prenant une profonde inspiration. Inhalez l'énergie du nom magique dans votre corps, et, lors de l'expiration, avancez d'un seul pas, par le pied gauche. En même temps, projetez vos mains au centre du pentagramme avec force, tout en vibrant, pendant ce même mouvement :

Y.H.V.H. (Yud-Heeh-Vâv-Heeh)

Ressentez l'énergie de ce nom Divin parcourir tout votre corps, passer par l'intermédiaire de vos mains, pour aller au travers du pentagramme. Reprenez maintenant votre position initiale. Joignez vos pieds de nouveau, en conservant toutefois votre index toujours bien tendu au centre du pentagramme. Puis, dans le sens des aiguilles d'une montre, tracez une ligne dans les airs, en vous dirigeant de long de la périphérie de votre cercle, vers le Sud. Visualisez cette ligne lumineuse d'un blanc très brillant. Cette dernière reliera tous vos pentagrammes les uns aux autres par le centre.

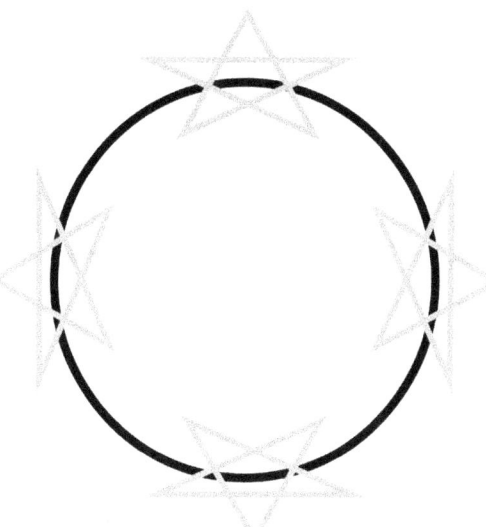

La ligne de lumière reliant les pentagrammes

À présent, face au Sud, tracez un autre pentagramme de renvoi à la Terre comme vous venez tout juste de faire précédemment. Donnez ensuite le signe d'entrée en vibrant :

ADONAI (Ah-Doh-Naye)

Transportez la ligne de lumière blanche à l'Ouest. Tracez à nouveau un pentagramme de renvoi, le troisième. Faites le signe d'entrée en vibrant :

EHEIEH (Eh-Hey-Yeeh)

Allez maintenant vers le Nord en transportant la ligne. Face au Nord, tracez le dernier pentagramme. Faites de nouveau le signe d'entrée en vibrant :

AGLA (Ah-Glah)

Finalement, retournez à votre point de départ, à l'Est, complétant ainsi ce cercle de lumière. Reprenez ensuite votre position initiale au centre du cercle magique et tournez-vous face à l'Est.

Vous êtes à présent entouré de quatre pentagrammes d'un bleu électrique. Ceux-ci sont scellés par les quatre grands noms divins; le tout étant relié par une ligne de lumière blanche. Portez maintenant votre attention sur cette ligne. Voyez-la s'épaissir vers le haut et vers le bas, faisant ainsi une colonne ou une sphère qui s'étend vers les plus loin recoins de l'Univers.

Troisième partie : L'évocation des Archanges

Tendez les bras et formez ainsi une croix. Sachez qu'à ce moment vous êtes une croix de lumière cintrée de quatre pentagrammes au centre précis de l'Univers. À l'Est, droit devant vous, se trouve la Tour de Guet de l'Air présidée par l'Archange Raphaël. Visualisez et ressentez cette puissante énergie élémentale provenant en force de ce quartier et évoquez l'Archange comme suit :

Devant moi, RAPHAËL (vibrez le nom de l'Archange)

Visualisez ensuite, derrière vous, la Tour de Guet de l'Ouest de l'Élément Eau. Celle-ci est présidée par l'Archange Gabriel. Visualisez et ressentez cette puissante énergie élémentale provenant en force de ce quartier et évoquez l'Archange :

Derrière moi, GABRIEL (vibrez le nom de l'Archange)

À présent, visualisez à votre droite une nouvelle Entité présidant la Tour de Guet du Sud; il s'agit de l'Archange Michael. Visualisez et ressentez la puissante énergie élémentale du Feu provenant en force de ce quartier et évoquez l'Archange :

À ma droite, MICHAEL (vibrez le nom de l'Archange)

Finalement, visualisez à votre gauche l'Archange Oriel, présidant la Tour de Guet du Nord. Visualisez et ressentez la puissante énergie élémentale de la Terre provenant en force de ce quartier et évoquez l'Archange :

À ma gauche, ORIEL (vibrez le nom de l'Archange)

Ouvrez vers l'extérieur avec le pied gauche, écartant ainsi les jambes et maintenez toujours vos bras ouverts. Vous formez maintenant une étoile humaine. Visualisez que votre corps est surligné par un pentagramme bleu électrique. Prononcez :

Depuis moi flamme le pentagramme,

Visualisez ensuite un hexagramme doré (une étoile à six branches), brillant puissamment au niveau de votre poitrine, à l'endroit précis de votre plexus solaire, et dites :

Et en moi brille l'étoile aux Six rayons.

Quatrième partie : La Croix Kabbalistique

Répétez la première partie du rituel : la Croix Kabbalistique.
Le rituel est maintenant complété.

Résumé du Rituel Mineur de Bannissement du Pentagramme

Pour vous aider à mémoriser plus facilement le RMBP voici un résumé des étapes, sans les explications relatives à la visualisation.

- *Première partie : La Croix Kabbalistique*

    Touchez le front et vibrez : **ATAH**
    Pointez vers le bas et vibrez : **MALKUTH**
    Touchez votre épaule droite et vibrez : **VE-GEBURAH**
    Touchez votre épaule gauche et vibrez : **VE-GEDULAH**
    Joignez ensuite les mains et vibrez : **L'OLAM, AMEN**

- *Deuxième partie : La Formulation des Pentagrammes*

    Tracez le pentagramme à l'Est. Vibrez : **Y.H.V.H.**
    Tracez le pentagramme au Sud. Vibrez : **ADONAI**
    Tracez le pentagramme à l'Ouest. Vibrez : **EHEIEH**
    Tracez le pentagramme au Nord. Vibrez : **AGLA**

- *Troisième partie : L'Évocation des Archanges*

    Ouvrez les bras en croix et dites :
    Devant moi, RAPHAËL
    Derrière moi, GABRIEL
    À ma droite, MICHAEL
    À ma gauche, ORIEL
    Depuis moi flamme le pentagramme,
    Et en moi brille l'étoile aux Six rayons.

- *Quatrième partie : La Croix Kabbalistique*

    Touchez le front et vibrez : **ATAH**
    Pointez vers le bas et vibrez : **MALKUTH**
    Touchez votre épaule droite et vibrez : **VE-GEBURAH**
    Touchez votre épaule gauche et vibrez : **VE-GEDULAH**
    Joignez ensuite les mains et vibrez : **L'OLAM, AMEN**

Version Énochienne du Rituel Mineur de Bannissement du Pentagramme

Ce rituel s'exécute exactement comme le précédent. Seuls les mots et toute forme de verbalisation changent.

- *Première partie : La Croix Kabbalistique*

    Touchez le front et vibrez : **ZAH** (Zod-ah)
    Pointez vers le bas et vibrez : **ONDOH** (Oh-en-doh)
    Touchez votre épaule droite et vibrez : **MIH** (Mee-heh)
    Touchez votre épaule gauche et vibrez : **BUZD** (Boo-zod-deh)
    Joignez ensuite les mains et vibrez : **PAID** (Pah-eh-deh)

- *Deuxième partie : La Formulation des Pentagrammes :*

    Tracez le pentagramme à l'Est. Vibrez : **EXARP** (Etz-ar-peh)
    Tracez le pentagramme au Sud. Vibrez : **BITOM** (Bee-toh-meh)
    Tracez le pentagramme à l'Ouest. Vibrez : **HKOMA** (He-koh-mah)
    Tracez le pentagramme au Nord. Vibrez : **NANTA** (Nah-en-tah)

- *Troisième partie : L'Évocation des Rois Énochiens :*

    Ouvrez les bras en croix et dites :
    Devant moi, BATAIVAH (Bah-tah-ee-vah-heh)
    Derrière moi, RAAGIOSL (Rah-ah-gee-oh-sel)
    À ma droite, EDLPRNAA (Eh-del-par-nah-ah)
    À ma gauche, IKZHIKAL (Eee-keh-zod-hee-kal)
    Depuis moi flamme le pentagramme,
    Et en moi brille l'Étoile aux Six rayons.

- *Quatrième partie : La Croix Kabbalistique*

    Touchez le front et vibrez : **ZAH**
    Pointez vers le bas et vibrez : **ONDOH**
    Touchez votre épaule droite et vibrez : **MIH**
    Touchez votre épaule gauche et vibrez : **BUZD**
    Joignez ensuite les mains et vibrez : **PAID**

TROISIÈME NIVEAU

La Poursuite du Développement

Le troisième niveau de cette formation vous amènera à un degré supérieur et vers de nouveaux exercices de développement magique. Vous commencerez à mettre régulièrement en pratique ce que vous avez vu au fil des précédents chapitres. Souvenez-vous encore une fois l'importance capitale d'avoir maîtrisé les deux niveaux antérieurs, car sinon, vous aurez de la difficulté à poursuivre avec les exercices qui suivront. Soyez honnête envers vous-même et voyez si vous êtes réellement prêt à aller de l'avant. N'oubliez pas, au risque de me répéter, la magie n'est pas une course, prenez tout le temps que vous jugerez nécessaire et vos efforts seront amplement récompensés. Le mage en devenir doit pouvoir faire preuve d'une grande patience et de persévérance.

Vous allez apprendre au cours de ce niveau deux nouveaux rituels de magie cérémonielle qui viendront s'ajouter à vos pratiques quotidiennes. À ce moment-ci, vous devriez donc être en mesure de pratiquer le RMBP par cœur, sans aucune difficulté, et avoir connu du succès dans tous les autres exercices.

Si tel est le cas, faisons ensemble un nouveau pas et continuons…

11 - Les Sens Psychiques 2ᵉ degré

La visualisation accentuée

Vous avez pratiqué, lors du niveau précédent, la visualisation du premier degré qui consistait à voir en relief, avec les yeux de l'esprit, tout objet de votre choix, sans son entourage immédiat. Il est très important d'avoir connu du succès et maîtrisé ce premier exercice avant de passer à celui-ci. Si tel n'est pas le cas, retournez au niveau précédent et poursuivez votre entraînement car vous allez maintenant apprendre à visualiser d'une manière beaucoup plus accentuée.

Adoptez votre âsana et fermez les yeux. Imaginez à présent une scène quelconque, un paysage tel un parc, une montagne entourée d'arbres, un lac, etc. Au début, pour vous faciliter la tâche, représentez-vous dans des endroits familiers; des lieux dont vous connaissez l'existence et que vous avez déjà fréquentés dans le passé. Par la suite, en ayant connu du succès, vous pourrez vous inventer des endroits inconnus ou imaginaires. L'idée de cet exercice est de faire exactement comme si vous étiez physiquement à cet endroit, un personnage de ce décor, que vous visualisez sur votre écran mental tout comme si vous vous trouviez là, véritablement en personne. Je vais vous donner un exemple pour vous aider à comprendre comment pratiquer cet exercice.

Première variation :
La visualisation accentuée avec les yeux fermés

Fermez les yeux. Imaginez à présent que vous êtes au bord d'un lac à la lisière d'une forêt luxuriante. Vous regardez droit devant vous et voyez ce lac limpide et calme. En posant votre regard sur la surface de l'eau, vous apercevez de minuscules ridules causées par le vent. Le ciel est bleu et comporte quelques nuages blancs ici et là. Ceux-ci se reflètent sur la surface de l'eau. Alors que vous vous approchez du rivage, vous remarquez les petites pierres rondes d'apparence lisse qui se font caresser par de petites vagues douces. Un oiseau volant à basse altitude vient se poser sur la branche d'un grand arbre se trouvant à proximité. Vous le regardez agir alors qu'il semble faire sa toilette, passant son bec à travers ses plumes...

Voici comment devrait se dérouler la visualisation de vos imageries mentales. Agissez en tant que spectateur, sans jamais intervenir d'aucune façon, et regardez passivement tout autour de vous et voyez le plus clairement possible tous les détails qui s'offrent à vos yeux. Représentez-vous la scène aussi réellement que possible, comme si cette dernière était authentique. Essayez de voir les choses en relief, comme si elles étaient presque palpables. Lorsque vous serez capable de vous représenter n'importe quelle scène et scénario pendant une période de cinq à dix minutes sans interruption ou sans que des pensées errantes ou contraires viennent vous déconcentrer, vous aurez maîtrisé la première variation de cet exercice et pourrez progresser au suivant.

Seconde variation :
La visualisation accentuée avec les yeux ouverts

Maintenant que vous êtes en mesure de visualiser n'importe quels paysages les yeux fermés, vous allez à présent tenter d'en faire autant, mais cette fois-ci, avec les yeux ouverts. D'accord, je l'admets, il est possible qu'au premier coup d'œil vous en veniez à penser que cela est impossible à cause du fait qu'en conservant les yeux ouverts, vous serez probablement déconcentré par votre entourage et tous les objets et meubles qui pourraient se trouver dans votre champ de vision. À cœur vaillant rien d'impossible comme on dit, et surtout pour un magicien.

Pour pratiquer cette technique, je vous recommande de vous positionner devant un mur simple et dénudé, ne comportant aucun cadre ou étagère et, si possible, avec les lumières tamisées. En effet, vous remarquerez que cet exercice est plus facile à réaliser au début dans la pénombre que sous la lumière du jour. Plus tard, avec un peu plus de pratique, vous serez capable de pratiquer cet exercice n'importe où ; vous le constaterez bien, tôt ou tard, par vous-même.

Ainsi, les yeux grands ouverts, reprenez la même visualisation que précédemment. Vous êtes au bord d'un lac limpide à la lisière d'une forêt luxuriante… Une fois encore, ne commettez aucun geste ; vous êtes seulement présent en guise de spectateur et rien d'autre. Pour ce qui a trait aux actions que vous pourriez poser, cela vous sera expliqué lors du prochain degré des exercices des sens psychiques. Soyez seulement conscient de tout ce qui se trouve dans ce paysage et essayez de voir les choses comme si elles étaient réelles, presque palpables et en relief.

Lorsque vous serez capable de vous représenter n'importe quel scénario ou scène de votre choix pendant une période de cinq à dix minutes les yeux ouverts, et cela, sans aucune interruption ou sans que des pensées errantes viennent vous déconcentrer, vous aurez alors maîtrisé cet exercice.

L'ouïe psychique

L'oreille psychique est importante si vous désirez capter les sons et comprendre les dialogues qui peuvent parfois survenir lorsque vous ferez des travaux avec le monde des Entités et des esprits, alors que peu à peu, vous devenez plus alerte de ce qui se passe sur les autres plans d'existence. En d'autres mots, pour être en mesure d'entendre véritablement sur le plan astral, vous devez donc vous entraîner à écouter ce que votre ouïe physique ne peut entendre. Pour y arriver, vous commencerez par imaginer de simples sons particuliers.

Asseyez-vous confortablement ou prenez votre âsana et fermez les yeux. Reproduisez dans votre esprit le son de votre choix. Je vais reprendre ici l'exemple que j'ai utilisé dans mon ouvrage précédent, soit le tintement d'une clochette. Retenez les particularités de ce son doux et aigu. Entendez la clochette tinter encore et encore dans votre esprit, et ce, continuellement pendant une dizaine de minutes. Jamais et en aucun cas vous ne devrez visualiser le sujet de cet exercice, vous ne devez que l'entendre. Voilà qui explique pourquoi cet exercice simple en apparence est compliqué de prime abord. Effectivement, lors de vos premières tentatives, vous remarquerez combien vous aurez souvent tendance à vous représenter visuellement l'objet qui produit le son. Vous vous devez absolument de faire abstraction de cette image et n'entendre que le son qui en est produit. Vous y parviendrez en peu de temps en pratiquant fréquemment cette technique.

Si à un moment donné vous éprouviez de la difficulté à vous représenter mentalement le tintement de la cloche, utilisez-en une vraie et faites la sonner une ou deux fois pour vous remémorer le son qu'elle produit puis continuez d'imaginer cette sonorité. Lorsque qu'il vous sera facile de reproduire le bruit d'une clochette, essayez alors avec de nouveaux sons tels que celui d'une goutte d'eau, une note de piano ou une corde de violon, un tic-tac d'horloge, un claquement de doigts, le vent qui souffle, la mer, etc.

L'étape finale de cet entraînement de l'oreille psychique consistera à vous représenter des voix, tout près de vous autant que si elles venaient dans le lointain, à une très longue distance, en procédant de la même façon que je viens de décrire, toujours, sans ne jamais rien visualiser. Pour vous aider, pensez au dernier entretien que vous avez eu avec votre conjoint, patron ou ami et tentez de le réécouter comme si les paroles avaient été enregistrées à l'aide d'un magnétophone. Cet exercice aura atteint son but au moment où vous serez capable de vous représenter n'importe quel son, sans aucune difficulté, pendant une période d'au moins cinq à dix minutes continuelles.

Le toucher psychique

Le toucher psychique signifie pouvoir ressentir les phénomènes et les sensations des mondes subtils de manière quasi-physique. En outre, lorsque ce sens sera bien développé, il accentuera votre pouvoir d'intuition par ce que l'on nomme la psychométrie. Cette technique vous donnera la possibilité de ressentir les forces manifestées dans le plan éthérique, et vous serez doté ainsi de la capacité de percevoir le passé, le présent ou le futur en touchant chaque chose, chaque objet grâce au toucher psychique.

Pour commencer, allez-y en vous représentant de simples sensations, faciles à ressentir, comme le chaud, le froid, l'humidité de l'eau, la lourdeur, etc. Par exemple, imaginez la sensation que procure un cube de glace posé dans le creux de votre main. Pour vous faciliter la tâche, vous pouvez prendre un véritable cube et le poser dans votre main droite pendant quelques secondes. Ensuite, déposez-le et en fermant les yeux, essayez de ressentir la même sensation tactile dans votre main gauche, mais sans jamais visualiser le cube de glace. L'idée de ressentir le véritable objet auparavant est de stimuler votre sens du toucher. Par la suite, si désiré, vous pourriez vous représenter la chaleur. Pour y arriver, vous pouvez allumer une chandelle et poser vos mains tout juste au-dessus. Puis, retirez-les, fermez les yeux et reproduisez cette même sensation.

Lorsque vous aurez acquis la faculté de ressentir n'importe quel type de sensation physique, sans pour autant la visualiser, pendant une période de cinq à dix minutes, vous aurez maîtrisé l'exercice.

De la même façon que vous avez pratiqué les exercices pour les deux derniers sens psychiques, si vous désirez parfaire votre formation magique et pousser vos capacités au maximum, sachez alors que vous pouvez employer la même technique pour le sens du goûter et de l'odorat en vous imaginant les saveurs et leurs parfums. Ainsi, tous vos sens de magicien seront puissants et bien équilibrés.

12 - Exercices avec les Éléments

Le premier contact élémental

Dans le premier niveau de cette formation magique, vous avez appris comment transmuter les défauts de votre psychisme en qualités opposées afin d'atteindre le parfait équilibre élémental dans votre corps. À présent, nous allons poursuivre cet apprivoisement des Éléments en travaillant de concert avec les qualités physiques de ces derniers. Dans un premier temps, nous allons prendre conscience et rechercher les manifestations élémentales qui se produisent à tous les jours, tout autour de nous. Ensuite, nous verrons des exercices qui vous amèneront peu à peu vers un certain degré de maîtrise élémentale en personnifiant ces Éléments de manière physique. Retenez que ces manifestations sont ce qui se rapproche le plus grossièrement des véritables Éléments, lesquels sont subtils et différents, d'un certain point de vue.

La recherche des manifestations physiques élémentales

Feu : L'Élément Feu possède les qualités physiques d'être chaud et sec.

Observez ces choses autour de vous qui d'ordinaire vous semblent anodines. Recherchez les manifestations physiques de l'Élément Feu ; ces dernières combinent les qualités de la chaleur et de sécheresse. Portez votre attention au soleil, lequel constitue un excellent exemple. Voyez comment la chaleur de l'astre solaire interagit avec le monde qui vous entoure, comment il fait sécher l'eau et rend les terres arides; comment il donne la vie et donne de l'énergie aux êtres humains; comment la vapeur est une conséquence de la chaleur, etc. Voyez comment le feu peut apporter la vie; comment il peut être destructeur. Voyez comment cet Élément agit sur la personnalité et le moral des gens. Bref, prenez quelques jours pour vous familiariser avec ces manifestations physiques et prendre conscience de l'Élément Feu. Notez vos observations dans votre journal magique.

Eau: L'Élément Eau possède les qualités physiques d'être froid et humide.

Comme vous l'avez fait précédemment avec le Feu, observez dans l'entourage de votre vie quotidienne les manifestations physiques de l'Élément Eau, lesquelles s'exprimeront par une nature humide et froide. Une chute d'eau est un excellent endroit pour y faire ce type d'observation. Remarquez par exemple lorsque vous prenez un bain, comment l'Élément Eau agit sur votre corps; il hydrate votre peau, il offre une sensation de fraîcheur et de pureté. Portez votre attention à la pluie qui soulage la sécheresse de la terre et du même coup, y apporter la vie en nourrissant la nature et la végétation, etc. Voyez comment cet Élément agit sur la personnalité et le moral des gens. Prenez quelques jours pour vous familiariser avec ces manifestations physiques et prendre conscience de l'Élément Eau tout autour de vous. Notez vos observations dans votre journal magique.

Air: L'Élément Air possède les qualités physiques d'être chaud et humide.

Encore une fois, observez ces choses autour de vous qui d'ordinaire vous semblent anodines. Recherchez les manifestations physiques de l'Élément Air; ces dernières combinent les qualités de la chaleur et de l'humidité. Portez votre attention à la température ambiante, lorsque vous êtes dehors par une journée de grands vents. Voyez comment l'air est fluide et éthéré, comment il se balade de gauche à droite, tourbillonnant dans tous les sens. Ressentez la légèreté de l'air, comme une feuille qui se laisse bercer au gré du vent, etc. Vous pouvez aussi imaginer, par exemple, que vous êtes dans un pays tropical, là où l'air est très humide et presque insupportable, un peu comme lors de nos chaudes journées d'été. Voyez comment cet Élément agit sur la personnalité et le moral des gens. Prenez quelques jours pour vous familiariser avec ces manifestations physiques et prendre conscience de l'Élément Air. Notez vos observations dans votre journal magique.

> **Terre :** L'Élément Terre possède les qualités physiques d'être froid et sec.

Observez dans l'entourage de votre vie quotidienne les manifestations physiques de l'Élément Terre, lesquelles s'exprimeront par une nature froide et sèche. Voyez comment les édifices reposent solidement sur le sol, sur des bases solides. Étudiez la façon dont s'exprime la persévérance, le calme et la profondeur de la terre, etc. Remarquez comment cet Élément agit sur la personnalité et le moral des gens. Prenez quelques jours pour vous familiariser avec ces manifestations physiques et prendre conscience de l'Élément Terre tout autour de vous. Notez vos observations dans votre journal magique.

Première maîtrise élémentale

Les exercices suivants vous mèneront tranquillement vers une première maîtrise consciente des quatre Éléments primordiaux. Prenez quelques jours pour vous exercer à devenir physiquement ces Éléments en adoptant les propriétés spécifiques inhérentes à chacun d'eux.

Feu : Imaginez que vous êtes l'Élément Feu. Ressentez la chaleur de votre corps comme si vous étiez un feu pur et fort, capable de transmettre et d'irradier cette énergie tout autour de vous. Ressentez également ce sentiment de sécheresse. Ressentez tout ce qu'est le feu, car à présent vous devez agir et vous sentir comme celui-ci. Essayez de vous entourer de plusieurs chandelles allumées dans un espace clos pour vous aider à prendre conscience du Feu et de sa chaleur. Pratiquez cet exercice pendant dix à quinze minutes, pas plus d'une fois par jour et notez vos résultats dans votre journal magique. Le but est de faire en sorte que vous puissiez vous sentir constitué que de Feu et rien d'autre.

Eau: Imaginez que vous êtes l'Élément Eau. Essayez de ressentir votre corps froid et humide. Voyez ce qu'il en est lorsque vous possédez ces qualités; vous êtes rafraîchissant et fluide, vous pouvez refroidir votre entourage où l'humidifier. Ressentez tout ce qu'est l'eau, car à présent vous devez agir et vous sentir comme elle. Une bonne manière de pratiquer cet exercice est de prendre place dans une piscine ou une baignoire. Pratiquez cet exercice pendant dix à quinze minutes, pas plus d'une fois par jour et notez vos résultats dans votre journal magique. Le but est de faire en sorte que vous puissiez vous sentir constitué que d'Eau et rien d'autre.

Air: Imaginez que vous êtes l'Élément Air. Ressentez la légèreté et la frivolité de l'air et comment votre entourage ne semble pas vous préoccuper. Vous êtes ambivalent, vous vous déplacez au gré de votre volonté. Vous êtes chaud et transportez l'humidité; vous êtes libre et fluide à la fois, etc. Un excellent moyen de pratiquer cet exercice est d'aller à l'extérieur, légèrement vêtu par une journée venteuse. Pratiquez cet exercice pendant dix à quinze minutes, pas plus d'une fois par jour et notez vos résultats dans votre journal magique. Le but est de faire en sorte que vous puissiez vous sentir constitué que d'Air et rien d'autre.

Terre: Imaginez que vous êtes l'Élément Terre. Ressentez la lourdeur et la stabilité, la fraîcheur et sécheresse de cet Élément. Apprenez à devenir Terre. Voyez comment vous êtes capable d'absorber tout autour de vous, tel que les problèmes du monde et les énergies environnantes. Voyez comment vous êtes froid et très lourd, immuable et éternel. Un bon moyen pour visualiser les qualités de l'Élément Terre est de pratiquer cet exercice à plat, couché sur le dos et encore mieux dehors dans votre jardin si cela est possible. Apprenez à devenir cet Élément pendant dix à quinze minutes, pas plus d'une fois par jour et notez vos résultats dans votre journal magique. Le but est de faire en sorte que vous puissiez vous sentir constitué que de Terre et rien d'autre.

Pratiquez ces quatre exercices, une fois par jour, pendant environ une semaine afin de réellement vous unir aux fonctions élémentales. En appliquant consciencieusement cette technique à ce stade de votre développement magique, vous augmenterez peu à peu votre maîtrise sur les Éléments. Cet exercice s'avérera aussi d'une aide essentielle lorsque vous en serez rendu à accumuler et charger les Éléments en vous par la respiration cutanée consciente. Il vous aidera à mieux canaliser les forces élémentales et accentuera votre concentration lors de la visualisation en apportant la dimension du ressentir physique.

13 - Techniques Respiratoires 2ᵉ degré

Les chakras

Les chakras sont des centres d'activité; ils sont les organes vitaux de nos corps subtils. Ils représentent des portes vitales entre les différents niveaux de conscience ou d'existence. Souvent symbolisés sous la forme de lotus, les chakras sont aussi reconnus en termes de centres énergétiques, centres psychiques ou d'éveil, portes de la conscience ou vortex d'énergie. Ils sont tous et chacun en étroite relation avec une partie du corps, du psychisme, et l'un des sept plans de conscience. Ces derniers sont perceptibles à la vision intérieure. Il existe de nombreux chakras mais les principaux sont au nombre de sept et ils correspondent physiquement à nos plexus nerveux les plus importants.

Ainsi, les chakras transforment les énergies Cosmiques et telluriques. Le fluide vital naît de la rencontre de ces deux énergies en leur cœur. La direction que prend l'énergie vitale à leur sortie est influencée par le mental. Ces derniers jouent également le rôle de canaliser cette énergie lorsque nous savons les employer correctement. Ils nous permettent, entre autres, d'emmagasiner et de diriger l'énergie vitale et de porter notre conscience à un niveau supérieur. Travailler et faire circuler l'énergie par ces centres psychiques, favorise également la préparation aux sorties hors corps ou plus communément, les voyages astraux. Les chakras forment un réseau communiquant entre les différents plans accessibles à la conscience humaine. Ils font tous partie intégrante de votre être. Si vous n'êtes pas en mesure de les percevoir, c'est tout simplement dû au fait que votre conscience n'est pas encore exercée à ce niveau. Avec le temps et en vous exerçant quelque peu, en contribuant à votre bien-être, vous pourrez éventuellement développer votre vision intérieure et les ressentir.

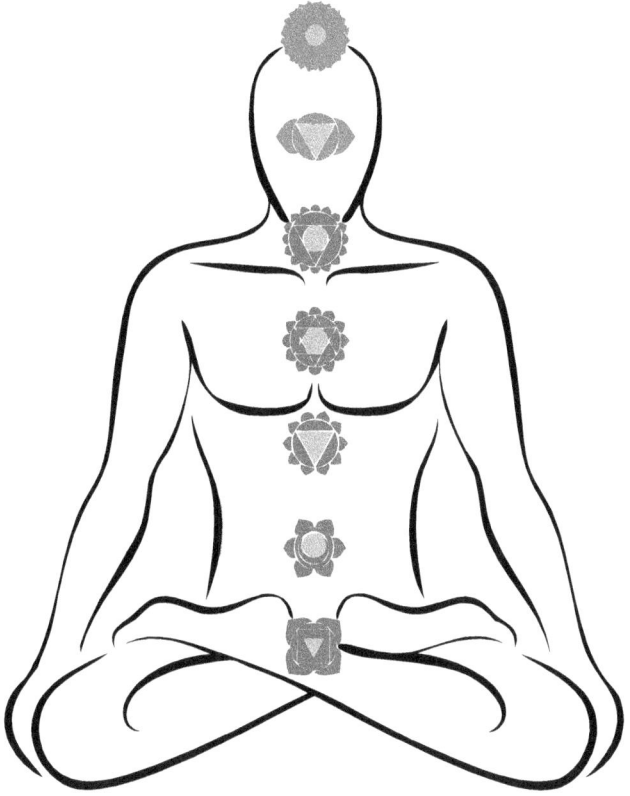

Les centres d'activité énergétiques

Chakra coronal : Point de l'illumination et unification des activités spirituelles.

Chakra frontal ou du 3ᵉ œil : Siège de l'intellect, de l'imagination et de l'intuition.

Chakra de la gorge : Énergie spirituelle, créativité, expression et communication.

Chakra du cœur : Amour, compassion. Unité de l'Être. Siège de l'être spirituel. Fonction de respiration.

Chakra solaire : Siège du pouvoir et de la sagesse de l'ego et des émotions. Plexus solaire. Fonction de digestion.

Chakra sacré : Énergie sexuelle et vitale, sentiment. Fonction de reproduction.

Chakra coccygien : Tendance matérialiste. Fonction d'élimination. Sécurité, survie, émotions primaires.

La technique suivante que l'on nomme l'activation des chakras par la respiration s'apparente de beaucoup au Rituel du Pilier du Milieu, comme vous pourrez le constater sous peu en poursuivant votre lecture de ce niveau. Par celle-ci, vous serez en mesure de proprement éveiller et activer vos chakras ainsi que de générer et faire circuler l'énergie par ces sens vitaux en vue d'une utilisation future.

L'activation des chakras par la respiration

Tenez-vous debout ou assis ou encore adoptez votre âsana. Le dos bien droit, respirez calmement en conservant un certain rythme, lent et continu. Portez maintenant votre attention au chakra de la couronne (Keter), la même sphère de lumière que vous avez visualisée lors du Rituel Mineur de Bannissement du Pentagramme; celle qui se trouve tout juste au-dessus de votre tête. Prenez conscience de sa présence et visualisez, à mesure que vous la contemplez et que vous respirez, que cette dernière s'intensifie en luminosité. Elle est de couleur blanche et devient de plus en plus brillante et irradiante.

Pointez maintenant la sphère du bout de votre index et entamez de la main un mouvement circulaire, dans le sens des aiguilles d'une montre. Agissez de la sorte comme si vous vouliez donner un mouvement circulaire et de rotation à la sphère de lumière. Continuez de stimuler votre chakra ainsi, tout en conservant le rythme de votre respiration. Faites un total de six à dix respirations complètes.

À présent, pendant une inspiration, amenez lentement votre index au niveau du chakra de votre troisième œil; c'est-à-dire entre vos sourcils. Tout comme lors du RMBP, à mesure que vous exécutez ce mouvement de la main, faites descendre un faisceau de lumière blanche qui reliera vos centres psychiques les uns aux autres. Lors de l'expiration, portez votre attention à ce chakra, cette sphère lumineuse qui s'intensifiera et brillera fortement d'un bleu indigo éclatant. Une fois encore, pointez la sphère du bout de votre index et entamez de la main le même mouvement circulaire, toujours dans le sens des aiguilles d'une montre. Donnez-lui un mouvement de rotation. Continuez de stimuler votre chakra ainsi, tout en conservant le rythme de votre respiration. Faites un total de dix respirations complètes. N'oubliez pas cependant de toujours conserver à l'esprit votre chakra de la couronne (et les autres qui suivront) qui demeure toujours présent à vos yeux.

Maintenant, en partant du chakra du troisième œil, avec votre index, faites descendre la colonne de lumière lors d'une nouvelle inspiration pour vous arrêter au niveau de votre gorge. Lors d'une expiration, visualisez une nouvelle sphère se former, laquelle est d'un bleu extrêmement brillant. Ensuite, comme vous l'avez fait précédemment, pointez la sphère du bout de votre index et entamez de la main le même mouvement circulaire afin d'activer votre chakra, tout en conservant le rythme de votre respiration. Faites un total de dix respirations complètes alors que la sphère s'intensifie en brillance.

Toujours de la même façon, pointez ce chakra et faites descendre la colonne de lumière blanche lors d'une autre inspiration pour vous arrêter au niveau de votre cœur. Lors d'une expiration, visualisez une nouvelle sphère se former, laquelle sera d'un vert extrêmement brillant. Plus vous la contemplez, plus elle irradie en lumière. Ensuite, pointez la sphère du bout de votre index et entamez le mouvement circulaire afin d'activer votre chakra du cœur, toujours en conservant le rythme de votre respiration. Faites un total de dix respirations complètes alors que la sphère s'intensifiera en brillance comme pour toutes les autres.

À partir du chakra du cœur, faites descendre une fois de plus la colonne de lumière blanche lors d'une autre inspiration pour vous arrêter cette fois-ci au niveau de votre plexus solaire, au centre de votre poitrine. Lors d'une expiration, visualisez une nouvelle sphère se former, laquelle sera d'un doré très brillant. Plus vous la contemplez, plus elle irradie en lumière. Ensuite, pointez votre chakra du bout de votre index et entamez le mouvement circulaire afin d'entamer le processus d'activation. Conservez votre rythme respiratoire ce faisant. Faites un total de six à dix respirations alors que la sphère s'intensifiera en brillance.

Poursuivez l'exercice en partant de la sphère dorée et faites descendre la colonne de lumière lors d'une autre inspiration pour vous arrêter au niveau de votre bas-ventre, précisément entre votre nombril et vos organes génitaux. Lors d'une expiration, visualisez une sphère se former d'une teinte orangée toujours très brillante. Ensuite, pointez votre chakra du bout de votre index et entamez de nouveau le mouvement circulaire afin d'activer ce dernier en continuant de respirer. Faites un total de dix respirations.

Finalement, pendant une inspiration, faites descendre le faisceau de lumière blanche au niveau de votre coccyx. Lors d'une expiration, visualisez une dernière sphère se former, laquelle sera d'un rouge éclatant. Plus vous contemplez ce chakra, plus il irradie en puissance. Ensuite, pointez-le de votre index et entamez une dernière fois le mouvement circulaire afin d'entamer le processus d'activation. Conservez votre rythme respiratoire pendant un total de dix respirations alors que la sphère s'intensifiera en brillance.

Tout en maintenant votre rythme respiratoire, contemplez le résultat de cet exercice. Visualisez le mieux possible votre corps surligné de tous vos chakras et leurs couleurs respectives, lesquels sont reliés par une colonne de lumière blanche. Demeurez dans cet état aussi longtemps qu'il vous plaira. Pour conclure, prenez une dernière et profonde inspiration, et, lors de l'expiration, voyez le tout s'estomper et disparaître tranquillement. Vous ne pouvez plus voir vos chakras et la colonne de lumière, mais sachez qu'ils demeurent néanmoins toujours aussi présents en vous.

Pratiquez cet exercice, de même que tous les autres du troisième niveau pendant au moins un mois, comme vous devriez avoir pris l'habitude de faire. N'oubliez pas que vous avez le droit de vous féliciter pour vos progrès. Soyez fier de vous, mais demeurez humble; la route que vous avez entreprise est encore longue. Ne vous découragez point et souvenez-vous de cette triple règle : la pratique, la pratique et la pratique!

14 - Pratique Cérémonielle II

L'Arbre de Vie est un symbole hautement prisé en magique kabbalistique. C'est là où repose toute la science de la kabbale. Un peu plus tard, au cours de cette formation magique, nous reviendrons plus en détails sur l'interprétation de ce symbole, notamment en ce qui concerne le mystère de l'Heptagramme. Pour le moment, nous réviserons ensemble la signification des trois piliers de l'Arbre de Vie.

En regardant attentivement les schémas des pages suivantes, nous remarquons comment l'Arbre Séphirotique peut être divisé en trois colonnes distinctes et comment celles-ci peuvent être interprétées.

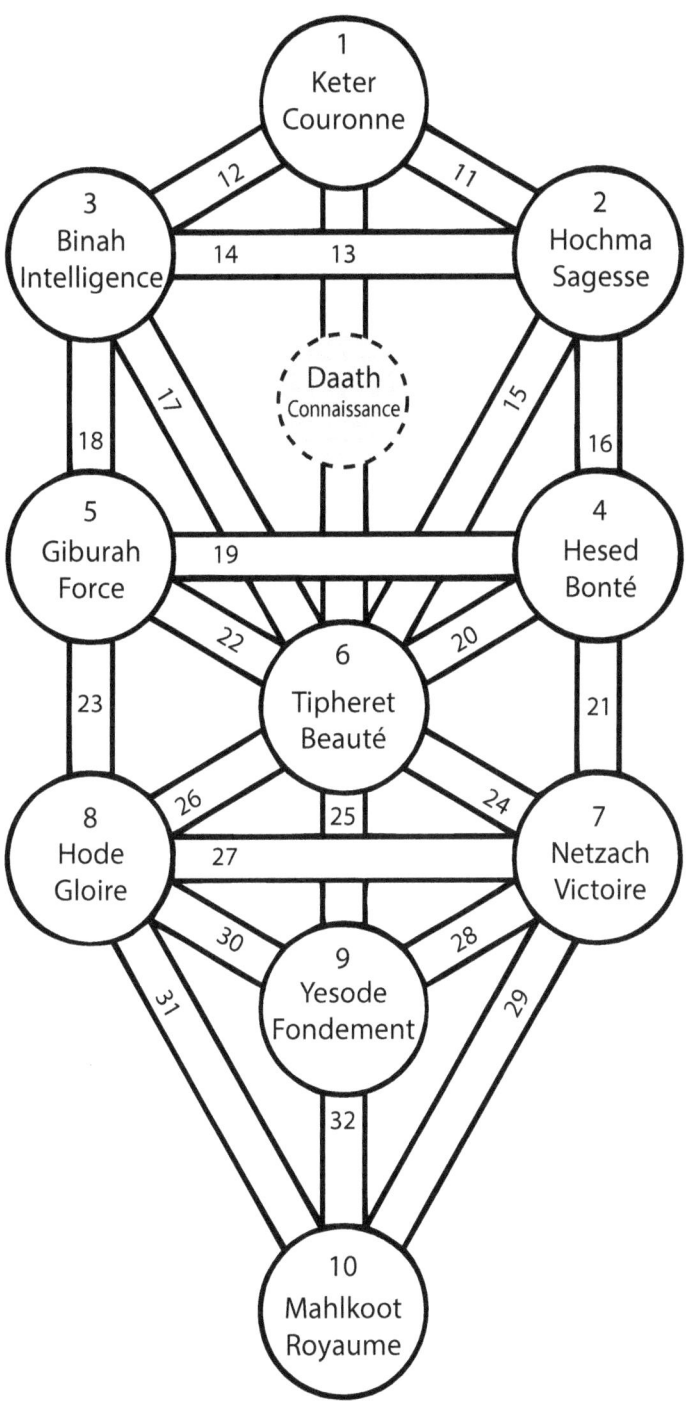

L'Arbre de Vie Kabbalistique

Le premier pilier se nomme le pilier de la rigueur; être sévère envers soi-même et posséder la connaissance des Lois Universelles et la puissance pour les mettre correctement en action.

Le pilier du milieu, lui, symbolise la tempérance et l'équilibre. Afin que nos efforts se voient couronnés de succès, il faudra reconnaître que nous vivons dans le royaume de l'Un (Malkoot), donc, sur cette planète mais que nous n'en sommes pas les maîtres. Que ce royaume nous a été prêté et, ce faisant, qu'il faudra rechercher une base dans la beauté en tentant d'éviter un abus de rigueur et de miséricorde. De cette manière seulement, nos efforts récolteront des fruits.

Le troisième pilier se nomme le pilier de la miséricorde; il signifie qu'il faut savoir être miséricordieux et avoir la sagesse pour reconnaître les résultats qui découleront de nos actions. Posséder l'habileté de réaliser que la victoire vient également par la sagesse et non seulement par la force.

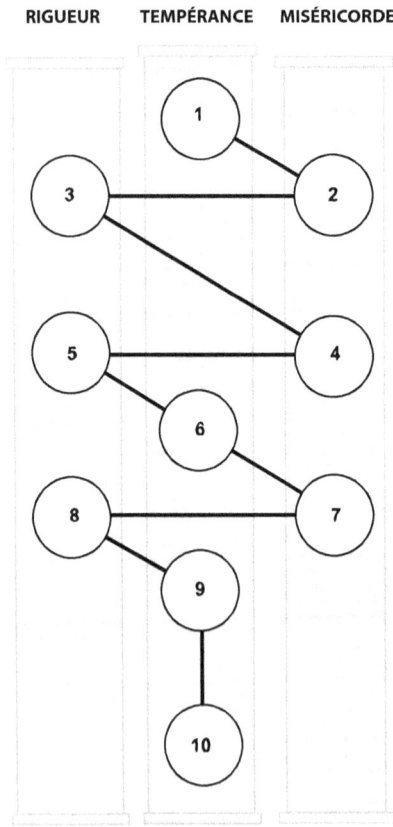

Les Trois Piliers

En connaissant la signification de l'Arbre de Vie kabbalistique, nous sommes en mesure de découvrir où se trouvent nos faiblesses de même que lorsque notre attitude et nos efforts penchent d'un côté de l'Arbre ou de l'autre. En obtenant un juste équilibre, nous demeurerons au centre, symbolisé par le pilier du milieu, celui de la tempérance.

Le Rituel du Pilier du Milieu (RPM), tout comme son nom l'indique, est basé sur ce mode d'interprétation de l'Arbre Séphirotique visant l'atteinte de l'équilibre entre les piliers. En pratiquant ce rituel sur une base régulière, vous serez en mesure d'équilibrer vos forces et centres psychiques (chakras) par la visualisation et la verbalisation des noms kabbalistiques de Dieu, en plus de générer et de contrôler l'énergie magique. Mais encore, en le réitérant sur une base quotidienne, donc à tous les jours, vous serez en mesure de constater au bout de quelques semaines environ combien vos sens psychiques se seront développés et comment vous êtes devenus plus alerte de votre entourage subtil.

Effectivement, vous serez en mesure de mieux percevoir, par vos sens astraux, la vie constamment en mouvement tout autour de vous. Si vous vous demandiez comment développer vos sens psychiques, voici donc une excellente méthode pour y parvenir.

Par ailleurs, le Rituel du Pilier du Milieu vous apportera une plus grande stabilité et une plus grande vitalité, vous remarquerez que vous commencez à être capable de vous maîtriser (et maîtriser la magie) beaucoup plus facilement. Finalement, ce puissant rituel invoquera une puissante énergie qui fera descendre en vous la Lumière Cosmique de l'Un et vous rapprochera davantage en lien étroit avec la nature du Divin.

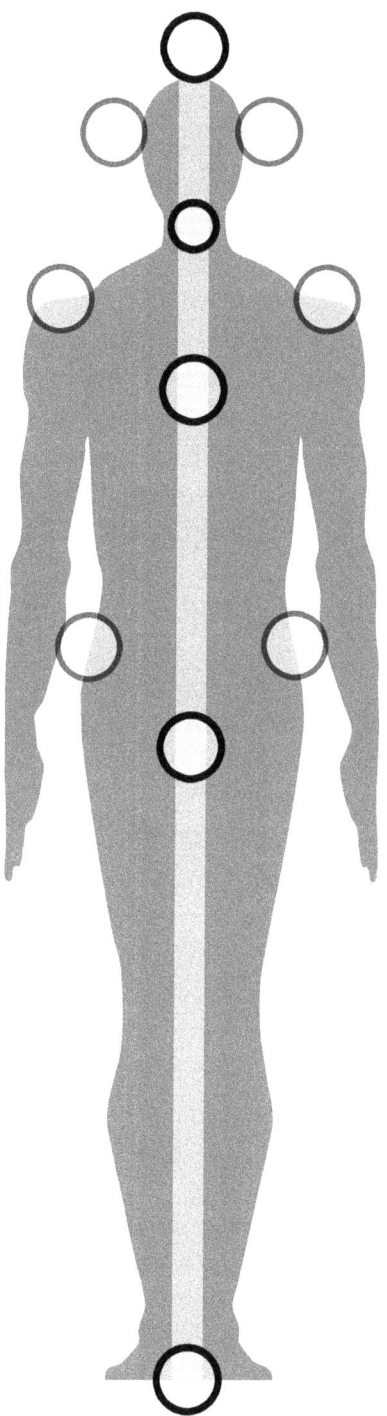

Le Pilier du Milieu

RPM : Le Rituel du Pilier du Milieu

Pratiquez le RMBP.

Lorsque ce rituel sera accompli, demeurez au centre de votre cercle de lumière, immobile, conscient et calme, dans un état de passivité accrue. Vous êtes maintenant prêt à poursuivre avec le RPM.

Portez votre attention à la sphère de lumière qui se trouve au-dessus de votre tête. Cette sphère était présente lors du RMBP; elle vous relie directement au Divin, elle fait le lien entre la Lumière Cosmique de l'Un et votre Être Suprême. Contemplez-la pendant quelques instants et voyez-la devenir de plus en plus lumineuse. Soyez conscient de ce lien qui vous unit à elle. Ensuite, vibrez le nom Divin suivant à trois reprises et remarquez comment la sphère réagit et devient encore plus lumineuse et pulsative lors de cette verbalisation :

EHEIEH (Eh-Hey-Yeeh)

Maintenant, visualisez un faisceau lumineux descendre à partir de la sphère blanche se trouvant au-dessus de votre tête pour s'arrêter au niveau de votre gorge. Voyez une seconde sphère lumineuse, plus petite, se former à cet endroit. À ce point, vous devez être en mesure de bien visualiser, et la sphère se trouvant au-dessus de vous et celle au niveau de votre gorge, lesquelles sont reliées par une colonne de lumière blanche et brillante. Tout en prenant conscience que ce lien symbolise l'union entre votre Être Suprême et votre Être conscient, la seconde sphère commence à devenir pulsative et augmentera en luminosité. Vibrez le nom Divin suivant à trois reprises et remarquez comment la sphère réagit et devient encore plus lumineuse et pulsative lors de cette verbalisation :

Y.H.V.H. ELOHIM (Yud-Heh-Vâv-Heh El-Oh-heem)

Tout en conservant dans votre esprit l'image des deux sphères précédentes, visualisez que le faisceau de lumière poursuit sa descente à partir de la sphère se trouvant au niveau de votre gorge pour aller s'arrêter et former une troisième sphère brillante au niveau de votre plexus solaire. Cette sphère de lumière gagne en intensité alors que vous comprenez qu'elle symbolise votre conscience. Vibrez le nom Divin suivant à trois reprises et remarquez comment la sphère réagit et devient encore plus lumineuse :

Y.H.V.H. ELOAH V'DAATH (Yud-Heh-Vâv-Heh El-Oh-Ah Veeh-Dah-Aht)

Visualisez la colonne de lumière descendre en ligne droite, encore plus bas, le long de votre corps pour s'arrêter au niveau de vos organes génitaux. Une quatrième sphère de lumière brillante s'y forme. Voyez-vous à ce moment comme étant le maître de votre Être Inférieur qui était jadis guidé par ses instincts. Vibrez le nom Divin suivant à trois reprises et remarquez comment la sphère réagit et devient encore plus pulsative lors de cette verbalisation :

SHADAY EL CHAI (Shah-Daye El Chay)

Une fois encore, faites descendre le faisceau de lumière blanche jusqu'à vos pieds. Ici se formera la dernière sphère qui englobera à la fois vos pieds, et en même temps, le dessous de ceux-ci, comme si la sphère de lumière était à moitié sous la surface du sol. Vibrez le nom Divin suivant à trois reprises et remarquez comment la sphère réagit et devient encore plus brillante :

ADONAI HAARETZ (Ah-Doh-Naye Ha-Ahr-Retz)

Dans le calme, la paix intérieure et le silence, prenez le temps de contempler toutes les sphères reliées les unes aux autres par la colonne de lumière. Celle qui se trouve au-dessus de votre tête, celle qui se trouve au niveau de votre gorge, de votre plexus solaire, de votre bas-ventre et aux pieds. Demeurez dans cet état aussi longtemps que vous le désirez. Lorsque vous voudrez mettre un terme au rituel, prenez une profonde inspiration et, lors de l'expiration, visualisez les sphères et la colonne de lumière s'effacer doucement et disparaître. Elles ne sont plus visibles, mais demeureront néanmoins toujours présentes.

Vous aurez sûrement remarqué une grande similitude entre ce rituel de magie cérémonielle et l'exercice de l'activation des chakras par la respiration que nous avons appris dans le chapitre des Techniques respiratoires du 2ᵉ degré. Si désiré, il vous sera possible de combiner les deux exercices à la fois pour obtenir au bout du compte qu'un seul rituel. Bien que je recommande de les pratiquer séparément, l'un étendu et l'autre en position debout, si vous désirez les unir, retenez simplement que vous pourriez activer par le mouvement circulaire tous les chakras et vibrer les noms Divins pour ceux qui ont été spécifiés lors du RPM.

Résumé du Rituel du Pilier du Milieu

Pour vous aider à mémoriser plus facilement le rituel que vous venez tout juste de passer en revue, voici un résumé des étapes, sans les explications relatives à la visualisation.

Portez attention à la sphère de lumière au-dessus de votre tête.
Vibrez le nom Divin à trois reprises : **EHEIEH**

Faites descendre un faisceau lumineux au niveau de votre gorge.
Vibrez le nom Divin à trois reprises : **Y.H.V.H. ELOHIM**

Faites descendre le faisceau lumineux au niveau du plexus solaire.
Vibrez le nom Divin à trois reprises : **Y.H.V.H. ELOAH V'DAATH**

Faites descendre le faisceau lumineux au niveau des organes génitaux.
Vibrez le nom Divin à trois reprises : **SHADAY EL CHAI**

Faites descendre le faisceau lumineux au niveau de vos pieds.
Vibrez le nom Divin à trois reprises : **ADONAI HAARETZ**

CCL: La Circulation du Corps Lumineux

Ce rituel va de pair avec le Rituel du Pilier du Milieu en ce sens qu'il en est une continuité ou si vous préférez, une version plus avancée. Son but est de faire circuler et de contrôler l'énergie produite par le rituel précédent tout partout autour de votre corps. Prenez garde; la Circulation du Corps Lumineux est un puissant rituel en lui-même. Il est donc possible que vous vous sentiez quelque peu étourdi ou chancelant, voire même que vous titubiez sur vous-même tant vous serez chargé en énergie spirituelle. Si cela venait à se produire, vous auriez ainsi une confirmation que vous avez pratiqué le rituel parfaitement.

Après avoir pratiqué le Rituel Mineur de Bannissement du Pentagramme, poursuivez directement avec le Rituel du Pilier du Milieu. Par contre, à la fin de ce rituel, ne visualisez pas le pilier et les sphères s'évanouir. Elles devront demeurer présentes à votre sens de la visualisation.

Visualisez donc le pilier du milieu; résultat du rituel précédent. Portez maintenant votre attention vers Keter; la sphère de lumière blanche au-dessus de votre tête. Voyez-la devenir de plus en plus brillante, éclatante et pulsative. Plus vous la contemplez, plus elle irradie en lumière et en puissance. Ensuite, visualisez qu'en provenance de cette sphère qui brille maintenant autant que l'astre solaire lui-même, un courant d'énergie se déverse en vous, en passant par votre tête, puis en se dirigeant vers votre épaule gauche. Ce courant énergétique poursuit sa course le long de votre côté gauche pour se rendre jusqu'à vos pieds: Malkoot. Visualisez par la suite que l'énergie remonte en passant par le pied droit, puis le long de ce côté, votre épaule, la tête, pour finalement retourner d'où elle provient, soit directement à Keter. Examinez au besoin l'Arbre de Vie pour comprendre l'interprétation entre Keter et Malkoot.

La circulation de cette énergie doit également suivre votre rythme respiratoire. Lorsque vous expirez, l'énergie circulera de votre côté gauche, soit de Keter jusqu'à votre pied gauche, Malkoot. Pendant une inspiration, le flot d'énergie remontera de votre pied droit, Malkoot, et tout le long de votre côté droit jusqu'à Keter. Faites ainsi circuler l'énergie-lumière en cercle autour de votre corps en suivant toujours votre respiration. Inspirez; l'énergie circule vers le haut. Expirez; l'énergie circule vers le bas et ainsi de suite. Faites un total d'environ dix à quinze circulations énergétiques de votre corps lumineux.

À présent, vous ferez passer le courant d'énergie de la même façon, cependant il voyagera par en avant et par en arrière de votre corps. Synchronisez toujours l'énergie-lumière avec votre respiration. Lors de l'expiration, l'énergie passera de Keter à Malkoot par le devant de votre corps. Lors de l'inspiration, l'énergie circulera de Malkoot à Keter, soit à partir de vos pieds, dans votre dos, puis jusqu'à la sphère de lumière au-dessus de votre tête. Faites un total d'environ dix à quinze circulations énergétiques de votre corps lumineux.

Visualisez de nouveau le pilier du milieu. Portez votre attention à la sphère qui se trouve à vos pieds : Malkoot. À présent, faites voyager l'énergie-lumière en une spirale qui débutera du dessus droit de la sphère pour tourbillonner et vous envelopper dans le sens contraire des aiguilles d'une montre, le long de vos jambes, puis le long de votre colonne vertébrale, jusqu'à Keter, au-dessus de votre tête. Lorsque le flot d'énergie touchera cette sphère brillante, visualisez l'énergie exploser dans toutes les directions, tout autour de votre corps, comme un feu d'artifices, et retomber au sol à vos pieds pour aussitôt engager perpétuellement le même mouvement circulatoire, vous enveloppant tout en remontant de nouveau. Une fois encore, lors de l'inspiration, l'énergie circulera vers le haut. Pendant l'expiration, l'énergie explosera et retombera au sol et ainsi de suite. Toujours, faites un total de dix à quinze circulations complètes de votre corps lumineux.

Comme je le mentionnais précédemment, il existe une façon simple de constater si vous avez pratiqué ce rituel correctement. S'il arrivait que votre corps se balance d'avant en arrière ou de gauche à droite, bref, presque hors d'équilibre et que vous en veniez à vous sentir étrangement étourdi, sachez alors, si cela se produisait, que vous avez bien fait circuler l'énergie spirituelle à travers votre corps et que vous avez sans l'ombre d'un doute bien pratiqué cet exercice.

QUATRIÈME NIVEAU

Vers la Maîtrise Magique

Vous voici rendu à une étape importante de votre entraînement. Avant d'aller plus loin avec le quatrième niveau de cette formation magique, assurez-vous d'avoir bien pratiqué tous les exercices précédents avec un degré de satisfaction élevé, à défaut d'un mois d'entraînement par niveau. Jusqu'à présent, vous avez vu comment s'échelonnait le développement du magicien. Vous avez, en bonne partie, exercé votre visualisation et vos sens psychiques; vous vous êtes familiarisé avec l'action des Éléments et vous avez appris, entre autres, comment activer vos centres énergétiques par la technique de la respiration, le RPM et le CCL.

Parmi les exercices figurant dans votre routine quotidienne, vous avez mis en application le Rituel Mineur de Bannissement du Pentagramme, le Rituel du Pilier du Milieu ainsi que la Circulation du Corps Lumineux. Viendra s'ajouter à cela un nouveau rituel, lequel, comme tous les autres, devrait être pratiqué à tous les jours. À ce moment-ci de votre développement sur le sentier initiatique de la Haute Magie, vous pouvez considérer que vous avez progressé graduellement, mais sûrement, vers la maîtrise magique. Persévérez. Le meilleur reste encore à venir.

15 - Les Sens Psychiques 3ᵉ degré

Vous avez appris au cours des deux derniers degrés de développement magique comment exercer vos sens psychiques de façon isolée, c'est-à-dire, les uns en exclusion des autres. À ce moment-ci de votre formation, vous devriez déjà avoir largement progressé en ce qui a trait au pouvoir de la visualisation. Celle-ci se doit maintenant d'être devenue une seconde nature chez le mage en formation et, ce faisant, il doit dès lors être capable de visualiser tout ce qu'il désire, les yeux ouverts, sans aucun problème quelconque en accord avec sa volonté. Avoir maîtrisé avec brio les précédents degrés des sens psychiques est donc un prérequis essentiel pour les exercices qui suivront.

Première variation : La mise à l'épreuve

Vous allez maintenant vous exercer à travailler vos sens psychiques simultanément. Au début, vous pourrez joindre deux ou trois sens à la fois et, graduellement, comme vous le verrez lors de la seconde variation de cet exercice, stimuler tous vos cinq sens en même temps. Choisissez comme support mental des sujets ou des choses simples, faciles à recréer dans votre esprit. Vous pouvez, par exemple, visualiser clairement un métronome comme s'il se trouvait physiquement devant vos yeux et entendre le tic-tac régulier de son balancement. De plus, il vous sera tout aussi facile de vous imaginer tenir une orange dans votre main et sentir sa peau légèrement rugueuse, tout en humant son odeur; tenir une barre de métal froide et dure alors que vous vous suspendez à elle; humer l'odeur d'un bon potage alors que vous le mangez, voir et ressentir votre doigt frapper une touche de piano alors que vous entendez le son qu'elle produit, etc.

Cette technique vous semblera somme toute plaisante à pratiquer. Imaginez par exemple que vous vous tenez sous la pluie; celle-ci vous détrempe alors que vous portez votre attention aux bruits que fait l'eau en tombant, et pourquoi pas tout en imaginant même quelques éclairs et des coups de tonnerre.

Exercez ainsi tous vos sens au sein de différents milieux et dans différentes sortes d'imageries mentales. Il est fort probable que vous en veniez à vous endormir si vous vous sentez quelque peu fatigué avant d'entamer cette pratique magique. Si cela devait subvenir, alors remettez le tout lorsque votre mental sera plus alerte et moins épuisé. Lorsque vous serez en mesure de stimuler plusieurs de vos sens psychiques simultanément sans aucune difficulté, pendant une période de cinq à dix minutes, vous aurez alors maîtrisé cet exercice.

Seconde variation : L'intervention des sens psychiques

Maintenant que vous êtes en mesure d'exercer vos sens psychiques simultanément, plusieurs à la fois, passez à cette seconde variation de l'exercice. Adoptez votre âsana et fermez les yeux. Imaginez une scène quelconque, un paysage tel un parc, une montagne, un lac, etc. Au début, pour vous faciliter la tâche, représentez-vous dans des endroits familiers; des lieux que vous connaissez et que vous avez déjà fréquentés dans le passé. Par la suite, vous pourrez vous imaginer dans des endroits inconnus ou imaginaires. L'idée de cet exercice est de faire exactement comme si vous étiez un actif personnage de ce décor et non plus qu'un simple spectateur, que vous visualisez sur votre écran mental. Revenons à notre exemple du deuxième degré pour vous aider à comprendre le parfait déroulement de cet exercice.

Imaginez une fois de plus que vous êtes au bord d'un lac à la lisière d'une forêt luxuriante. Le soleil brille et réchauffe votre peau. Ressentez la chaleur. Vous regardez devant vous et voyez ce lac limpide et calme. En posant votre regard sur la surface de l'eau vous apercevez de minuscules ridules causées par le vent. Ressentez la brise caressant votre visage. Le ciel est bleu et comporte quelques nuages blancs ici et là. Ceux-ci se reflètent à la surface de l'eau. Alors que vous vous approchez du rivage, entendez le bruit de vos pas dans le fin gravier, vous remarquez de petites pierres rondes d'apparence lisse qui se font caresser par de petites vagues douces. Récupérez-en quelques-unes dans le creux de votre main et examinez-les. Elles sont froides et trempées. En touchant à l'eau de ce fait même, ressentez sa froideur. Soudainement, un oiseau volant à basse altitude attire votre attention par le battement de ses ailes; il vient se poser sur la branche d'un grand arbre se trouvant à proximité. En vous approchant de l'arbre vous remarquez de belles fleurs sauvages ainsi qu'un bosquet de mûres. Agenouillez-vous sur le gazon et ressentez les brins d'herbes contre votre peau. Penchez-vous et humez les fleurs; elles dégagent un doux parfum enivrant. Ensuite, dirigez-vous vers le bosquet et cueillez quelques-unes de ces mûres appétissantes et mangez-les. Ressentez cette saveur aussi réellement que possible.

Voici comment devrait idéalement se dérouler la visualisation de vos imageries mentales. Agissez en tant qu'acteur actif et interagissant dans son milieu, et voyez le plus clairement possible tous les détails qui s'offrent à vos yeux. Essayez de ressentir toutes les sensations comme si elles étaient réelles et tangibles. Lorsque vous serez capable de faire travailler tous vos sens psychiques en vous représentant n'importe quelle scène ou scénario pendant une période de cinq à dix minutes sans interruption ou sans que des pensées errantes ou contraires viennent vous déconcentrer, vous aurez maîtrisé la seconde variation de cet exercice.

16 - Techniques Respiratoires 3ᵉ degré

Je mentionnais lors d'un précédent niveau que la respiration était la seconde clé de la magie, et que par cette dernière, de grandes choses pouvaient être réalisées. À la lecture de ce qui suivra, de même que plus tard, lors des prochains niveaux de cette formation magique, vous comprendrez tout le sens de mes propos.

Vous voici rendu au troisième et dernier degré du mystère de la respiration consciente. Vous avez appris lors du premier degré à respirer consciemment et à charger l'akâsha de l'air (Élément Esprit) d'une qualité ou d'un désir spécifique pour ensuite le manifester sur le plan physique de la matière. Vous avez vu ensuite, dans un deuxième temps, lors de cette même pratique, comment expulser un défaut qui vous est contraire au moyen de l'expiration. L'exercice suivant est similaire, par contre, il fera appel à ce que l'on nomme; la respiration cutanée consciente, soit la respiration par le corps tout entier, vu comme un seul et unique organe respiratoire.

Je me permets de vous mentionner dès cet instant que vous devez porter une attention toute particulière à ce niveau de formation. Cette puissante technique d'accumulation de la force vitale doit être maîtrisée à la perfection car cette dernière sera très fréquemment employée par le mage tout au long de sa vie et de sa carrière magique en raison des effets grandioses qu'elle peut apporter. En outre, il lui sera possible en appliquant ce même procédé, d'accumuler la Lumière Universelle ainsi que les Éléments Cosmiques et de les projeter à volonté, de charger des objets magiques et tout autre objet, des endroits spécifiques, autant des pièces d'une demeure que des membres du corps humain, le tout selon les causes et les effets recherchés.

La respiration cutanée consciente et l'accumulation de la force vitale

Prenez votre âsana habituelle ou asseyez-vous confortablement sur une chaise et détendez-vous. Imaginez à présent que votre corps tout entier est un seul organe respiratoire. Prenez conscience de ce fait alors que vous respirez calmement avec un certain rythme. Visualisez l'air pénétrer non seulement par votre nez, votre bouche ou vos poumons, mais aussi par tous les pores de votre peau. L'air, ainsi chargé de la force vitale, s'introduit à votre corps et vous pénètre par la tête, par les bras, le torse, le dos, les cuisses, les jambes, les pieds; bref, visualisez l'air vous pénétrer de partout à la fois, par toutes les parties de votre corps, à chaque inspiration.

Visualisez cette force comprimée de couleur blanche et irradiant comme le soleil. Cela va sans dire que vous devrez avoir une ferme conviction de ce procédé pour qu'il s'opère réellement afin que du plan éthérique, cette force vitale s'introduise réellement en vous. Visualisez donc votre corps, comme s'il était une éponge que l'on plonge dans l'eau, absorbant l'air de toute sa substance.

Lorsque vous aurez de la facilité à effectuer ce premier exercice, vous pourrez alors l'accentuer en chargeant l'air d'une qualité. Pour ce faire, pensez fortement à un désir noble et imaginez, lorsque vous inspirez par tous les pores de votre peau, que l'air ainsi chargé de cette qualité pénètre votre corps, laquelle sera ensuite conduite à travers les vaisseaux sanguins puis, transmise et imprégnée par la suite au corps éthérique, astral, et finalement, jusqu'au corps mental là où la qualité prendra siège.

Soyez véritablement assuré que ce désir est maintenant en vous qu'il se manifestera aussitôt. Sachez que vous n'avez pas besoin de prendre de très grosses inspirations. Le succès réside une fois de plus dans la qualité et l'intensité de la visualisation et non la quantité d'air absorbée par le corps et retenue par les poumons. Répétez cet exercice pendant quelques minutes par jour, environ dix à quinze, tout au plus.

Une fois encore, vous pourrez par cette même technique employer les qualités relatives à l'expiration et expulser par le fait même un défaut ou une mauvaise habitude lors de l'expiration. Comme nous l'avons vu ensemble, l'expiration se produira à travers tout le corps en tant que seul et unique organe respiratoire, un peu comme si le défaut était directement transpiré par tous vos pores cutanés. Au moment de l'expiration, songez intensément à un défaut que vous aimeriez vous départir et visualisez que celui-ci quitte votre corps par l'air que vous rejetez.

Ainsi, l'inspiration et l'expiration cutanée consciente peuvent être pratiquées simultanément, si vous êtes bien entraîné ou de manière individuelle, soit un exercice pour amener en soi une qualité et plus tard, le même exercice pour expulser un défaut. Avec un peu de pratique, vous parviendrez à faire les deux en même temps.

Le mage en formation prendra tout le temps nécessaire pour pratiquer convenablement cette technique de Haute Magie, quitte à faire une courte pause dans sa progression avant de poursuivre son entraînement et d'entreprendre de nouveaux exercices. Cette technique, au risque de me répéter, est extrêmement importante à maîtriser coûte que coûte.

17 - La Maîtrise des Éléments

L'accumulation et les charges

Je m'apprête maintenant à vous livrer un grand secret quant à la manière de charger toute chose avec les forces et qualités inhérentes à chaque Élément Cosmique. Pour y parvenir vous utiliserez la technique de la respiration cutanée consciente que nous venons tout juste de passer en revue. À cet effet, il sera possible au mage en formation de charger l'une ou l'autre des parties de son corps (ou le corps en entier) ou celles d'une tierce personne, ainsi que des objets ou n'importe quels outils magiques, de même que l'atmosphère de son environnement immédiat. Sachant cela et en vous référant aux propriétés spécifiques de chaque Élément, vous constaterez l'incroyable potentiel et la multitude des possibilités et champs d'action qui s'offrent à vous. Il ne vous restera plus qu'à employer cette technique à bon escient et toujours pour faire le bien, cela va s'en dire.

Le Feu

Prenez votre position habituelle, votre âsana, et détendez votre corps et votre esprit. Faites le vide mental pendant un moment question de bien vous centrer. Projetez-vous maintenant en pensées dans le centre précis de l'Univers. À présent, visualisez que devant vous se trouve une impressionnante sphère de couleur rouge, puissante, étincelante et pulsative. Cette boule d'énergie constituée uniquement de l'Élément Cosmique du Feu irradie sa force tout autour de vous. Prenez quelques instants pour ressentir ses qualités de chaleur et de sécheresse, comme si vous vous trouviez directement exposé au soleil. Maintenant, percevez votre corps comme étant une sorte de contenant vide, un réceptacle qui sera bientôt empli de cette lumière énergétique.

Aspirez ensuite et compressez cette énergie élémentale à travers tout votre corps, par tous les pores de votre peau, en employant la technique de la respiration cutanée consciente. Visualisez à chaque inspiration l'énergie se transvider directement de la sphère à votre corps, comme si chaque inspiration aspirait momentanément cette force élémentale sous la forme d'une lumière rouge très chaude et très lumineuse. Voyez votre corps se remplir peu à peu à chaque fois que vous inspirez. Ressentez ce dernier vibrer l'Élément Feu au fur à mesure que celui-ci y sera de plus en plus compressé. Plus l'Élément y sera accumulé, plus vous rayonnerez, plus vous devrez ressentir la chaleur du Feu et l'expansion qui s'opère en vous.

Par ailleurs, lors des expirations, ne visualisez absolument rien, la force élémentale devra être maintenue prisonnière à l'intérieur de votre corps et ne devra pas s'en échapper. Réitérez ce processus pendant un total de trente inspirations. Souvenez-vous encore une fois de l'importance d'un très haut degré de visualisation et de conviction pour atteindre le succès de cet exercice.

Lorsque vous serez parvenu à accumuler l'Élément Feu par la respiration cutanée consciente et que votre corps sera chargé à bloc de cette forte énergie élémentale, il sera temps d'effectuer le rejet et de retourner cette énergie à l'Univers. Pour y parvenir, utilisez le même nombre de respirations que lors de l'accumulation. Cette fois-ci par contre, vous viderez votre corps-réceptacle au moment de l'expiration. Or, à chaque expiration, visualisez que votre corps rejette et se déleste peu à peu de l'énergie précédemment accumulée. Lors de la dernière expiration, l'Élément Feu devra avoir été entièrement expulsé. Ceci conclut l'accumulation de l'Élément Feu.

L'Eau

Prenez votre âsana et détendez votre corps et votre esprit. Faites le vide mental afin de bien vous centrer. Projetez-vous maintenant en pensées dans le centre précis de l'Univers. À présent, visualisez que devant vous se trouve une impressionnante sphère de couleur bleue, puissante, étincelante et pulsative. Cet océan d'énergie constituée uniquement de l'Élément Cosmique de l'Eau irradie sa force tout autour de vous. Prenez quelques instants pour ressentir la froideur et l'humidité qui s'en dégage, comme si vous vous trouviez à proximité d'une chute d'eau. Maintenant, percevez votre corps comme étant un réceptacle vide qui sera bientôt empli de cette lumière énergétique.

Aspirez et compressez cette énergie élémentale à travers tous les pores de votre peau, en employant la technique de la respiration cutanée consciente. Visualisez à chaque inspiration l'énergie, sous la forme d'une lumière bleutée très froide, humide et très lumineuse, se transvider directement de la sphère à votre corps. Voyez-le s'emplir et accumuler peu à peu cette force élémentale à chaque fois que vous inspirez. Ressentez ce dernier vibrer l'Élément Eau, votre corps devenant de plus en plus froid, au fur à mesure que celui-ci y sera de plus en plus compressé. Plus l'Élément y sera accumulé, plus vous devrez ressentir l'humidité et le froid de l'Eau en vous.

Une fois encore, lors des expirations, ne visualisez rien du tout et conservez la force élémentale prisonnière à l'intérieur de votre corps. Réitérez ce processus pendant un total de trente inspirations.

Lorsque vous serez parvenu à accumuler l'Élément Eau par la respiration cutanée consciente et que votre corps sera chargé de cette forte énergie élémentale, il sera temps d'effectuer le rejet et de retourner cette énergie à l'Univers. Utilisez le même nombre d'expirations que lors de l'accumulation. À chaque expiration, visualisez que votre corps rejette et se déleste peu à peu de l'énergie précédemment accumulée. Lors de la dernière expiration, l'Élément Eau devra avoir été entièrement expulsé.

L'Air

Prenez votre âsana et faites le vide mental afin de bien vous centrer. Projetez-vous en pensées dans le centre précis de l'Univers. À présent, visualisez que devant vous se trouve une impressionnante sphère de couleur jaune, puissante, étincelante et pulsative. Cette boule d'énergie constituée uniquement de l'Élément Cosmique de l'Air irradie sa force tout autour de vous. Prenez quelques instants pour ressentir la fraîcheur et la légèreté qui s'en dégage. Maintenant, percevez votre corps comme étant un réceptacle vide qui sera bientôt empli de cette lumière énergétique.

Aspirez et compressez cette énergie élémentale à travers les pores de votre peau, en employant la technique de la respiration cutanée consciente. Visualisez à chaque inspiration l'énergie, sous la forme d'une lumière jaunâtre, fraîche, légère et très lumineuse, se transvider directement de la sphère à votre corps. Voyez-le s'emplir et accumuler peu à peu cette force élémentale à chaque fois que vous inspirez. Ressentez ce dernier vibrer l'Élément Air au fur à mesure que celui-ci y sera de plus en plus compressé. Plus l'Élément y sera accumulé, plus vous devrez vous sentir léger comme un ballon trop gonflé. Réitérez ce processus pendant un total de trente inspirations.

Lorsque votre corps sera chargé de cette forte énergie élémentale, il sera temps d'effectuer le rejet et de retourner cette énergie à l'Univers. Utilisez le même nombre d'expirations que lors de l'accumulation. À la dernière expiration, l'Élément Air devra avoir été entièrement expulsé.

La Terre

Prenez votre âsana et faites le vide mental afin de bien vous centrer. Projetez-vous en pensées dans le centre précis de l'Univers. À présent, visualisez que devant vous se trouve une impressionnante sphère de couleur verte, puissante, étincelante et pulsative. Cette boule d'énergie constituée uniquement de l'Élément Cosmique de la Terre irradie sa force tout autour de vous. Prenez quelques instants pour ressentir la froideur et la lourdeur qui s'en dégage. Maintenant, percevez votre corps comme un réceptacle vide qui sera bientôt empli de cette lumière énergétique.

Aspirez et compressez cette énergie élémentale à travers les pores de votre peau, en employant la technique de la respiration cutanée consciente. Visualisez à chaque inspiration l'énergie, sous la forme d'une lumière verdâtre, froide, extrêmement lourde et très lumineuse, se transvider directement de la sphère à votre corps. Ce dernier s'emplit et accumule peu à peu cette force élémentale à chaque fois que vous inspirez. Ressentez ce dernier vibrer l'Élément Terre au fur à mesure que celui-ci y sera de plus en plus compressé. Plus l'Élément y sera accumulé, plus vous devrez vous sentir lourd et affecté d'une très grande pesanteur. Réitérez ce processus pendant un total de trente inspirations.

Lorsque votre corps sera convenablement chargé de cette forte énergie élémentale, il sera temps d'effectuer le rejet et de retourner cette énergie à l'Univers. Utilisez le même nombre d'expirations que lors de l'accumulation. Au moment de la dernière expiration, l'Élément Terre devra avoir été entièrement expulsé.

La technique des charges

Ayant appris le secret de l'accumulation des Éléments dans votre corps par la respiration cutanée consciente, souvenez-vous que je mentionnais plus tôt qu'il était possible de charger pratiquement n'importe quoi à l'aide de ce procédé magique. Effectivement, cela s'avère la plus stricte des vérités.

À cet effet, en vous référant aux propriétés spécifiques de chaque Élément, il vous sera possible de charger, entre autres, une partie de votre corps ou celle d'une tierce personne, des outils magiques, de même que l'atmosphère de votre environnement immédiat.

Dépendant de l'action magique que vous désirez obtenir, vous devrez dans un premier temps décider quel sera l'Élément que vous accumulerez et compresserez dans votre corps. Pour obtenir une idée des possibilités qui s'offrent à vous, voici un bref rappel de certaines des qualités élémentales :

Feu : La chaleur, le courage, la volonté, la résolution, la hardiesse, l'audace, le mouvement et l'activité, l'enthousiasme, etc.

Eau : La froideur, la compassion, la sobriété, le pardon et la ferveur, la tranquillité, la patience, la modestie et la délicatesse, etc.

Air : La légèreté, la joie, l'habileté, l'optimisme, la cordialité, le plaisir et l'application, etc.

Terre : La stabilité, l'estime, la profondeur, la ponctualité, la persévérance, la tempérance et le sens des responsabilités, etc.

Je ne donnerai ici qu'un seul exemple suivi de quelques remarques. Le mage en formation sera ensuite capable d'établir d'autres possibilités en étudiant de plus près les analogies des Éléments. Imaginez la situation suivante. Vous vivez une vie plutôt rangée, mais à votre grand regret, votre vie familiale est souvent mise à l'épreuve à cause de pourparlers et de querelles trop souvent renouvelées; il y règne la mésentente. Vous qui connaissez les techniques de Haute Magie, vous savez que vous êtes en mesure de vous donner un petit coup de pouce en chargeant l'atmosphère de votre entourage par l'Élément Air qui préside à la joie, sachant que toute personne se trouvant dans cette périphérie s'en retrouvera automatiquement et positivement affectée par cette vibration.

Pour y parvenir, prenez votre âsana et projetez-vous une fois de plus en pensées dans le centre précis de l'Univers et visualisez une sphère jaune constituée que d'Élément Air. Prenez quelques instants pour ressentir la fraîcheur et la légèreté qui s'en dégage. Comme vous l'avez déjà fait dans le passé, percevez votre corps comme étant un réceptacle vide. Aspirez et compressez cette énergie élémentale à travers tous les pores de votre peau, en employant la technique de la respiration cutanée consciente. À mesure que vous inspirez cette force élémentale, chargez-la avec une très forte conviction du désir d'apporter et transmettre la joie. Réitérez ce processus pendant un total d'environ trente inspirations. Jusqu'à présent, vous êtes déjà familier avec cette procédure. Voilà cependant où la technique diffère.

Maintenant que vous avez suffisamment accumulé et compressé l'énergie de l'Élément dans votre corps, en plus de l'avoir chargé intensément d'un désir bien précis, vous allez l'expulser de façon à transmettre et imprégner cette charge dans la pièce où vous êtes ou plutôt, là où les querelles ont généralement lieu, par exemple, la salle à dîner lors des repas.

Vous pouvez compresser tout l'Élément absorbé dans l'extrémité des mains, au bout des doigts, en une forte étincelle d'énergie, pour ensuite la relâcher d'un seul mouvement des mains, comme si vous projetiez un éclair énergétique. Sinon, ce que je vous recommande de faire si vous n'avez pas acquis assez d'expérience, c'est de faire évacuer cette charge via le plexus solaire en utilisant le même nombre d'expirations qu'il y eut d'inspiration lors de l'accumulation.

Ainsi, expirez et rejetez l'Élément chargé de ce désir par le plexus solaire lors de chaque expiration. Visualisez avec fermeté qu'à chaque fois que vous en expulsez de votre corps, l'énergie élémentale vient se transmettre à l'atmosphère qui vous entoure pour y demeurer et affecter tous ceux qui s'y trouveront. À la dernière expiration, toute la charge devra avoir été éjectée de votre corps pour maintenant se retrouver entièrement dans toute la pièce. Vous devez avoir une très grande conviction alliée à votre puissante visualisation pour que le tout s'opère réellement et conformément à votre volonté.

En utilisant cette technique, vous serez en mesure d'accumuler et charger d'une qualité n'importe quel Élément à votre guise et de le transmettre à tout sujet de votre choix. Vrai, il peut s'avérer parfois nécessaire de ne pas transmettre de désir précis à une charge. Cela, vous le comprendrez en pratiquant cet exercice tout au long de votre apprentissage sur le sentier initiatique de votre formation magique.

Remarques à propos des charges, des inductions et de certains prodiges

Vous savez maintenant comment accumuler et charger par la respiration consciente les Éléments d'un désir spécifique. Vous avez également appris la technique d'*induction indirecte* qui consiste à relâcher dans l'atmosphère une charge élémentale via les mains ou le plexus solaire. Il existe également ce que l'on nomme la technique d'*induction directe*. Celle-ci consiste à toucher le sujet (humain, animal ou objet, etc.) qui recevra la charge pour ensuite y transférer l'énergie élémentale. Vous pouvez donc, par l'apposition des mains, transférer la charge sur le sujet de votre choix en expirant comme expliqué précédemment. Par contre au lieu de passer par le plexus solaire, celle-ci passera alors par les mains. Cette méthode est très efficace notamment pour obtenir la guérison de membres ou parties du corps malades ainsi que pour charger les outils et les baguettes magiques, de même que les objets talismaniques.

Il est à noter pour le mage en formation que de très grandes choses peuvent être accomplies au moyen de l'accumulation des Éléments à travers le corps. Par les propriétés inhérentes à chaque Élément vous seriez, par exemple, en mesure de réchauffer votre corps en accumulant le Feu. Avec de la pratique, vous serez même en mesure de constater une élévation du degré de la température dans une pièce, si vous transmettez la charge dans l'atmosphère et de même que celle de votre corps, voire même jusqu'à créer une poussée de fièvre, si l'Élément Feu y était trop accumulé. De la même façon vous pourrez également rafraîchir votre corps avec l'Air.

On remarquera que la technique de la lévitation, quant à elle, pourra aussi être obtenue en accumulant une forte dose d'Élément Air. Ainsi il en va de même pour l'Élément Eau, qui, avec un très grand degré de maîtrise, pourra faire en sorte qu'un mage extrêmement bien entraîné serait en mesure de contrôler cet Élément de manière à faire cesser ou faire tomber la pluie, etc. Évidemment pour parvenir à de tels exploits, plusieurs années de pratique pourraient s'avérer nécessaires, mais pour un mage authentique qui applique consciemment les Lois Universelles et hermétiques, cela est tout à fait dans la mesure du possible.

18 - L'Hexagramme : Symbole Solaire & Planétaire

Lors du premier niveau de cette formation de Haute Magie, nous avons vu ensemble les correspondances et analogies entre le pentagramme et les cinq Éléments de la quintessence. Nous allons maintenant porter notre regard vers un nouveau symbole magique : l'hexagramme.

L'hexagramme peut être vu et interprété de différentes façons. Il est un puissant symbole représentant les opérations des sept planètes sous la présidence des Séphiroth de l'Arbre de Vie kabbalistique et des sept lettres qui forment le mot magique ARARITA. Ce nom Divin est composé des sept lettres de la phrase hébraïque suivante : *Eh-chahd Rash, Eh-chu-doh-toh Rash Ye-chu-doh-toh, Teh-mur-ah-toh Eh-chahd*. Ces paroles signifient : *Un est son commencement. Un est son individualité. Sa permutation est Un.* Ceci démontre clairement l'attitude kabbalistique que peu importe par quels noms nous désignons la Divinité, il existe seulement une Divinité, une source Divine Primaire; la Providence Divine, l'Un. Sous un autre angle, sachant que l'hexagramme magique est une étoile composée de six branches, nous pourrions tout aussi bien le représenter en disant que *Six est Un à travers les noms des Sept, Ararita*.

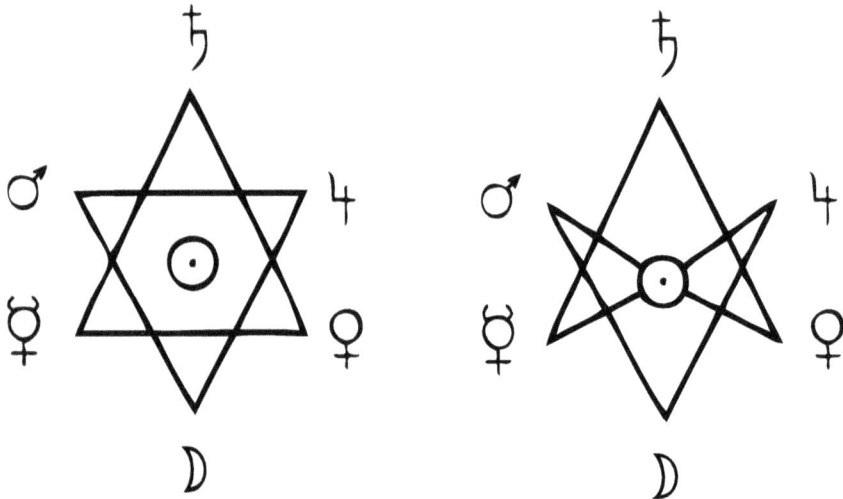

Hexagramme planétaire traditionnel   Hexagramme planétaire Unicursal

L'Hexagramme au centre de l'Arbre Séphirotique

L'hexagramme est à lui-même un symbole illustrant la complémentarité des opposés. En effet, sa forme traditionnelle est composée d'une paire de triangles, soit du triangle de l'Élément Feu, pointant vers le haut et du triangle de l'Élément Eau, pointant vers le bas. On dit du feu et de l'eau qu'ils s'opposent l'un envers l'autre, mais ceci ne serait pas être tout à fait juste et cohérent pour le mage bien entraîné. En effet, ce dernier sait reconnaître les Éléments Feu et Eau en tant que polarités complémentaires, les deux Éléments Cosmiques à la toute base des deux autres (l'Air et la Terre); ils représentent le fluide électromagnétique. De plus, comme illustré sur la figure suivante, lorsque l'hexagramme est projeté sur l'Arbre de Vie, il symbolise également les Séphiroth trois à neuf, de Binah à Yesode, lesquelles correspondent également à l'une des sept planètes. La Séphira du centre, quant à elle, est celle de Tipheret: le Soleil.

Cette analogie devrait maintenant vous faire comprendre et prendre conscience pourquoi lors du Rituel Mineur de Bannissement du Pentagramme, à la toute fin, vous visualisez une étoile à six branches au niveau de votre plexus... *solaire*.

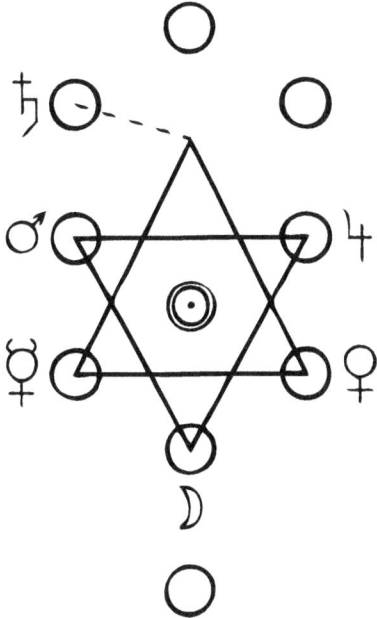

L'Hexagramme et les Séphiroth

La pratique cérémonielle du quatrième niveau de cette formation est le Rituel de Bannissement de l'Hexagramme (RBH). Ce rituel fait emploi du symbolisme de l'étoile à six branches. Vous remarquerez que les hexagrammes utilisés lors de ce rituel ne correspondent pas exactement à ceux que nous sommes habitués à voir traditionnellement. En effet, au lieu de tracer quatre hexagrammes différents, c'est-à-dire, un pour chaque Élément et quartier méridional, lesquels sont tous constitués d'une paire de triangles, vous pourrez faire l'emploi de l'hexagramme unicursal.

La variation qui existe dans ces symboles affecte uniquement ce rituel. Bien sûr, si vous préférez utiliser les hexagrammes traditionnels, quoique personnellement je préfère le second, allez-y selon votre gré. Toutefois, une dernière explication s'avérera nécessaire en ce qui concerne ces symboles. En effet, si vous regardez attentivement les figures suivantes, vous remarquerez que ces hexagrammes ne semblent pas tout à fait correspondre avec les quatre quartiers ou Tours de Guet. Non, il ne s'agit pas d'une erreur. Je m'explique.

Dans le Rituel de l'Hexagramme, le magicien tient lieu du Soleil, lequel est entouré par la ceinture du zodiaque. Les signes du zodiaque des quatre quartiers, soit des quatre points cardinaux, sont orientés sur l'axe solaire des équinoxes et solstices. Ainsi le signe du Bélier — Feu correspond à l'Est; Capricorne — Terre correspond au Sud; Balance — Air correspond à l'Ouest et Cancer — Eau correspond au Nord.

Les Hexagrammes des Éléments

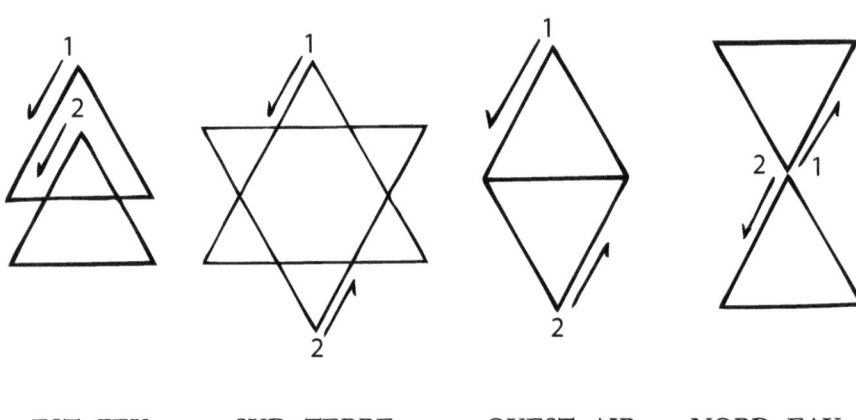

EST : FEU   SUD : TERRE   OUEST : AIR   NORD : EAU

Il est donc possible d'employer un seul type d'hexagramme pour les quatre quartiers; il s'agit de l'hexagramme unicursal. Fait d'un trait unique et continu, ce dernier représente le bannissement des influences planétaires lorsque le tracé débute du haut vers le bas, à droite, à la position de Saturne. Cette position implique le bannissement des forces Saturniennes, lesquelles englobent toutes les autres forces planétaires, lorsque l'on se réfère à la position de la Séphira Binah (Saturne) dans l'Arbre de Vie kabbalistique.

Quoi qu'il en soit, peu importe le type d'hexagramme que vous utiliserez, vous parviendrez aux mêmes résultats. Si vous êtes encore indécis quant à leur emploi, essayez les deux manières et voyez avec quel type d'hexagramme vous serez le plus à l'aise après quelques réitérations du rituel.

PLANÈTES	INVOCATION	BANNISSEMENT
Saturne ♄		
Jupiter ♃		
Mars ♂		
Vénus ♀		
Mercure ☿		
Lune ☽		
Soleil ☉		

※

19 - Pratique Cérémonielle III

Le Rituel de Bannissement de l'Hexagramme est le rite « sœur » du Rituel Mineur du Bannissement du Pentagramme. Tous les deux s'apparentent à plusieurs niveaux et leurs fonctions sont à proprement parler, quasi identiques (je vous réfère ici au chapitre 10 pour que vous puissiez vous rafraîchir la mémoire sur les effets bénéfiques du RMBP). L'un ne va jamais sans l'autre, ils sont complémentaires. La différence qui existe entre ces deux rituels, hormis le fait que l'un fait emploi du pentagramme et que l'autre de l'hexagramme, réside dans l'action de bannissement qui en résulte. Ce rituel devra être appris par cœur, comme tous les autres et être mis en application à tous les jours, autant que faire se peut.

Le Rituel de l'Hexagramme a donc pour effet, lorsque l'on utilise le bannissement par Saturne, la faculté de bannir les influences planétaires et Entités élevées ou positives de votre environnement immédiat, contrairement au RMBP, qui possède entre autres utilités, de bannir toutes les influences astrales et négatives. Ceci explique pourquoi ces deux rituels se complètent à merveille.

Vous pourriez aussi remarquer certains effets découlant de ces deux pratiques rituelles. Notamment, comment lors du RMBP, ce rituel bannit et nettoie efficacement tout ce qui est du règne du bas astral. Tandis qu'à l'opposé, le Rituel de l'Hexagramme pourra, dans le même ordre d'idées, bannir tout ce qui est du domaine subtil supérieur. Ce rituel pourrait également être vu comme un type de prière et d'invocation à la Providence Divine, préparant ainsi parfaitement le terrain pour les travaux magiques ultérieurs.

Vous êtes probablement en droit de vous demander à quoi bon chasser les Entités ou les influences positives de votre temple magique, si justement... elles sont bénéfiques! La raison est toute simple. Lorsque vous pratiquez un rituel ou tout type de magie cérémonielle, la dernière chose que vous voulez voir, c'est bel et bien une influence extérieure venir interférer avec vos efforts, quels qu'ils soient. Alors imaginez pour un instant que vous pratiquez un rituel et que certaines Entités positives, se trouvant à proximité, viennent y ajouter leur grain de sel, même si ce n'est que pour votre propre bien et vous venir en aide. Vous perdriez le contrôle du rituel à ce moment précis, et cela même, à votre insu.

Voilà pourquoi, avant toute entreprise occulte, vous devriez toujours pratiquer ce rituel, immédiatement après le Rituel Mineur de Bannissement du Pentagramme, afin de nettoyer et bannir de votre périphérie tout ce qui n'est pas souhaité, en mal et en bien, afin que seulement par la suite, les seules présences invitées à agir dans votre Temple seront celles que vous aurez invoquées et/ou évoquées.

Il existe quelques versions du RBH dont au moins deux qui valent la peine d'être étudiée. La première, celle qui vous sera présentée en premier lieu, est la version traditionnelle et elle fait emploi de l'acronyme hébraïque ARARITA. La seconde version, que je vous présenterai par la suite en abrégé est pratiquement identique, la procédure étant la même, toutefois elle fait partie, une fois de plus, du système de Magie Énochienne. Les noms à vibrer seront différents et feront appel à la puissance des quatre grands Noms Saints qui président les quatre mêmes

Tours de Guet Énochiennes. Voulant toujours vous fournir le plus de matériel possible pour vous aider à parfaire votre formation magique, je vous offre donc cette seconde version en guise de complément. Essayez les deux rituels et utilisez celui que vous préférez.

Comme dernière remarque, j'ajouterais qu'il est possible de fusionner les deux rituels à la fois. Si par exemple vous trouveriez la première version quelque peu longue ou fastidieuse et que vous ne désirez pas utiliser le langage de la seconde variation, vous pourriez alors, en guise de suggestion, utiliser la version énochienne mais en vibrant seulement l'acronyme Ararita. En bref, je vous donne ici quelques outils supplémentaires. À vous de voir si vous souhaitez construire un nouveau rituel.

RBH : Le Rituel de Bannissement de l'Hexagramme

Première partie : L'analyse du Mot-clé.

Face à l'Est au centre de votre cercle, lequel fut tracé lors du RMBP, tendez les bras en forme de croix. Dites à présent d'un ton solennel :

I N R I
Yud, Nun, Raish, Yud,
Le signe d'Osiris abattu.

Maintenant, formez la lettre « L » en levant l'avant-bras droit vers le haut, le coude étant à 90 degrés. Le bras gauche, lui pointera vers le sol, le long de votre corps, la paume de la main orientée vers l'avant. Penchez la tête légèrement sur le côté, en regardant la main gauche. Ceci est la position complète pour former le « L ». Dites à présent :

L... le signe du deuil d'Isis.

Ramenez ensuite les bras en forme de « V » au-dessus de votre tête, tout comme si vous faisiez un genre de signe d'adoration. Les paumes doivent se faire face. Levez légèrement la tête en regardant vers le haut et prononcez de façon significative :

V... le signe de Typhon et Apophis.

À présent faites le « X ». Croisez les bras sur votre poitrine (bras droit sur bras gauche) de manière à ce que le bout de vos doigts touche environ le dessus de vos épaules. Penchez la tête vers le bas en regardant le sol et dites solennellement :

X... le signe d'Osiris ressuscité.

Vous allez dès lors reformer les trois lettres de façon successive, l'une après l'autre à mesure que vous les prononcerez :

L... V... X... LUX!

Au moment où vous prononcerez le mot latin lumière (Lux) dans la phrase précédente, décroisez les bras vers l'avant en regardant dans cette direction, puis, recroisez-les aussitôt, en penchant de nouveau la tête vers le sol et ajoutez à ce moment précis :

La lumière de la Croix.

Maintenant, reprenez votre position initiale, c'est-à-dire les bras tendus en forme de croix et ajoutez ces paroles :

**Virgo, Isis, grande Mère,
Scorpio, Apophis, Destructeur,
Sol, Osiris, Abattu et Ressuscité...**

Graduellement, levez les bras pour reformer une fois encore la lettre « V » tout en levant lentement la tête vers le ciel. Ce faisant, dites :

Isis, Apophis, Osiris...
Vibrez : **IAO** (Iiiii-Aaaaa-Ooooo)

Prenez quelques instants pour ressentir la lumière, puis, visualisez que cette lumière est aspirée vers vous; elle descend sur votre corps pour vous inonder dans une splendeur éclatante. Lorsque vous serez en mesure de la ressentir à travers tout votre corps, dites solennellement :

Que la Lumière Divine descende!

Sentez votre être immergé par cette lumière purificatrice de façon à vous sentir aussi pur qu'elle. Vous êtes devenu lumière. Vous reconnaissez être en mesure d'exister sans les influences négatives ou positives de votre environnement. Prenez quelques instants pour baigner dans cet éclat lumineux.

Deuxième partie : La Formulation des Hexagrammes

Dirigez-vous aux abords de votre cercle, toujours le corps orienté vers l'Est (ou pivotez sur vous-même en cas de manque d'espace). À l'aide de votre index, tracez devant vous, dans les airs, un hexagramme unicursal. Débutez par la pointe supérieure, vers la droite, telle que démontré sur la figure suivante.

L'Hexagramme Unicursal

Pour vous aider à tracer l'hexagramme, utilisez une fois de plus votre corps en guise de guide. Commencez au niveau de votre front et tracez le premier côté en descendant jusqu'à votre flanc droit. De là, remontez vers votre épaule gauche et redescendez vers votre bas-ventre. Remontez maintenant vers l'épaule droite, puis allez vers votre flanc gauche et remontez au niveau du front pour conclure.

Visualisez au fur et à mesure que vous tracez l'hexagramme qu'une flamme jaillit de la pointe de votre index, tel le feu d'une torche à souder. Cette lumière doit être visualisée de flammes blanches ou dorées et extrêmement brillantes.

Donnez à présent le signe d'entrée. Inhalez et absorbez l'énergie, tout en amenant vos mains de chaque côté de votre tête en pointant les index vers l'avant. Lors de l'expiration, avancez d'un seul pas, du pied gauche et projetez vos mains avec force au centre de l'hexagramme. En même temps, vibrez le nom Divin :

ARARITA

Ressentez l'énergie de ce nom parcourir tout votre corps, passer par l'intermédiaire de vos mains, pour aller au travers de l'hexagramme, jusqu'aux confins de l'Univers. Reprenez maintenant votre position initiale. Joignez vos pieds de nouveau, en conservant toutefois votre index toujours bien tendu au centre de l'hexagramme. Puis, tracez une ligne dans les airs en vous dirigeant le long du cercle vers le Sud. Visualisez cette ligne lumineuse d'un blanc très brillant. Cette dernière reliera tous vos hexagrammes les uns aux autres. Face au Sud, tracez un autre hexagramme unicursal. Donnez ensuite le signe d'entrée en vibrant :

ARARITA

Transportez la ligne de lumière blanche à l'Ouest. Face à ce quartier, tracez un nouvel hexagramme et donnez le signe d'entrée en vibrant :

ARARITA

Dirigez-vous maintenant vers le Nord en traçant la ligne blanche. Face à ce quartier, tracez le dernier hexagramme. Faites de nouveau le signe d'entrée en vibrant :

ARARITA

Retournez à votre point de départ à l'Est, complétant ainsi ce cercle de lumière. Reprenez ensuite votre position initiale au centre du cercle magique et tournez-vous face à l'Est. Vous êtes à présent entouré de quatre hexagrammes de flammes dorées d'une extrême brillance. Ceux-ci sont scellés par les noms Divins, tout en étant reliés par une ligne de lumière blanche étincelante. En ce moment précis, vous devriez être en mesure de voir vos quatre hexagrammes blancs ou dorés superposés aux pentagrammes bleu électrique (du RMBP), le tout cintré d'une pure sphère de lumière blanche. Visualisez-les brillant d'une intensité et d'une énergie incroyable, vibrante et pulsative.

Troisième partie : L'analyse du Mot-clé

Répétez la première partie, l'analyse du Mot-clé.
Le rituel est maintenant complété.
Si désiré, vous pouvez remplacer l'analyse du Mot-clé par la Croix Kabbalistique du Rituel Mineur de Bannissement du Pentagramme.

Résumé du Rituel de Bannissement de l'Hexagramme

Pour vous aider à mémoriser plus facilement ce rite, voici un résumé des étapes, sans les explications relatives à la visualisation.

- *Première partie : L'analyse du Mot-clé*

    Face à l'Est tendez les bras en forme de croix et dites :
    I N R I
    Yud, Nun, Raish, Yud,
    Le signe d'Osiris abattu.

    Formez la lettre « L » et dites :
    L... le signe du deuil d'Isis.

    Formez la lettre « V » et dites :
    V... le signe de Typhon et Apophis.

Formez la lettre « X » et dites :
X... le signe d'Osiris ressuscité.

Formez les trois signes en disant :
L... V... X... LUX.
La lumière de la Croix.

Reprenez votre position initiale, les bras tendus en forme de croix et dites :
Virgo, Isis, grande Mère,
Scorpio, Apophis, Destructeur,
Sol, Osiris, Abattu et Ressuscité...

Graduellement, levez les bras pour reformer la lettre « V ».
Ce faisant, dites :
Isis, Apophis, Osiris...
Vibrez : **IAO**

Aspirez la lumière Divine qui pénètre votre corps et dites :
Que la Lumière Divine descende !

- *Deuxième partie : La Formulation des Hexagrammes*

    Tracez l'hexagramme à l'Est. Vibrez : **ARARITA**
    Tracez l'hexagramme au Sud. Vibrez : **ARARITA**
    Tracez l'hexagramme à l'Ouest. Vibrez : **ARARITA**
    Tracez l'hexagramme au Nord. Vibrez : **ARARITA**

- *Troisième partie : L'analyse du Mot-clé*

    Répétez la première partie du rituel ou encore la première partie du RMBP, soit la Croix Kabbalistique.

Version Énochienne du Rituel de Bannissement de l'Hexagramme

- *Première partie : La Formulation des Hexagrammes*

    Tracez l'hexagramme à l'Est. Vibrez : **IVITDT** (Eh-veh-eh-teh-deh-teh)
    Dites ensuite : **Voici les Flammes Ardentes de la Vérité qui consume les peines, les péchés et la mort.**

    Tracez l'hexagramme au Sud. Vibrez : **ZTZTZT** (Zod-teh-zod-teh-zod-teh)
    Dites ensuite : **Voici la Voie de l'Amour qui consiste à tout sacrifier dans la coupe.**

    Tracez l'hexagramme à l'Ouest. Vibrez : **IVITDT**
    Dites ensuite : **Voici les Flammes Ardentes de la Vérité qui consume les peines, les péchés et la mort.**

    Tracez l'hexagramme au Nord. Vibrez : **ZTZTZT**
    Dites ensuite : **Voici la Voie de l'Amour qui consiste à tout sacrifier dans la coupe.**

- *Deuxième partie : La Croix des grands Noms Saints :*

    Étendez les bras en forme de croix et dites en vibrant les noms :
    Devant moi : ORO-IBAH-AOZPI (Oh-roh-Eh-bah-Ah-oh-zod-peh)
    Derrière moi : MPH-ARSL-GAIOL (Em-peh-eh-Ar-ess-el-Gah-ee-oh-leh)
    À ma droite : OIP-TEAA-PDOKE (Oh-ee-peh-Teh-ah-ah-Peh-doh-keh)
    À ma gauche : MOR-DIAL-HKTGA (Moh-ar-Dee-ah-leh-Heh-keh-teh-gah)
    Au-dessus et en dessous de moi est mon Univers Magique, et me voici, moi, seul au centre. Car Un est son commencement. Un est son individualité. Sa permutation est Un. Je baigne à présent dans la Lumière de l'Un!

CINQUIÈME NIVEAU

L'Ennoblissement du Magicien

À ce moment-ci de votre formation magique, vous avez appris et mis en application passablement de matériel et d'exercices. Si vous avez été honnête envers vous-même et les résultats que vous avez obtenus, et donc, que vous êtes réellement prêt à entamer ce nouveau niveau d'entraînement, cela signifie que vous avez largement progressé sur le chemin initiatique de la Haute Magie. Toutes mes félicitations; vos efforts ont été couronnés de succès.

Vous allez maintenant découvrir des techniques pour développer habilement vos aptitudes pour la clairvoyance, en plus de poursuivre votre travail d'accumulation et de charges. Vous apprendrez aussi une toute nouvelle pratique cérémonielle qui est le Rituel de l'Heptagramme.

Si vous avez pratiqué tous les exercices précédents, sans relâche et avec constance, vous devriez déjà éprouver de très grands changements positifs dans votre vie, non seulement au point de vue magique, mais aussi dans celle de tous les jours. Soyez sûr, et sans prétentions, que vous avez le droit de vous considérer à partir de maintenant comme un véritable et authentique magicien, un mage en devenir qui applique les Lois occultes et Universelles.

20 - La Clairvoyance 1ᵉʳ degré

Qui n'a pas souhaité un jour avoir la chance de devenir clairvoyant et percevoir ce qui se cache de l'autre côté du voile en raison des possibilités immenses que cette faculté pouvait apporter. Pour le mage en formation, cela est véritablement du domaine du possible et l'exercice suivant vous démontra comment y parvenir, peu à peu, grâce aux qualités que possède la lumière Universelle.

Comme nous le savons à présent, l'Élément Feu régit la région de la tête du corps humain. La lumière étant un aspect de l'Élément igné, nous pouvons donc reconnaître son analogie avec la volonté et, notamment, les yeux. Afin que cette pratique soit couronnée de succès, vous aurez besoin de faire preuve d'une foi inébranlable, d'un degré de conviction à toute épreuve ainsi que de tout votre pouvoir de visualisation, lequel devrait être, à ce stade, très bien développé.

La lumière universelle

Commencez par détendre votre corps et adoptez votre âsana régulière. Faites ensuite le vide mental et centrez-vous convenablement. Lorsque vous serez dans un état de neutralité absolue, visualisez que vous absorbez la lumière Universelle. Pour vous aider à bien visualiser cette lumière, sachez que celle-ci est pratiquement identique à l'éclat incandescent du soleil. Ainsi, vous pouvez vous aider en vous imaginant au centre de l'Univers et voir cette lumière en une sphère extrêmement brillante, tout comme vous l'avez fait lors de vos pratiques d'accumulation des énergies élémentales.

Aspirez et compressez cette lumière étincelante à travers tout votre corps par la technique de la respiration cutanée consciente. Imaginez que votre corps est un réceptacle vide qui, peu à peu, à chaque inspiration, s'emplit d'une lumière blanche extrêmement brillante, presque aveuglante. N'oubliez pas ce faisant de charger avec une forte conviction cette lumière de la qualité voulue, soit de la propriété de la clairvoyance; cette lumière Universelle unique qui éclaire, illumine et transperce tout ce qui existe; elle lève le voile sur ce qui est voilé; rien ne peut s'imposer et bloquer le passage de cette lumière éclatante et grandiose. Plus vous aspirez la lumière Universelle, plus vous devriez percevoir votre corps réagir à celle-ci et devenir tout aussi brillant que cette dernière, voire même, presque translucide, tellement cette lumière est éclatante et pure.

Lorsque vous aurez suffisamment accumulé la lumière par la respiration de vos pores, tout en ayant continuellement chargé celle-ci des propriétés de la voyance et que vous serez en mesure de ressentir l'effet pénétrant de sa force, compressez-la dans votre tête, puis, ensuite, uniquement dans vos deux yeux. Pour y arriver, employez toujours la visualisation et voyez, en débutant par le bas du corps, que la lumière est ainsi compressée vers le haut, et, lentement, uniquement dans la tête et finalement, que dans vos yeux. Seuls ces derniers retiennent à présent toute cette lumière précédemment accumulée.

Maintenant, portez toute votre attention à vos yeux puissamment chargés. Visualisez, et soyez convaincu que ceux-ci possèdent toutes les propriétés inhérentes à la lumière (qui illumine et transperce tout, qui lève le voile sur tout ce qui est voilé, etc.) et que ces derniers détiennent à présent le pouvoir de la clairvoyance et de voir tout ce que la lumière, elle-même, est capable de voir. Vos yeux de lumière sont maintenant pure lumière. Maintenez la charge dans vos globes oculaires tout en visualisant cette procédure pendant environ dix à quinze minutes, sans interruption. Lorsque l'exercice aura atteint son but, rejetez la lumière et renvoyez-la à l'Univers. Pour ce faire, utilisez les propriétés magiques de l'expiration, telles qu'expliquées lors d'un niveau antérieur, afin de relâcher la charge pour peu à peu en libérer complètement vos yeux.

Comme remarque, j'ajouterais qu'il est très important de ne jamais omettre de dissoudre la charge de lumière et de la retourner à l'Univers d'où elle provient. En effet, si jamais le mage en devenir décidait délibérément de conserver la charge dans ses yeux, celui-ci serait en droit à d'étonnantes anomalies visuelles, car sa vue demeurerait ainsi ouverte en permanence au plan psychique. Un cas semblable résulterait en pseudo double vue, c'est-à-dire, qu'il lui serait possible de voir sur deux plans d'existence à la fois (un peu comme une superposition des deux dimensions) et de confondre évidemment la nature de ses visions, de ce qui est du ressort du plan matériel et de ce qui réside dans le plan subtil de l'astral. De grâce, résistez à la tentation d'en faire l'expérience et ne commettez pas d'imprudences.

C'est alors qu'en pratiquant cet exercice à longue échéance, sur une base quotidienne, vous serez en mesure d'acquérir, lentement mais sûrement, la faculté de la clairvoyance et de voir tout ce que vous désirez, notamment en employant le miroir magique. Il y va de soi que la nature de vos succès sera toujours analogue avec la qualité de votre concentration et de votre visualisation lors de l'application de cette technique de développement magique.

Le miroir magique, le seuil entre les mondes

Jusqu'à présent, cette formation magique n'a jamais fait emploi d'aucun accessoire ou d'outil magique quelconque. Cela va maintenant changer car vous aurez besoin pour mettre en pratique les exercices de ce niveau de vous confectionner un objet bien spécial : il s'agit du miroir magique. Certes, vous pouvez en acheter un dans une boutique ésotérique si vous le désirez. Dans le cas contraire, je reviendrai sous peu avec les explications tenant sur le mode de fabrication.

Il existe de nombreuses techniques pour exercer la clairvoyance dont celle par excellence, l'accumulation de la lumière Universelle, que je viens tout juste de vous expliquer. Vous en avez même pratiqué plusieurs autres, notamment les exercices pour développer les sens psychiques, la respiration et l'activation des chakras, ainsi que toutes les pratiques cérémonielles que vous avez vues et mise en œuvre jusqu'à maintenant. L'emploi du miroir magique, quant à lui, est un très bon exercice pour stimuler, fortifier et pratiquer la clairvoyance, à partir du moment où vous aurez obtenu quelques résultats avec la technique des *yeux de lumière,* comme cela fut précédemment démontré.

Or, le miroir magique agit comme un portail ou plutôt une sorte de seuil entre le monde physique et le plan astral. C'est véritablement une fenêtre ouverte sur les autres dimensions. Ce que je veux vous démontrer, c'est qu'un miroir noir peut projeter efficacement ce qui se trouve de l'autre côté du voile subtil. Il vous sera donc possible avec un tel objet magique de voir et entrer en contact avec des Êtres habitant ces plans plus élevés, soit les esprits du monde astral, en plus d'être même en mesure de rencontrer et échanger avec les défunts et toute personne décédée. Avec de plus en plus de pratique, comme vous le verrez dans le second degré du développement de la clairvoyance, il vous sera tout aussi possible de bénéficier de connaissances et d'expériences qu'aucun maître ou mortel ne pourrait jamais vous apporter sur le plan terrestre.

Le plan astral recèle plusieurs réalités autant que de sous-dimensions, aussi la prudence est de mise chez l'étudiant en formation car souvenez-vous, l'astral est le plan des émotions. Ainsi, ce plan d'existence est donc tout aussi un monde d'illusions et de fantasmes, de chimères et de désirs. Voilà pourquoi vous devrez faire preuve de sagesse et de prudence. Ce que vos yeux psychiques parviendront à voir ne correspondra pas nécessairement toujours avec la réalité.

De cette manière, vous pouvez au début apercevoir sur la surface de votre miroir magique des formes d'énergie, des couleurs et des points lumineux virevoltant et se déplaçant dans toutes les directions, de même que des images floues et saccadées, parfois ce seront des imageries qui proviendront directement de votre subconscient, parfois de l'astral. Avec plusieurs tentatives, en pratiquant la voyance au moyen du miroir magique, vous parviendrez toutefois avec assez de précision à déceler ce qui est faux de ce qui est authentique. La nature des visions obtenues dépendra toujours et assurément de vous et du degré de développement de vos facultés psychiques, lesquelles devraient, à ce stade, avoir été bien éveillées grâce aux exercices des précédents niveaux de cette formation.

La fabrication du miroir magique

Le miroir magique agit, à quelques fins près, de la même façon qu'un mage emploierait une boule de cristal, cependant, sa fabrication est très différente. À cet effet, le miroir est généralement constitué d'une pièce de verre dont un côté est laqué de noir, tandis que l'autre, demeure poli et réfléchissant. Certains seront concaves et incurvés vers le centre alors que d'autres demeureront tout simplement plats. C'est exactement ce type de miroir que nous allons étudier ensemble en raison de sa facilité de construction.

Pour fabriquer votre miroir magique, vous aurez besoin au préalable d'une pièce de verre ou de plexiglas, c'est-à-dire une feuille de plastique transparente très épaisse. Vous en retrouverez dans toutes les bonnes quincailleries à grande surface. Je vous recommande cette dernière option pour des raisons pratiques. En effet, un miroir de verre est beaucoup plus fragile et un mauvais maniement pourrait facilement le briser en éclats. Quoi qu'il en soit, choisissez le matériel à votre disposition. La taille de votre futur verre de voyance importe peu, mais sachez que plus votre miroir sera de grande taille, plus il vous sera facile de l'utiliser. Je dirais qu'une plaque de verre ou de plastique ronde de 30 x 30 centimètres constituerait un excellent miroir magique. Une fois encore, c'est à vous de juger selon votre budget et les moyens mis à votre disposition.

Lorsque vous aurez en main votre verre ou votre morceau de plastique transparent, commencez alors la fabrication de votre miroir en recouvrant une seule surface avec de la peinture opaque de couleur noire mate, non-réfléchissante (très important). Quand la première couche de peinture sera sèche, appliquez-en une seconde, puis une troisième et ainsi de suite. Pour savoir lorsque vous pourrez arrêter d'appliquer de la peinture, passez votre verre sous une lampe électrique et assurez-vous que la lumière de celle-ci ne puisse passer au travers. Votre verre doit impérativement être des plus opaques.

Une fois que la dernière couche de peinture sera sèche, votre miroir sera complété. Oui, c'est aussi simple que cela pour obtenir un efficace miroir magique de simple construction. Pour l'utiliser, vous n'aurez qu'à le suspendre en angle à un mur (le côté peint toujours vers l'arrière) ou le faire reposer penché vers le haut, à environ 30 degrés d'inclinaison, sur un petit chevalet, ce qui est le mode d'emploi le plus préférable. En regardant dans votre nouveau miroir magique, du côté réfléchissant, il est plus que probable que vous éprouverez ultérieurement une sensation de profondeur, comme si votre regard était capable de pénétrer à l'intérieur de ce dernier, comme s'il n'y avait pas de fond.

Premier exercice de clairvoyance : Les perceptions

Nous allons entamer les premiers exercices de clairvoyance au moyen du miroir magique. Pour ce faire, placez-vous en face de votre miroir, à plus ou moins un mètre de distance. L'éclairage devrait être tamisé. Je vous recommande de fermer toutes les lumières électriques, en raison que celles-ci brouillent les émissions astrales, et d'allumer une simple chandelle que vous placerez derrière le miroir, si ce dernier repose sur un chevalet ou à proximité, si le miroir est suspendu à un mur. Ce qui demeure important, deux choses; premièrement, le miroir magique devrait être positionné au niveau des yeux et deuxièmement, la lumière de la chandelle ne devra jamais en aucun temps se refléter sur la surface du miroir. Il serait toutefois une bonne idée d'ajuster vers le haut l'inclinaison de ce dernier jusqu'à ce qu'il ne puisse capter votre reflet. De cette façon vous ne serez en aucun temps déconcentré par votre propre réflexion.

Ceci étant fait, prenez place devant le miroir et adoptez une position confortable ou préférablement votre âsana. Fixez maintenant la surface de votre miroir et essayez d'obtenir ce sentiment de profondeur, comme si vous étiez capable de regarder au plus profond de cette surface noire. À présent, visualisez des objets de votre choix et projetez ces images sur la surface du miroir magique. Voyez ces objets le plus clairement possible, comme s'ils flottaient, là, en relief tout juste sous vos yeux, presque saisissables. Maintenez cette visualisation pendant une période de dix à quinze minutes environ.

Lorsque vous serez en mesure de visualiser tout objet de votre choix, poursuivez l'exercice en visualisant des sujets plus complexes comme des animaux ou des personnes, à votre guise. Ensuite, voyez-les en entier et regardez-les même effectuer des mouvements et des actions diverses. Par exemple, un dauphin effectuant un plongeon, un homme marchant sur le trottoir, un écureuil grimpant à un arbre, etc. Ayant obtenu du succès lors de cette deuxième phase, poursuivez en visualisant des lieux et des endroits quelconques. Vous pourriez pour la première fois reprendre la visualisation de l'exercice des sens psychiques du deuxième degré : vous êtes au bord d'un lac à la lisière d'une forêt luxuriante... Une fois de plus, lorsque vous serez capable de maintenir cette imagerie à la surface de votre miroir, un peu comme si vous regardiez un paysage au travers d'une fenêtre, pendant une période de dix à quinze minutes consécutives, l'exercice aura atteint son but.

Une fois que vous serez passé maître dans ces exercices préliminaires, ajoutez-y le sens de l'ouïe. Reprenez une fois de plus la visualisation des objets de votre choix, des personnages et des paysages en y incluant cette fois-ci des effets de sonores. Visualisez par exemple un lac pendant un gros orage et entendez le bruit des gouttes d'eau qui tombent à la surface de l'eau, le tonnerre et les éclairs, etc. De la même façon, reproduisez des images à la surface de votre miroir magique et incluez les sons qui accompagnent généralement ces paysages que vous visualiserez, tout comme si ces sons provenaient directement du miroir magique, pratiquement comme si vous regardiez un film sur un écran de téléviseur. Ainsi, non seulement vous entraînerez votre clairvoyance, mais tout aussi votre sens de l'audition psychique par le fait même.

Lorsque vous aurez maîtrisé ces exercices préparatoires, et que vous serez en mesure de voir et d'entendre via le miroir magique, vous pourrez ensuite passer à la seconde étape de cet entraînement que l'on nomme la contemplation.

Second exercice de clairvoyance : La contemplation

Prenez place devant votre miroir et adoptez une position confortable ou âsana. Fixez maintenant la surface et essayez d'obtenir ce sentiment de profondeur, comme si vous étiez capable de regarder de l'autre côté de cette dimension, au plus profond de cet écran sombre. Sans fatiguer inutilement vos nerfs optiques, c'est-à-dire en contemplant passivement le miroir un peu comme une vision floue, regardez de façon neutre en ayant cette ferme conviction que vos yeux sont capables de tout voir et possèdent les qualités de la clairvoyance, tout comme il en est de la lumière Universelle. À ce propos, vous pourriez au préalable charger cette lumière et la compresser dans vos globes oculaires, tel que vu précédemment, avant de pratiquer cet exercice. Les résultats n'en seront que meilleurs.

Donc, fixez passivement le miroir et demeurez très attentif. Laissez les manifestations venir à vous sans jamais les forcer. Généralement, au début, vous aurez l'impression que la surface du miroir se couvre subitement d'une sorte de nuage sombre de vapeur gazeuse, un peu comme un voile. Peu après, vous devriez être capable d'apercevoir des formes d'énergie, des couleurs et des points lumineux virevoltant et se déplaçant dans toutes les directions, de manière fluide et éthérée. Si cela se produisait (et cela se produira inévitablement en peu de temps) vous serez indéniablement sur la voie de la réussite. Il est vrai qu'à vos premiers essais vous pourriez ne rien voir du tout. Cela ne devrait pas vous décourager pour autant. Souvenez-vous que la maîtrise ne s'obtient jamais du premier coup. Il faut pratiquer, pratiquer et pratiquer ; la clé de tout succès en magie. Continuez à contempler la surface de votre miroir de cette façon pendant une période d'environ vingt à trente minutes.

Peu à peu, après plusieurs réitérations, lorsque vous commencerez à prendre de l'expérience et que vos aptitudes à la clairvoyance seront mieux développées, la surface de votre miroir magique en viendra à s'éclaircir et vous commencerez à apercevoir des fragments d'images et des scènes légèrement floues. Ces manifestations seront souvent bizarres, incohérentes et difficiles à comprendre ou à interpréter. Plus vous pratiquerez la contemplation et plus vous développerez votre clairvoyance, plus ces manifestations deviendront nettes et précises. Vous deviendrez capable de mieux comprendre et interpréter ce que vous aurez vu.

Par la suite, lorsque vous aurez obtenu du succès avec le miroir magique, vous pourrez même poser mentalement des questions pour voir se refléter à la surface les réponses à vos interrogations. Évidemment pour parvenir à de tels résultats, vous aurez besoin d'un bon lot de pratiques renouvelées, mais cela demeure toujours du domaine du possible, soyez-en convaincu. Par ailleurs, comme vous le verrez avec la poursuite des exercices de clairvoyance du deuxième degré, de merveilleuses et même extraordinaires autres façons d'utiliser votre miroir s'offriront à vous. Nous y reviendrons en temps opportun.

21 - L'Heptagramme

Le Flux Énergétique et l'Arbre de Vie Kabbalistique

Nous allons à présent découvrir un nouveau symbole magique : l'heptagramme. Afin de bien l'interpréter, certaines notions se doivent dans un premier temps d'être correctement assimilées. Le magicien doit effectivement savoir et connaître la fonction des symboles magiques employés, s'il veut, à toute fin pratique, obtenir des résultats probants. Or, l'heptagramme, lorsqu'il est utilisé pendant les rituels, peut être vu sous différents angles. Commençons tout d'abord par établir les liens qui existent avec l'Arbre de Vie kabbalistique. En vous dévoilant les corrélations subsistant entre les différents systèmes d'interprétations, le reste, comme vous le verrez, deviendra subitement beaucoup plus clair.

Comme il a été démontré précédemment (chapitre 14 — pratique cérémonielle II — le Rituel du Pilier du Milieu), l'Arbre de Vie peut être considéré comme un type de diagramme ésotérique contenant plusieurs vérités et démontrant de nombreuses analogies, un peu comme l'on en retrouve avec d'autres symboles, tel le Yin et le Yang. En fait, c'est la base de toute la science qu'est la Kabbale occidentale. En examinant de plus près les deux figures suivantes, vous remarquerez que l'Arbre de Vie kabbalistique est composé de dix sphères disposées en forme de triangle. Nous en obtenons trois au total. Le premier triangle est orienté vers le haut tandis que les deux autres pointent vers le bas. Finalement une seule sphère demeure isolée tout en bas de l'Arbre. Ce que je désigne par 'sphères' au pluriel porte en fait le nom de *Séphiroth*, d'où l'appellation « Arbre Séphirotique ». Chaque sphère quant à elle se nomme une *Séphira* et elles sont toutes reliées les unes aux autres par 22 sentiers (égal au nombre de cartes de l'Arcane Majeur au tarot, de même que pour le nombre de lettres contenues dans l'alphabet hébraïque), numérotés de 11 à 32.

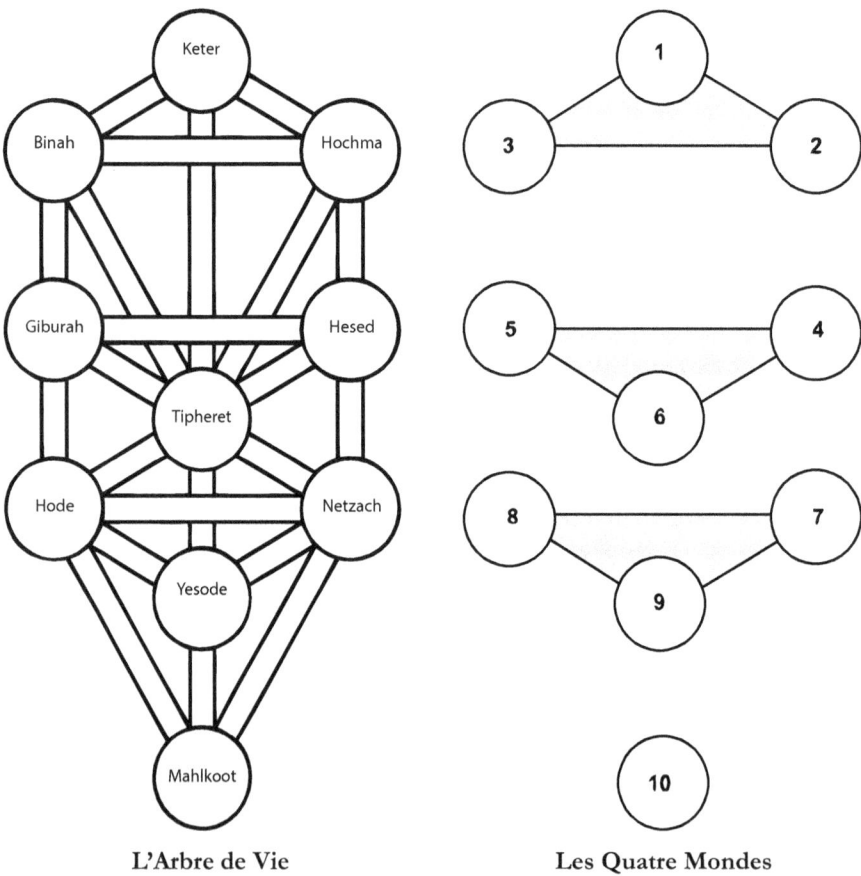

L'Arbre de Vie   Les Quatre Mondes

Chaque Séphira possède de nombreuses associations. On lui associe, entre autres, un archange, un ordre angélique, un chakra, un nom divin, une planète, une créature, un outil magique, une plante, etc. De plus, chaque Séphira représente aussi un ordre d'idées préconçues ainsi que des qualités associées à la définition symbolique de chacune d'elles, comme l'intelligence, la sagesse, la bonté, la force et la beauté, pour ne nommer que celles-ci.

L'Arbre de Vie Kabbalistique

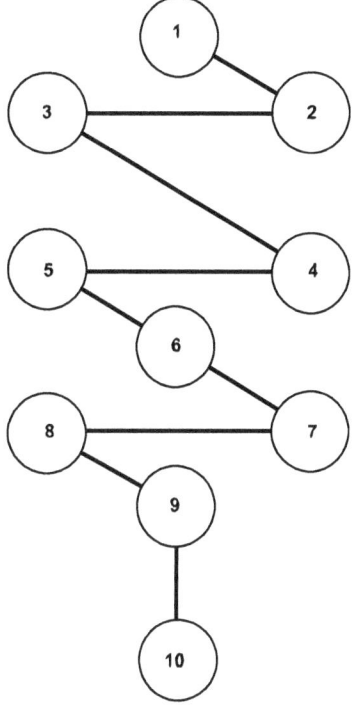

Maintenant, si nous relions ensemble les Séphiroth en traçant une ligne, partant de la 1[ière] Séphira, Keter, jusqu'à la 10e, Malkoot, nous obtenons le graphique suivant que nous désignons par l'*Épée de Flammes*, la même que tient à la main l'Archange Michaël. Le parcours qu'emprunte cette épée est le même que celui qu'emprunta la Divinité pour créer le monde, toujours selon la cosmogonie kabbalistique.

Ce qui est important de retenir ici, c'est que les trois triangles obtenus, en plus de la dernière Séphira tout en bas, correspondent tous à l'un des *Quatre Mondes*; l'une des adaptations de l'Arbre Séphirotique. Ainsi, le triangle du haut (Séphira 1, 2, 3) se nomme le *Triangle Céleste* et symbolise Aholam Atziluth; le monde des Archétypes et des Émanations. Associé au Divin, il débute de la Séphira la plus élevée, puis se divise en deux, démontrant que la Divinité est unité, l'Un.

Cette représentation explique que l'une des tâches du magicien est de parvenir à faire abstraction de la dualité afin de se rapprocher du Divin; reconnaissant cette dualité en notions de complémentarités et non d'adversités ou d'opposés. Savoir faire preuve de sagesse et d'intelligence.

Le second triangle (4, 5, 6) se nomme le *Triangle de la Moralité* et symbolise Aholam Briah; le monde des Créations. Ce triangle est associé au plan mental. En œuvrant en symbiose avec force et bonté, le magicien parviendra à exhiber sa beauté intérieure qui l'aidera à atteindre les buts qu'il s'est fixé.

Le troisième triangle (7, 8, 9) se nomme le *Triangle Mondain* et symbolise Aholam Yetzirah; le monde des Formations. Ce triangle est associé au plan astral et il est la base de tous les résultats éventuellement obtenus et manifestés sur le plan de la matière. Savoir tempérer à juste dose la gloire et la victoire par la bonté, fondement du succès sur le royaume physique représenté par la 10e Séphira Malkoot. Voilà, entre autres choses, la leçon à retenir.

Malkoot, la dernière Séphira symbolise Aholam Assiah; le monde des Actions. Ce monde représente l'action des Éléments, et donc, les manifestations physiques et matérielles, le plan physique tel que nous le connaissons.

En regardant l'Arbre de Vie (p:115), on remarquera une onzième sphère: Daath. Il y a beaucoup de pourparlers à l'égard de cette Séphira, à savoir si c'en est véritablement une ou non. Certes encore mystérieuse, Daath signifie 'le savoir' en hébreu. Il s'agit ici d'une connaissance, d'un savoir particulier unique à la conscience. Daath n'est pas lié à l'intellect ni aux croyances. Il ne s'agit pas non plus d'un concept de pensées, de mots, d'idées ou de dogmes. C'est plutôt une connaissance consciente liée directement à l'âme humaine qui doit être mis en pratique pour que cette connaissance puisse se développer et élaborer la création de l'âme elle-même. On dit qu'elle est le fruit de Binah et de Hochma.

Explications sur les Plans d'Existence et l'Heptagramme

Comme cela fut démontré, les Séphiroth sont donc disposées en forme de triangle, exprimant chacun une dimension, ou encore, *un monde*, selon la technique d'interprétation kabbalistique employée plus tôt.

Or, en employant le schéma obtenu par l'Épée de Flammes et en l'appliquant à l'heptagramme, nous obtenons alors ce qui suit (fig. 1).

Les symboles (fig. 2) entourant l'heptagramme correspondent tous à une Séphira de même qu'à un différent niveau d'existence, lequel est parfaitement en analogie avec *les Quatre Mondes Séphirotiques*.

Ainsi, nous constatons que l'heptagramme est non seulement un symbole exprimant les qualités de l'Arbre de Vie, mais tout aussi celles des plans d'existence et subtils, les Forces élémentales, Séphirotiques et Universelles.

CINQUIÈME NIVEAU: L'Ennoblissement du Magicien | 161

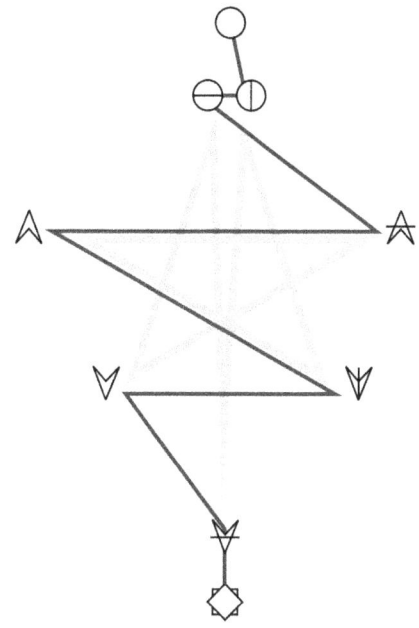

Figure 1
L'Épée de Flammes parcourant l'Heptagramme

Figure 2
L'Heptagramme et les Plans d'Existence

Étant donné que ceci n'est guère un cours exhaustif sur les enseignements kabbalistiques, sachez simplement que les explications précédentes s'avéreront suffisantes pour comprendre et interpréter les attributs kabbalistiques de l'heptagramme. Vous êtes cependant convié à en apprendre davantage en consultant d'autres ouvrages sur la Kabbale. Comme vous pouvez le constater, parfois sinon plus souvent qu'autrement, un symbole magique, simple en apparence, peut être doté d'une signification très complexe et élaborée.

Explications sur les notions Élémentales de l'Heptagramme

Il existe finalement une autre méthode pour interpréter l'heptagramme, tout comme il existe plusieurs modes de lecture de l'Arbre Séphirotique. Cette fois-ci, il s'agit de la façon la plus commune, c'est-à-dire l'heptagramme et les Éléments Cosmiques. Contrairement au pentagramme dont le sommet représentant l'Élément Esprit ou Akâsha est fermé, ce symbole magique possède la même pointe, mais orientée vers le bas. Par contre, *il est primordial* de reconnaître que cette pointe ne signifie pas un prolongement continu vers les profondeurs et la densité, mais plutôt, *une ascension* vers le haut! Ce « sommet » représente la Force Cosmique et Divine, omniprésente et vibrant en toute chose et qui se manifeste autant en bas, comme en haut, à partir du monde de la matière jusqu'au plan de l'étincelle Divine absolue.

L'Heptagramme et les Éléments

Nous pourrions, de plus, déduire d'autres formes d'interprétations et fonctions du sommet de l'heptagramme, tel que cela fut démontré dans mes ouvrages *Draconia*[5] et *La Magie des Dragons*. Si vous désirez connaître ces autres associations, je vous recommande d'en faire la lecture.

---

5   L'Heptagramme vu selon les correspondances et attributs Universels. À cet effet, le magicien est en mesure d'employer le même symbole afin d'éveiller et travailler avec une Source Primaire différente et à la fois complémentaire; il s'agit ici de la Source Draconique.

La Force Divine s'exprime donc visiblement sur le plan physique et pousse toujours vers le haut, textuellement parlant, afin de s'élever vers les plans les plus subtils et raffinés, jusqu'à ce qu'elle se refonde dans la lumière énergétique de l'Un. Voilà pourquoi cette force est si grande et c'est ce même symbolisme qui sera interprété lors du rituel de l'heptagramme qui suivra.

Prenez à présent tout le temps nécessaire pour bien assimiler la matière qui vient d'être passée en revue. Vous pourrez ensuite en déduire, en toute certitude et sans crainte de vous leurrer, que vos succès obtenus par la pratique du Rituel de L'Heptagramme n'en seront que grandement accrus, seulement si vous êtes en mesure de comprendre le mystère de l'heptagramme magique.

22 - Pratique Cérémonielle IV

Le Rituel de l'Heptagramme

Pratiquez le RMBP, suivi du RBH.

Première partie : La Croix Kabbalistique

Touchez le front et vibrez : **ATAH**
Pointez vers le bas et vibrez : **MALKUTH**
Touchez votre épaule droite et vibrez : **VE-GEBURAH**
Touchez votre épaule gauche et vibrez : **VE-GEDULAH**
Joignez ensuite les mains et vibrez : **LIH-OH-LAHM**, **AMEN**

Deuxième partie : La Formulation des Heptagrammes

Dirigez-vous au bord de votre cercle, à l'Est (pivotez sur vous-même en cas de manque d'espace). À l'aide de votre index, tracez un heptagramme de la manifestation Divine devant vous, dans les airs. Débutez par la pointe inférieure, vers la droite, tel que démontré sur la figure suivante.

Pour vous aider à tracer l'heptagramme, utilisez une fois de plus votre corps en guise de repère. Commencez au niveau de votre bas-ventre et tracez le premier côté en montant jusqu'à votre oreille droite. De là, descendez vers votre flanc droit et poursuivez vers votre épaule gauche. Allez ensuite vers votre épaule droite, puis, descendez de nouveau jusqu'à votre flanc gauche. Remontez maintenant vers votre oreille gauche et terminez en rejoignant votre bas-ventre.

Visualisez au fur et à mesure que vous tracez l'heptagramme qu'une flamme jaillit de la pointe de votre index, tel le feu d'une torche à souder. Cette lumière doit être visualisée de flammes violettes extrêmement brillantes.

Donnez à présent le signe d'entrée. Inhalez et absorbez l'énergie, tout en amenant vos mains de chaque côté de votre tête en pointant les index vers l'avant. Lors de l'expiration, avancez d'un seul pas, du pied gauche, et projetez vos mains avec force au centre de l'heptagramme. En même temps, vibrez :

OZGTLIOC (Oh-Zod-Geeh-Teeh-Leeh-Oh-Keeh)

Ce mot magique de pouvoir est composé de la première lettre de chaque mot de la phrase énochienne suivante et qui signifie :

OL ZIRDO GIGIPAH TOFGLO, LUCIFTIAS IAIDON ONDOH CAOSGI

« Je suis le souffle vivant de toutes choses,
La Lumière toute puissante du royaume terrestre »

Ressentez l'énergie de ce mot de pouvoir parcourir tout votre corps, passer par l'intermédiaire de vos mains, pour aller au travers de l'heptagramme, jusqu'aux confins de l'Univers. Reprenez maintenant votre position initiale. Joignez vos pieds de nouveau, en conservant toutefois votre index toujours bien tendu au centre de l'heptagramme. Puis, tracez une ligne dans les airs en vous dirigeant le long du cercle vers le Sud. Visualisez cette ligne lumineuse d'un blanc très brillant. Cette dernière reliera tous vos heptagrammes les uns aux autres. Face au Sud, tracez un autre heptagramme de la manifestation Divine.

Donnez ensuite le signe d'entrée en vibrant de nouveau :

OZGTLIOC

Transportez la ligne de lumière blanche à l'Ouest. Face à ce quartier, tracez un nouvel heptagramme et donnez le signe d'entrée, toujours en vibrant :

OZGTLIOC

Dirigez-vous maintenant vers le Nord en traçant la ligne blanche. Face à ce quartier, tracez le dernier heptagramme de la manifestation Divine. Faites à nouveau le signe d'entrée en vibrant :

OZGTLIOC

Retournez à votre point de départ à l'Est, complétant ainsi ce cercle de lumière. Reprenez ensuite votre position initiale au centre du cercle magique et tournez-vous face à l'Est. Vous êtes à présent entouré de quatre heptagrammes de flammes violettes d'une extrême brillance. Ceux-ci sont scellés par les noms de pouvoir, tout en étant relié par une ligne de lumière blanche étincelante. En ce moment précis, vous devriez être en mesure de voir vos quatre heptagrammes violets superposés aux pentagrammes bleu électrique (du RMBP) et des hexagrammes blancs ou dorés (du RBH), le tout cintré d'une pure sphère de lumière blanche. Visualisez-les brillant d'une intensité et d'une énergie incroyable vibrante et extrêmement pulsative.

Troisième partie : L'Évocation de la Manifestation Divine sur la Matière

Toujours face à l'Est, tenez-vous droit et pointez la sphère de lumière présente au-dessus de votre tête (la même que lors du RMBP). Faites descendre la lumière au niveau de votre front et vibrez :

OL ZIRDO GIGIPAH TOFGLO (Oh-el Zod-eh-reh-doh Geh-geh-pah Toh-fah-geh-loh)
(*Je suis le souffle vivant de toutes choses…*)

Ensuite, tout comme lors du RMBP, faites descendre la lumière vers vos pieds et vibrez :

LUCIFTIAS IAIDON ONDOH CAOSGI (Luh-keh-feh-teh-ass Eh-ah-eh-doh-nuh Oh-en-doh Cah-oh-sah-geh)
(*La Lumière toute puissante du royaume terrestre…*)

Faites une courte pause pour ressentir toute la puissance de cette dernière et importante affirmation. Vous pouvez demeurer dans cet état aussi longtemps que souhaité puisqu'il s'agit d'une vibration bienfaitrice, pure et lumineuse. Le rituel est maintenant complété.

Résumé du Rituel de l'Heptagramme

Pour vous aider à mémoriser le Rituel de l'Heptagramme voici un résumé des étapes, sans les explications relatives à la visualisation.

- *Première partie : La Croix Kabbalistique*

    Touchez le front et vibrez : **ATAH**
    Pointez vers le bas et vibrez : **MALKUTH**
    Touchez votre épaule droite et vibrez : **VE-GEBURAH**
    Touchez votre épaule gauche et vibrez : **VE-GEDULAH**
    Joignez ensuite les mains et vibrez : **LIH-OH-LAHM**, **AMEN**

- *Deuxième partie : La Formulation des Heptagrammes*

    Tracez l'heptagramme à l'Est. Vibrez : **OZGTLIOC**
    Tracez l'heptagramme au Sud. Vibrez : **OZGTLIOC**
    Tracez l'heptagramme à l'Ouest. Vibrez : **OZGTLIOC**
    Tracez l'heptagramme au Nord. Vibrez : **OZGTLIOC**

- *Troisième partie : L'Évocation de la Manifestation Divine sur la Matière*

    Faites descendre la lumière au niveau du front et vibrez :
    OL ZIRDO GIGIPAH TOFGLO
    Faites descendre la lumière vers vos pieds et vibrez :
    LUCIFTIAS IAIDON ONDOH CAOSGI

SIXIÈME NIVEAU

Le Perfectionnement

Tout au long de cette formation, vous avez eu maintes fois l'occasion de constater que la magie était une très grande discipline personnelle axée principalement sur les facultés enfouies au plus profond de la conscience humaine.

Très certainement, vos efforts vous ont maintenant appris que l'érudition et la puissance magique ne pouvaient s'obtenir autrement que par cette triple règle qu'est *la pratique, la pratique et la pratique*. Voilà exactement ce que vous avez accompli jusqu'à présent. Vous vous êtes entraîné de manière méthodique en suivant les différents niveaux de cet ouvrage de Haute Magie.

Cette sixième étape vous fera évoluer vers de tous nouveaux sommets. Vous découvrirez, entre autres, des exercices visant la projection de la conscience et comment transférer celle-ci vers les sujets de votre choix. Nous aborderons également les secrets de l'art talismanique ainsi qu'une technique formidable concernant la création de serviteurs personnels invisibles, lesquels deviendront de puissants alliés du mage.

Étant donné que beaucoup de matière sera passé en revue au cours de ce niveau de formation, je me dois de renouveler cet avertissement; prenez tout le temps qu'il vous sera nécessaire pour parfaire votre accomplissement et maîtriser tous les niveaux antérieurs. Dans le cas contraire, vous ne pourriez pas obtenir le succès escompté par les pratiques qui suivront. Adoptez la voie de la sagesse et non celle de l'empressement et de la hâte.

23 - La Projection de la Conscience — 1ᵉʳ degré

Nous voici arrivés à une étape importante de votre formation magique. Vous allez maintenant apprendre à pratiquer les exercices tendant vers la projection mentale. Comme vous le verrez lors du prochain niveau de cette formation, ce type de projection de la conscience permettra au magicien développé de quitter son enveloppe physique pour transférer, en accord avec sa volonté, son centre de conscience dans son corps mental. De cette façon, il lui sera possible de quitter son enveloppe charnelle à tout moment pour aller parcourir de très grandes distances, explorer la planète tout entière et les continents. Le magicien sachant pratiquer cette technique pourra donc se déplacer partout à volonté, là où il le souhaite.

Cependant, avant de parvenir à de tels résultats, des exercices préliminaires auront à être pratiqués avec un degré de succès satisfaisant. Et c'est dans cette optique que nous allons sans plus tarder aborder les trois exercices suivants sur lesquels reposeront toutes vos chances de réussite lors de vos prochaines tentatives de projections mentales, que nous verrons ensemble au cours du deuxième degré de la projection de la conscience.

Premier exercice : la projection et transfert dans les objets inanimés

La conscience ne connaît aucun obstacle ni aucune barrière qu'elle ne peut traverser, qu'il soit physique ou non. Le temps, la distance, la matière, l'espace; bref, il n'y a pas de limite. Par conséquent, il est possible pour un mage de transposer sa propre conscience dans le centre de tout être, matériel et immatériel, dans des objets ou même dans des êtres vivants.

Le premier pas vers la projection mentale sera de parvenir à s'unir par la conscience à tout objet de son choix, eu égard de sa taille ou de son aspect physique et d'être en mesure de s'identifier à ses propriétés et caractéristiques.

Débutez cet exercice en choisissant quelques objets de petite taille se trouvant à votre proximité. Votre choix pourrait s'arrêter sur une cuillère, une petite statue, un bibelot ou encore un livre. Récupérez ces objets et placez-les sur une table devant vous. Portez maintenant toute votre attention sur l'un d'eux. Étudiez ses formes, son apparence et comment il est constitué. Fixez bien dans votre esprit toutes ses caractéristiques physiques; sa taille, sa couleur, sa forme ou ses rondeurs, ses angles et sa composition.

Étudiez ensuite le décor et les éléments qui entourent l'objet de votre choix. Vous remarquez la table sur laquelle il repose; vous voyez les autres objets placés à proximité, etc. Ce que vous devez être capable de faire, c'est de retenir à la fois l'objet qui est le sujet de cet exercice et son environnement immédiat.

À présent, visualisez que vous vous métamorphosez en cet objet. Vous devenez donc l'objet en question et assimilez du même coup toutes ses propriétés. Oubliez momentanément votre corps physique alors que vous adoptez mentalement la taille et la forme de l'objet, ses couleurs, son poids et tout ce qui concerne son aspect physique et général. Tout ceci doit s'effectuer mentalement et avec une très forte concentration. Si désiré, vous pouvez au début effectuer ce transfert de conscience les yeux fermés, puis avec un peu de pratique, les yeux ouverts.

Maintenant que vous avez pris l'aspect de l'objet de votre choix, essayez d'établir les relations qui existent entre vous et votre environnement immédiat. Sentez par exemple que sans l'apport d'une aide extérieure, jamais vous ne pourriez bouger de votre place. Voyez aussi la table sur laquelle vous reposez et les autres objets qui se retrouvent à vos côtés. Vous êtes devenu à présent l'objet et vous devez être en mesure de ressentir sa fonction, ce à quoi il sert. Si par exemple vous avez choisi un appui-livres, vous devez alors ressentir les autres livres blottis contre vous, humer leurs odeurs particulières, etc. Observez ainsi tout ce qui se trouve autour de vous, en étant cet objet, et étudiez toutes les relations avec votre environnement.

Au début, cet exercice sera effectivement produit par l'unique force de votre visualisation. Mais ensuite, avec de la pratique, vous parviendrez véritablement à projeter votre conscience directement dans tout objet de votre choix.

Lorsque vous aurez obtenu du succès avec cette première étape, exercez-vous avec de nouveaux sujets, notamment des plantes, des meubles, des pierres, des arbres et tout ce qui représentera un beau défi pour vous. À partir du moment où vous serez en mesure de vous unir en conscience et de vous identifier aux propriétés de tout objet de votre choix, pendant une durée d'au moins dix minutes, vous aurez alors maîtrisé cet exercice.

Ce qui est intéressant de cette pratique, c'est que vous pourrez même parfois prouver son utilité pour accomplir des choses quelque peu inhabituelles. Voici un tout petit exemple que j'ai vécu pour conclure.

Un soir où j'étais invité pour le repas du souper chez ma belle-mère, celle-ci cherchait désespérément sa paire de ciseaux afin de couper la ficelle sur un rôti. Puis, son conjoint et finalement, tour à tour, toutes les personnes présentes se mirent à faire de même, ouvrant ici et là tiroirs et armoires de cuisine. Mais où diable sont les ciseaux? Se demandaient-ils. Demeurant assis à table et regardant la scène se dérouler sous mes yeux, je mis en pratique un aspect de cet exercice de projection et je me suis tout simplement transporté en conscience dans l'objet en question. Je me mis à regarder autour de moi et je voyais qu'il faisait sombre et qu'il y avait d'autres objets de nature hygiénique. Puis, je me suis levé pour me diriger vers la salle de bain, et sans aucune hésitation, j'ouvris tout bonnement la porte de l'armoire de rangement sous le lavabo. Je tendis la main pour saisir cette fameuse paire de ciseaux. Ma belle-mère était stupéfaite lorsque je lui rendis l'objet et me demanda comment j'avais fait pour le retrouver. Je lui fis simplement un sourire...

Second exercice : la projection et transfert dans le règne animal

Ayant réussi le premier exercice qui consistait à projeter sa conscience à l'intérieur de divers objets, nous nous tournerons cette fois-ci avec une nouvelle expérimentation, soit le transfert dans les animaux. Les nombreuses histoires de sorcières se transformant en chat pour se promener la nuit tirent leur véracité de cet exercice. On le connaît dans le jargon du milieu sous le *shapeshifting*.

Pour pratiquer cet exercice, vous n'avez pas besoin de posséder un animal. Par la seule puissance de votre visualisation, laquelle devrait être amplement maîtrisée rendu à ce niveau, vous devriez être en mesure de vous représenter n'importe quel support mental de votre choix. Si cela était désiré, il vous serait toujours possible d'avoir sous les yeux des photographies d'animaux pour vous aider à les visualiser. Cependant, si vous avez pris la peine de bien mettre en pratique tous les exercices des niveaux antérieurs, vous ne devriez en avoir nullement besoin.

Prenez votre âsana et oubliez votre corps physique pendant toute la durée de cette expérience. Transposez maintenant votre conscience dans l'animal de votre choix. La taille et la forme de ce dernier n'ont pas d'importance. Il peut s'agir autant d'un écureuil que d'un chat, un poisson, une girafe, un aigle ou même une baleine.

Visualisez ensuite les mouvements de cet animal et les propriétés qui s'y rattachent. Est-ce que l'animal dont vous êtes maintenant devenu est près du sol, est-ce qu'il rampe, est-ce qu'il court ou nage, vole-t-il près des nuages? Déterminez les fonctions, les instincts et les habitudes de l'animal dans lequel votre conscience fut projetée. Une fois encore, vous devez adopter mentalement sa taille et sa forme en question, ses couleurs, son pelage, son poids et tout ce qui concerne son aspect physique et général. Tout ceci doit s'effectuer mentalement et avec une très forte concentration.

Prenons par exemple le dauphin en tant que support mental. Votre peau est grisâtre et lisse au toucher. Vous êtes légèrement corpulent et vous vous déplacez avec une très grande aisance dans la mer et vous pouvez ressentir le déplacement de l'eau sous vos nageoires. Vous êtes un habile nageur et plongeur et vous possédez cette capacité de vous mouvoir avec rapidité, etc.

Dans le cas d'un chat, vous êtes bas et votre vue est légèrement différente comparativement à la hauteur du champ de vision que vous possédez lorsque vous êtes debout dans votre forme humaine. À cet effet, votre environnement immédiat semble différent à cause de cette nouvelle perspective, étant tout près du niveau du sol. Votre corps est petit et assez mince, quelque peu élancé, vous êtes couvert de poils et ressentez cette chaleur. Vous êtes capable de vous déplacer furtivement et possédez la capacité de grimper grâce à vos griffes pointues.

Voici comment devrait se dérouler cette expérimentation de la projection de la conscience avec le règne animal. Faites plusieurs tentatives en vous projetant dans divers animaux, dans leurs environnements respectifs, aussi différents les uns que les autres.

Lorsque vous serez capable de vous métamorphoser dans tout animal de votre choix, pendant une durée d'environ dix minutes, avec constance et sans être déconcentré, vous aurez maîtrisé l'exercice.

Troisième exercice : la projection et transfert dans les Êtres humains et l'influence à distance

Ayant maîtrisé les deux exercices précédents, l'élève sera prêt pour le troisième volet des bases préliminaires de la projection mentale. Le magicien doit maintenant apprendre à se projeter consciemment dans tout être humain de son choix, eu égard de son âge, de sa race ou de son sexe. Pour débuter et afin d'obtenir plus facilement d'aisance à pratiquer cet exercice, choisissez des personnes ou des connaissances de votre entourage. Optez par exemple pour des membres de votre famille, des amis, votre conjoint, conjointe ou toute personne avec qui vous avez un lien et que vous connaissez.

Prenez une fois de plus votre âsana et oubliez votre corps physique pendant toute la durée de cette expérience. En appliquant la même technique que précédemment, projetez maintenant votre conscience dans le sujet humain de votre choix et essayez de vous sentir comme cette personne. Tentez de ressentir comment elle est et de quelle façon elle pense et agit.

Métamorphosez-vous en elle et adoptez sa taille et ses attributs physiques. Vous êtes désormais devenu cet autre individu et devez vous représenter comme tel. Si cette personne possède des traits particuliers, vous les possédez, vous aussi. Vous êtes, pour ainsi dire, un clone parfait. Si cette personne est pourvue d'une certaine forme d'incapacité ou d'infirmité, alors il en sera de même pour vous. Déterminez toutes les fonctions et les habitudes de votre sujet dans lequel votre conscience fut projetée. Tout ceci doit s'effectuer mentalement et avec une très forte concentration et un haut degré de visualisation.

Lorsque vous serez capable d'opérer le transfert de votre conscience dans toute personne de votre choix, incluant des personnages fictifs et imaginaires (et pourquoi pas même de bandes dessinées, si le cœur vous en dit!), pendant une durée de dix minutes sans interruption, vous aurez maîtrisé cet exercice préparatoire.

Faites attention et retenez la mise en garde suivante. Le mage en devenir qui suit cette formation de Haute Magie prendra soin de ne pas abuser de cette dernière technique. Effectivement, la possibilité de transposer sa conscience dans un être humain, un homme ou une femme, voire même un animal, lui conférera également la faculté très sournoise de connaître non seulement les pensées et les sentiments de ce dernier, mais plus encore, le mage sera en mesure d'exercer à sa guise une forte influence sur toute personne de son choix. Retenez cependant qu'il vaut mieux s'abstenir de ce pouvoir sur autrui, afin d'opposer sa volonté sur le mental de quiconque, si cela est fait pour servir le mal. Si vous désirez expérimenter cette technique pour commettre des influences à distance, agissez toujours pour le bien de tous et uniquement à cette fin.

24 - Le Pouvoir Condensateur des Formes

L'Art Talismanique

L'art talismanique remonte à très loin, jusqu'aux peuples primitifs. Depuis toujours, les différents peuples de la Terre vénèrent des images de saints, des statuettes et autres symboles sacrés. La possibilité de concevoir qu'un objet, par sa forme et son apparence distincte, possède des qualités spécifiques que l'adorateur ou le porteur se verra conférer est une réalité que nous connaissons tous de nos jours. Mais qu'en est-il exactement?

Plusieurs personnes portent encore aujourd'hui, en guise de talismans, de petits artifices pour obtenir de la chance ou des porte-bonheur. Ces objets diversifiés vont des fameuses pattes de lapin ou porte-clés en forme de fer à cheval, de pierres précieuses et semi-précieuses, de bijoux, anneaux, bagues, pendentifs, bracelets et tant d'autres.

Ces objets peuvent receler d'un certain pouvoir inné, dépendant de la nature vibratoire de ceux-ci, mais dans la majeure partie du temps, ce dit pouvoir est plutôt de nature folklorique. Car en tant que tel, je ne pourrais comprendre comment le simple fait de porter un fer à cheval puisse apporter la chance si ce dernier n'était pas préalablement chargé de manière consciente. Ainsi il serait vrai de dire qu'une simple pierre récupérée dans la nature pourrait devenir un remarquable talisman, si cette dernière était convenablement chargée par la technique que je décrirai plus loin. Mais si on allie à celui-ci le pouvoir des formes, alors le talisman deviendrait encore beaucoup plus puissant.

Ceci dit, nous allons, dans un premier temps, établir les fonctions des talismans, puis voir ensuite comment il est possible de les confectionner et de les charger convenablement pour qu'ils deviennent efficaces et opérationnels.

Le Secret des Talismans

La Science Hermétique reconnaît les talismans en tant que condensateur d'énergies; de puissantes batteries possédant une force suggestive qui s'animera sur le subconscient du porteur du dit talisman. Un talisman est avant tout basé sur les Lois sympathiques et sur les fondements de la foi; la foi inébranlable de celui qui le porte et sur le pouvoir condensateur des formes vibrant en sympathie avec le but recherché, et rien d'autre. En poursuivant sur cette même vision des choses, comme nous le savons déjà, l'Univers tout entier est constitué d'énergies et de vibrations. Les formes, les sons et les symboles sont aussi de pures énergies en ce sens qu'ils vibrent d'une certaine résonance, lesquelles s'apparentent à des idées et des concepts bien précis.

Par ailleurs, étant donné que tout ce qui existe est donc constitué de vibrations (ou énergies) et que ces dernières sont interreliées les unes aux autres, et ce, sur tous les plans d'existence, il est facile pour un mage bien entraîné de comprendre, en appliquant les Lois de l'analogie, comment certaines formes, nombres, caractères ou sceaux particuliers représentent des idées préconçues, des concepts ésotériques et occultes, des forces subtiles et Cosmiques, des esprits, des Intelligences ou Entités et plus encore.

Le pouvoir condensateur des formes est donc multiple, sachant qu'une forme (une énergie) peut être tout aussi matérielle qu'immatérielle, notamment comme il en est pour les sons. Cette analogie des causes et effets nous indique, comme le présente la véritable kabbale qui est ni plus ni moins la Science du Verbe, qu'une énergie sonore, tel un mantra ou une formule magique kabbalistique peut, à la simple prononciation, déclencher des réactions instantanées et visibles sur les plans tels que le plan spirituel, le plan mental, astral et physique.

C'est de cette façon qu'un symbole ou un caractère spécial et bien conçu par le magicien sera en mesure de vibrer sur les Hautes Sphères et évoquer un pouvoir défini. Évidemment, un talisman représentant une force, même s'il est construit en suivant les Lois hermétiques, ne pourra jamais et d'aucune manière apporter des résultats satisfaisants si le porteur du talisman ou toute personne pour qui il a été fabriqué n'y met pas du sien. En effet, pour qu'un talisman agisse correctement, il doit pouvoir évoquer une idée ou un désir de manifestation spécifique sur le subconscient de son propriétaire.

Ce que je veux vous démontrer c'est que même un puissant talisman représentant une puissance de suggestion énorme sera toujours pratiquement au point neutre tant qu'un lien ne se sera pas effectué entre ce dernier et celui qui le portera. Cela rime un peu à dire qu'il serait possible d'avoir en sa possession une batterie hautement chargée, mais si cette dernière n'est pas consciemment mise à l'intérieur d'une torche électrique, cette dite torche ne produira jamais de lumière. Cette analogie démontre donc qu'un talisman préparé selon les Lois de la magie deviendra un puissant condensateur de force au stade du sommeil. Lorsque la psyché profonde de l'opérateur créé le lien entre la puissance du talisman et son propre Être, alors seulement à ce moment-là, le talisman en question pourra imprégner et déverser son énergie suggestive et devenir actif et opérationnel.

Retenez de plus que pour le mage, un talisman n'est rien d'autre qu'un instrument ou un support matériel sur lequel il y fixera sa volonté et un désir spécifique. La forme et le matériel employé n'ont donc aucune importance. Ce dernier comprendra que le talisman est un objet à l'aide duquel des effets sont créés sur les plans d'existence par la projection, entre autres, de ses forces et de son fluide vital. Attention! Je parle ici de talismans et non de sceaux spéciaux, comme par exemple les sceaux d'Intelligences planétaires ou élémentales qui pourraient alors nécessiter certains supports ou mesures vibratoires analogues envers la Sphère à laquelle ils se doivent de s'apparenter ou, si vous préférez, de vibrer en harmonie.

Voilà donc où réside le secret de l'art talismanique, il s'agit d'une partie du pouvoir condensateurs des formes, lesquelles sont reliées à des vibrations sympathiques envers la nature des fonctions à réaliser, soit l'effet du talisman qui sera ensuite chargé par la respiration cutanée, ainsi que par la foi inébranlable, cette ferme conviction du magicien sur laquelle reposera toute l'action suggestive afin que le talisman entre en opération et puisse agir sur la psyché du possesseur.

Faisons le point et allons-y maintenant avec une petite métaphore. Imaginez un instant un chevalier tout en armure s'en allant au combat.

L'armure dans cette métaphore tient place d'un talisman aux propriétés protectrices. Or, dans cette optique, l'armure du chevalier est le support des forces protectrices et sa force neutre de base est la protection. Même si ce talisman n'est pas chargé, il vibre la protection. Cependant, si le porteur du talisman peut agir en symbiose avec ce dernier, les pouvoirs du talisman et sa force suggestive seront donc décuplés par les pensées émises par le porteur.

Prenons l'exemple de ce chevalier prêt au combat dans son costume métallique. Sachant qu'il est protégé dans son armure étincelante, il se sent à toute épreuve et foncera vers le danger reconnaissant cette force protectrice qu'il porte avec lui. Si on le compare au second combattant, qui lui, malgré son armure (son talisman de protection) ne reconnaît pas son pouvoir protecteur, ce dernier ne serait d'aucune manière en sécurité, le premier aura un avantage remarquable. Car tous deux portent un talisman protecteur, mais celui qui reconnaîtra et aura foi en les capacités protectrices du talisman vibrera davantage et pourra tirer profit de ce dernier alliant sa force mentale au talisman.

En résumé, un talisman possédera deux faces distinctes. Premièrement, il est le support d'une force précise ou des énergies subtiles qu'il représente. Ensuite, il agit en tant que support mental pour celui qui le porte en évoquant de ce fait dans son esprit et subconscient, et ultérieurement en se manifestant sur le plan matériel, les qualités qu'il referme et exprime. Il y va de soi, suite à ces explications, qu'une personne grossière, cartésienne et à l'esprit scientifique ne pourra jamais bénéficier d'un tel talisman si elle ne peut avoir foi aux pouvoirs de ce dernier.

Par ailleurs, je me fais très fréquemment questionner à propos de l'emploi des talismans, s'il est possible d'en utiliser un déjà construit que l'on peut se procurer dans les boutiques ésotériques, si ce dernier se doit d'être consacré ou dédié pour une opération quelconque, si le talisman acheté possède les mêmes propriétés que l'on recherche, etc.

Si un magicien doute de l'efficacité ou de l'authenticité d'un talisman, ce dernier doit retenir que puisqu'il est en mesure de concevoir lui-même ses propres images talismaniques selon les Lois de l'analogie, il lui sera possible de les utiliser adéquatement en respectant cependant certaines règles importantes.

Premièrement, un talisman acheté dans le commerce n'est ni plus ou moins qu'un objet symbolique sans grande valeur. Il est important pour le magicien d'interpréter adéquatement tous les symboles, les caractères et les sceaux figurant sur le talisman en question afin d'en découvrir tout le sens profond.

Ensuite, lorsque le talisman aura dévoilé les propriétés et les influences auxquelles il appartient, notamment sous quels auspices planétaires il retient, quel Élément Cosmique, etc., celui-ci devra être purifié, consacré et chargé de nouveau en vue d'une utilisation ultérieure. Alors seulement à partir de ce moment précis, le talisman pourra être utilisé avec la confiance qu'il sera opérant.

Supposons que l'on veuille utiliser un talisman reconnu pour conférer la protection. Dans le cas où la provenance de ce dernier ne pourrait être certaine, un magicien pourra tout de même en tirer profit, sachant reconnaître les Lois qui régissent l'art talismanique et de ce fait, toutes images, nombres, caractères, sceaux ou symboles représentant la qualité recherchée, dans le cas échéant, la protection, pourront être utilisés à bon escient en autant que ces derniers évoquent dans l'esprit de l'opérateur cette qualité bien précise et recherchée et que le talisman vibre en accord avec cette dite qualité. Il ne restera plus ensuite qu'à purifier et charger le talisman de la façon appropriée. Nous allons y revenir sous peu.

La Rose-Croix Hermétique

De toutes les possibilités mises à la disposition du magicien pour parvenir à élaborer ses propres images talismaniques, il existe un système pour créer efficacement des symboles et caractères spéciaux représentant et vibrant en sympathie avec des idées et des désirs précis et bien définis. Nous nommons ce système la Rose-Croix Hermétique. Cette technique fut premièrement élaborée en fonction des vingt-deux lettres de l'alphabet hébraïque, lesquelles furent disposées sur vingt-deux pétales positionnés en trois cercles. De là, d'autres modèles similaires ont vu le jour, comme pour la figure suivante, laquelle est plus simple d'utilisation en raison de la possibilité d'employer notre propre alphabet commun.

Les trois pétales de la Rose formant le plus petit cercle intérieur symbolisent les trois Éléments actifs, le Feu, l'Eau et l'Air qui se manifestent dans celui de la Terre qui les englobe et les contient. Vient ensuite le second cercle contenant sept pétales représentant les sept planètes. Finalement, le cercle extérieur contenant douze pétales symbolise, quant à lui, les douze signes du zodiaque.

À partir de ce symbole, il sera donc possible de concevoir et parvenir à tracer des idéogrammes ou, si vous préférez, des caractères qui seront ensuite utilisés en guise d'images talismaniques. La façon d'obtenir ces caractères est très aisée. Placez une feuille mince par-dessus la Rose-Croix ou un papier calque, et à la lettre qui débute le mot ou le nom que vous désirez tracer, faites un petit cercle. Ce cercle indique le début du mot. Ensuite, à partir du cercle, tracez une ligne droite vers le pétale correspondant à la seconde lettre. Puis, sans lever la main, tracez une autre ligne vers la troisième lettre et ainsi de suite. Effectuez ce tracé, de pétale en pétale, pour toutes les lettres du mot que vous désirez transformer en image talismanique. Lorsque vous aurez complété le tout, à la dernière lettre, faites un petit trait perpendiculaire pour signifier la fin du mot.

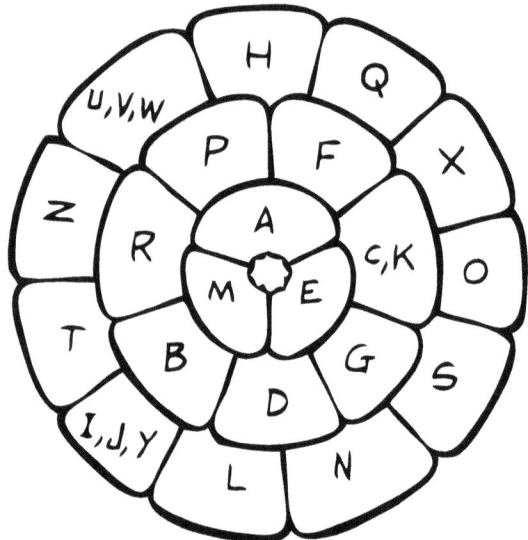

La Rose-Croix Hermétique

Dans le cas où vous vous retrouveriez avec un mot comportant une lettre répétée, c'est-à-dire, deux lettres identiques qui se suivent, faites à ce moment-là une demi-boucle sur le même pétale. Essayez de rendre votre image finale esthétique si vous le désirez et sachez en dernier lieu que les lignes peuvent se croiser les unes sur les autres. Cela n'a pas d'importance tant que vous êtes satisfait du résultat obtenu. Je vous fournis ici deux exemples pour bien vous démontrer comment utiliser la Rose-Croix Hermétique afin de parvenir à l'obtention de caractères talismaniques.

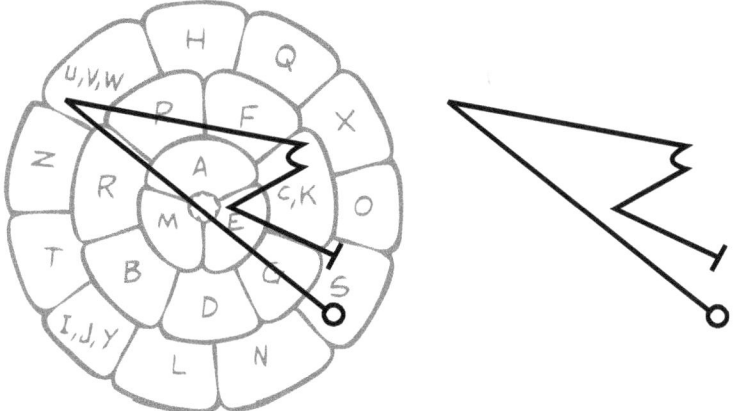

Exemple de caractère talismanique symbolisant le mot succès

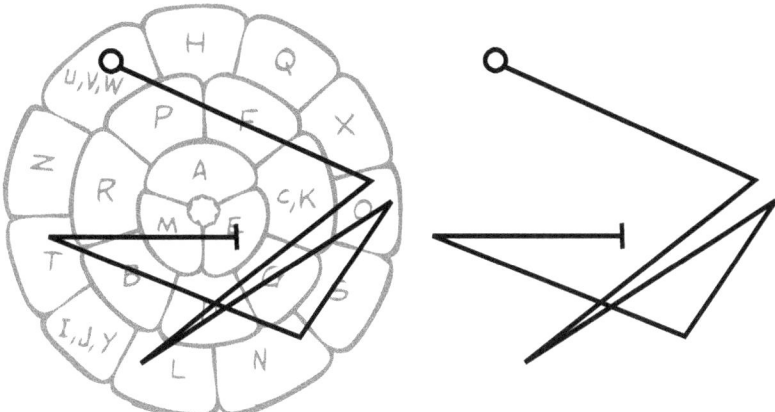

Exemple de caractère talismanique symbolisant le mot volonté

Vous avez sûrement remarqué que ces deux exemples faisaient emploi d'une Rose-Croix légèrement différente. Vous avez vu juste. Comme la traduction des lettres hébraïques n'est pas toujours commode avec l'emploi du français, vous pourrez plutôt préférer celle-ci. Ce symbole possède, quant à lui, vingt-et-un pétales au lieu de vingt-deux. À mon avis, cette version rend beaucoup plus aisé le tracé des mots francophones et c'est d'ailleurs la version que j'emploie le plus fréquemment en raison de cette facilité. Quoi qu'il en soit, si vous préférez utiliser le modèle en hébreu, vous aurez la possibilité de le retrouver dans plusieurs ouvrages hermétiques. Faites vos propres essais et dès lors vous serez en mesure de déterminer laquelle des Rose-Croix vous conviendra le mieux. L'une ou l'autre, cela ne fait aucune différence.

La Gématrie

Après la Rose-Croix, laquelle est employée pour obtenir divers caractères magiques, nous poserons maintenant notre regard vers la numérologie et le pouvoir significatif des nombres. La Gématrie est la science des nombres et de leurs correspondances. Chaque lettre de l'alphabet correspond à une planète, un Élément et aussi à divers symboles que l'on retrouve dans les cartes du tarot. De plus, chaque lettre possède une valeur numérique, tel que démontré dans les tableaux suivants. Il existe à cet effet diverses valeurs en fonction des différentes écoles de pensées, chacune ayant son propre système pour établir ces nombres; notamment les références populaires de la *Golden Dawn* ou 777 d'Aleister Crowley. La Gématrie calcule les équivalences numériques entre les lettres, les mots, les phrases afin de découvrir les relations qui existent entre les mots et les idées.

Lettres	Lettres énochiennes	Valeurs Gématriques (GS)	Valeurs Gématriques (GD)	Lettres hébraïques	Valeurs Gématriques (AC)	
A		6	6	א	1	
B		5	5	ב	2	
C, K		300	300	ג	3	
D		4	4	ד	4	
E		10	7	ה	5	
F		3	300	ו	6	
G		8	9	ז	7	
H		1	1	ח	8	
I, J, Y		60	60	ט	9	
L		8	40	י	10	
M		90	90	כ ך	20	500
N		50	50	ל	30	
O		30	30	מ ם	40	600
P		9	8	נ ן	50	700
Q		40	40	ס	60	
R		100	100	ע	70	
S		7	10	פ ף	80	800
T		9	400	צ ץ	90	900
U, V, W		70	70	ק	100	
X		400	400	ר	200	
Z		9	1	ש	300	
				ת	400	

Tableaux des valeurs Gématriques pour l'énochien et l'hébreu

Ainsi, en substituant les lettres par des nombres, nous obtenons des valeurs numériques équivalentes aux mots utilisés en regard de la Gématrie. On retrouvera aussi parfois des mots possédant des valeurs identiques, ces derniers auront alors des liens occultes et des correspondances entre eux. En prenant l'exemple du mot « volonté » et en appliquant ce qui vient tout juste d'être démontré, nous obtenons de cette façon la valeur gématrique suivante :

$$V \quad O \quad L \quad O \quad N \quad T \quad É$$
$$70 + 30 + 8 + 30 + 50 + 9 + 10 = \mathbf{207} \text{ ou } 2+0+7 = \mathbf{9}$$

En additionnant de cette manière la valeur numérique de chaque lettre, nous parvenons à un résultat de 207 ou 9, dans sa forme la plus simplifiée que nous obtenons en appliquant ce que l'on nomme la *Réduction Théosophique* qui consiste à réduire par l'addition une somme supérieure au chiffre 9. La Gématrie nous indique donc que les nombres 207 et 9 pourraient ainsi être employés pour désigner numériquement le mot volonté pour notre talisman.

En utilisant par ailleurs les analogies élémentales, nous pourrions aussi déterminer que l'Élément Feu correspond à la volonté. Le symbole magique de cet Élément étant un triangle équilatéral dont la pointe est orientée vers le haut, nous pourrions alors l'utiliser en conjonction des autres systèmes talismaniques que nous venons tout juste de voir ensemble afin de confectionner un talisman qui ressemblerait finalement à ce dernier.

Talisman de volonté

Voilà, vous détenez maintenant une nouvelle corde à votre arc et connaissez comment fabriquer des caractères spéciaux symbolisant des désirs, des actions ou même des noms d'Intelligences spirites. Comme vous pourrez le constater, ces techniques sont fort efficaces, agréables et simples d'utilisation. Bien entendu, ceci ne consiste qu'en une infime partie de l'art talismanique. Il existe à cet effet de nombreux autres procédés par lesquels vous pouvez obtenir des signes ou des nombres comme le système Pythagoricien, utilisé en numérologie pour créer des talismans ou la Gématrie, que nous venons tout juste d'étudier en détails.

L'étudiant sérieux désirant pousser en profondeur les secrets de la talismanie trouvera aisément de lui-même de nouveaux procédés. Ce qui fut décrit jusqu'à présent vous offrira une bonne base afin que vous puissiez faire vos propres expérimentations occultes.

Le procédé de charge des talismans par la force vitale et la visualisation

Maintenant que le mage en devenir sait comment mettre en œuvre les procédés de base de l'art talismanique, reste le dernier point majeur à maîtriser qui consiste en la technique de charge des talismans. Comme je le mentionnais plus tôt, même le talisman le plus révélateur et le mieux construit en accord et en respect des Lois hermétiques n'apportera jamais satisfaction si le magicien n'est pas entièrement convaincu de sa puissance suggestive. Retenez bien cette règle.

Nous allons à présent passer à la dernière étape de la confection des talismans, soit la charge par la force vitale. De toutes les techniques existantes pour charger adéquatement les images talismaniques, celle qui vous sera dévoilée demeure de loin, à mon avis, l'une des plus efficaces.

Commencez par purifier le support matériel de votre talisman afin de le dégager de toute vibration étrangère. Une méthode simple d'y parvenir est de le faire tremper dans une eau très froide et visualiser que l'eau aspire toutes les énergies négatives pour ainsi purifier l'objet en question. Vous devez avoir la certitude de l'action magnétique de l'eau absorbant toutes les vibrations, quelles qu'elles soient. Retirez ensuite l'objet de l'eau. Le talisman est maintenant prêt à être construit puis chargé convenablement. Évidemment, si votre support est constitué d'une simple feuille de papier ou de parchemin, de grâce, n'allez pas la tremper inutilement... Ce que vous ferez à la place, toujours avec une très grande conviction, vous mettrez la main sur le papier et visualiserez que vous aspirez toutes les impuretés en prononçant une injonction, telle que : *"J'absorbe toutes les vibrations contraires et je les renvoie à la Terre."* En disant cela, d'un geste de la main, faites comme si vous redirigiez les énergies vers le sol. Si cette manière de faire ne vous convenait pas, une troisième technique ; laissez le support sur une assiette de sel pendant quelques heures, une nuit tout au plus.

Il est maintenant temps d'agir. Prenez votre âsana et détendez-vous. Faites le vide mental pendant un moment, question de bien vous centrer. Accumulez maintenant la force vitale en pratiquant la respiration cutanée consciente. Imaginez donc que votre corps tout entier est un seul organe respiratoire. Prenez conscience de ce fait alors que vous respirez calmement et avec rythme. Visualisez l'air pénétrer non seulement par votre nez, votre bouche ou vos poumons, mais aussi par tous les pores de votre peau. L'air, ainsi chargé de force vitale s'introduit et vous pénètre entièrement, de partout à la fois, par toutes les parties de votre corps, à chaque inspiration. Visualisez cette force comprimée de couleur blanche et irradiant avec une énorme puissance, comme celle de l'astre solaire. Évidemment, vous devez avoir une ferme conviction de ce procédé pour qu'il s'opère réellement afin que du plan éthérique, cette force vitale s'introduise réellement en vous.

Au fur et à mesure que vous inspirez et compressez de plus en plus fortement la force vitale dans votre corps, pensez fermement, toujours au temps présent et *sans jamais utiliser de négations*, au but que doit atteindre le talisman. Pensez par exemple que vous accumulez à très forte dose cette énergie lumineuse chargée de succès, de santé, de réussite ou de protection. Poursuivez de cette façon tant et aussi longtemps que vous ne serez pas convaincu d'avoir compressé le plus possible de cette charge en vous. Voyez-vous irradier la blancheur et l'incandescence de cette lumière hautement compressée dans tout votre corps à un point tel que vous en devenez presque translucide.

Par ailleurs, lors des expirations, ne visualisez absolument rien ; la charge de la force vitale devra être maintenue prisonnière à l'intérieur de votre corps et ne devra pas s'en échapper. Souvenez-vous encore une fois que la profondeur des inspirations n'est pas importante, ce qui l'est par contre, c'est atteindre un très haut degré de visualisation et de conviction pour obtenir le succès de la charge.

Lorsque vous serez parvenu à accumuler la force vitale dûment imprégnée de votre désir par la respiration et que votre corps sera chargé à bloc de cette forte énergie, projetez toute lumière de la main droite par une induction directe dans l'objet, et compressez-la de façon à ce qu'elle en prenne toute la forme. Votre conviction doit être inébranlable à un point tel que vous devez être certain que non seulement l'objet reçoit la charge (la force vitale) en provenance de votre corps, mais qui plus est, que cette même charge sera conservée à l'intérieur du talisman tant et aussi longtemps que ce dernier ne sera pas détruit, si tel était votre volonté. Plus encore, que la charge et son efficacité ne diminueront pas, mais plutôt, qu'elle s'intensifiera de jour en jour, devenant toujours de plus en plus puissante. Lorsque le talisman aura reçu toute la force vitale, voyez-le briller d'une blancheur extraordinaire et d'une très forte incandescence. Le talisman est maintenant chargé selon les préceptes hermétiques.

Retenez bien que si vous deviez fabriquer et charger un talisman pour une tierce personne, alors à ce moment-là, la force vitale devra être tirée et puisée de l'Univers pour être ensuite projetée dans l'objet sans jamais transiter par votre corps. Autrement dit, la lumière visualisée passera directement du point A au point B, sans votre intermédiaire.

Si désiré, et je vous le recommande très fortement, vous pouvez réitérer toute la procédure de charge de temps à autre afin d'intensifier la puissance de votre talisman. De cette façon, celui-ci deviendra de plus en plus efficace et ses effets n'en seront que grandement accentués.

Finalement, une dernière remarque me paraît nécessaire. Souvenez-vous de ne jamais charger plus d'un désir par talisman. Ne fabriquez jamais un talisman multi-tâches comme un couteau suisse! Par exemple pour obtenir l'aisance financière, l'amour et le succès, tout à la fois. En effet, si vous désirez obtenir un puissant talisman, ce dernier devra être dédié pour une seule et unique œuvre. Voilà pourquoi vous devrez toujours établir au départ, avant de procéder à la charge par la force vitale, quels seront les effets souhaités. Ces derniers devront toujours être clairs, directs et formulés mentalement par une injonction au temps présent. Voici qui conclut cette partie à propos de l'art talismanique.

⁂

25 - Les Serviteurs Personnels : Assistants du Mage

Nous aborderons dans ce chapitre quelque chose de très particulier, qui, sans l'ombre d'un doute, devrait vous fasciner. Du moins, ce fut mon cas la première fois que je découvris ces techniques occultes; il s'agit des secrets sur l'art de créer et d'obtenir des serviteurs personnels invisibles au moyen d'opérations magiques bien précises. Il existe aussi un autre type de serviteur dont le champ d'action est moindre mais celui-ci vous sera dévoilé au cours du huitième niveau de cette formation.

Vous avez probablement déjà lu ou entendu certaines choses à propos de ces Êtres plus communément connus sous le nom de *familiers*. Contrairement aux histoires de sorcières qui avaient comme familiers les populaires chats noirs, crapauds ou esprits infernaux, dans ce livre, il ne sera pas du tout question d'animaux et encore moins de démons!

Vous allez plutôt apprendre comment il sera possible à l'aide de votre propre puissance de visualisation, de votre volonté et de vos facultés psychiques développées, de parvenir à *donner la vie* à des créatures intelligentes qui agiront selon vos désirs et obéiront à vos commandements. Ceux qui réussiront à mettre en action ces rituels, en suivant les explications qui suivront, seront en mesure de se prévaloir des nombreux services que peuvent procurer ces formidables assistants du mage, lesquels deviendront dans un futur rapproché de puissants alliés en magie pratique.

De la nature des véritables Élémentaux

Les Élémentaux sont des Êtres unipolaires à doubles influences, c'est-à-dire qu'ils expriment une dualité complémentaire; si vous préférez, un pôle positif et négatif, une nature positive et à la fois négative. Ils résident, je dirais, à cheval entre le plan éthérique et astral, lesquels sont situés tout juste au degré vibratoire suivant celui de notre plan matériel. Je mentionne *à cheval entre* les deux plans car en effet, les Élémentaux agissent à différents niveaux dans les dimensions élevées et plus particulièrement dans celles qui octroient une forme, un véhicule tangible. Par conséquent, ils seront perceptibles à la fois sur le plan astral qu'éthérique, ce dernier agissant plutôt comme une membrane reliant le plan physique à l'astral.

Pour éclaircir le tout, imaginez que vous vous tenez sur une colline en plein hiver. Votre corps représente le plan de la matière, tandis que l'immensité ambiante, l'astral ou plan psychique. L'anorak dans lequel vous êtes emmitouflé serait ici le plan éthérique; le pont invisible entre le physique et le subtil. Ceci explique pourquoi on associe souvent le plan éthérique d'une façon plus que très rapprochée au plan matériel.

Ceci étant clarifié, ces Êtres régissent les forces élémentales primaires de l'Univers, la modèlent et la transforment. Ainsi, par rapport à l'homme qui lui est issu de la quintessence, les Élémentaux ne sont constitués, quant à eux, que d'un seul Élément Cosmique, que ce soit celui du Feu, de l'Eau, de l'Air ou de la Terre. Dans le même ordre respectif, ils se nomment les Salamandres, les Ondines, les Sylphes et les Gnomes. À ceux-ci s'ajoutent d'autres Élémentaux appartenant à de sous-catégories. Nous y retrouvons notamment les Néréides, Sirènes, Nixes, Tritons, Fées et Elfes, les Satyres Terrestres, etc.

Ces créatures sont toutes au service de l'Un en plus d'être gouvernées par d'autres Élémentaux aux grades plus élevés; ils sont donc hiérarchisés. Ayant chacun des tâches à accomplir, de leurs labeurs découleront des influences qui toucheront en grande partie l'équilibre Universel et celui de la nature. C'est une raison qui explique également pourquoi ces créatures sont justement si souvent nommées *« Esprits de la nature »*. Plus nous remontons cette hiérarchie, jusqu'aux royautés, plus les Élémentaux seront de belle apparence et plus ils posséderont des connaissances approfondies analogues à l'Élément dont ils sont issus. De leur rencontre, de très grands secrets magiques peuvent ainsi être obtenus.

Depuis des lunes, magiciens et sorciers ont tenté d'avoir recours aux Élémentaux pour procéder à diverses opérations occultes. Nombreux sont les magiciens malintentionnés qui ont également tenté de soumettre et contraindre ces Êtres, telles des marionnettes, sous leur propre volonté dans de seuls buts néfastes ou égoïstes. Cependant, ceux-ci pourraient très bien se passer de la présence humaine car généralement, ils ne ressentent aucunement le besoin de fréquenter ces derniers; hormis par curiosité envers ceux qui seront perçus purs de cœur, ce qui pour eux, sera facilement décelable en jaugeant le taux vibratoire de ces dits individus.

Évidemment, essayer avec vigueur de contraindre l'une de ces créatures subtiles à sa seule volonté n'est pas toujours une certitude ni une réussite assurée. En effet, comme elles sont autonomes et qu'elles possèdent tous un degré d'intelligence selon leur statut hiérarchique, elles peuvent, et vont parfois même à l'encontre du désir du magicien. Je m'explique. Les Élémentaux œuvrent de manière consciente lorsqu'il s'agit des desseins de l'Un. Toutefois, dans le cas échéant où ils se verraient détournés et travailleraient exclusivement sous le contrôle d'un mage, qu'il soit blanc ou noir (pour simplifier honnête ou perfide, disons), que ses intentions soient nobles ou impies, ils ne feraient à ce moment-là qu'exécuter les tâches soumises sans se soucier des conséquences. Dans cette optique, toute faute karmique commise par ces Élémentaux serait automatiquement débitée à la main qui les manipule, soit le magicien. Ils deviennent donc en ces moments précis l'extension de la volonté du mage, comme s'il avait lui-même posé ces gestes. Voilà pourquoi il faut savoir être prudent lorsque l'on travaille de concert avec ces créatures. Celles-ci agiront selon les désirs et au nom du magicien qui les contrôle, certes, mais en empruntant pratiquement toujours la route la plus courte pour parvenir à l'exécution des tâches inculquées au détriment des conséquences que cette dite route pourrait engendrer.

Si vous désirez en découvrir davantage sur les Élémentaux et ce à quoi ils ressemblent, vous retrouverez d'autres informations intéressantes à leur sujet dans le chapitre 28 de la clairvoyance du 2e degré, sous le titre *La projection dans les Sphères élémentales et correspondances des Élémentaux*. Ce qui fut dit jusqu'ici le fut simplement en termes de préambule pour vous permettre de mieux distinguer et comprendre plus loin les différences entre les véritables Élémentaux et les familiers; ceux créés de manière volontaire et dont on aura donné naissance par un acte magique.

De la nature des Élémentaux et des Élémentaires créés par un acte magique

Comme cela fut mentionné précédemment, les Élémentaux peuvent par moments être très difficiles d'approche et encore davantage à contrôler, car ne soyons pas dupes; ils savent se montrer très malins et cet avertissement vaut davantage pour ce qui concerne les somptueuses et séduisantes Ondines! Nombreux sont les magiciens ayant succombé à leurs charmes de tentatrices... Ainsi vaudrait-il mieux pour le praticien inexpérimenté avec ce type d'Entités de se contenter uniquement, au départ, de les fréquenter à plusieurs reprises pour échanger et apprendre d'eux et sur leur mode de vie et, bien évidemment, sur la magie de leurs

Éléments respectifs en vue de s'en faire de bons compagnons de route. Si vous savez garder la tête froide et conserver votre autorité, ils s'avéreront d'excellents tuteurs pour parfaire votre formation magique sur les Éléments.

C'est donc pourquoi, dans la perspective d'essayer maladroitement de contraindre et de soumettre à sa volonté tout Être élémental, il existera une puissante alternative éminemment efficace et d'autant plus accessible, à la condition que le magicien soit bien entraîné. Il s'agit des Élémentaux et Élémentaires créés consciemment par un rituel magique.

Parce que vous savez maintenant ce que sont les véritables Élémentaux, je vais dès lors expliquer les caractéristiques qui différencient les Élémentaux et les Élémentaires créés magiquement ainsi que la procédure pour leur donner réellement la vie.

1- Les Élémentaux familiers

Tout d'abord, j'aimerais prendre le temps de vous faire remarquer que les Élémentaux créés synthétiquement n'ont pas de lien élémental avec les authentiques Élémentaux, comme les Salamandres issues de l'Élément Feu ou les Ondines de l'Élément Eau. Oui, j'admets que l'appellation étant identique, cela pourrait fort certainement vous induire en erreur et il serait tout à fait normal que vous ayez tendance à confondre ces deux types d'Entités, surtout si cela est nouveau pour vous. Disons simplement pour le moment que l'une est d'origine naturelle et l'autre, disons, artificielle.

Nous savons à présent que les Élémentaux vivant sur le plan éthérique et astral (Salamandres, Ondines, etc.) ne sont constitués que d'un seul et unique Élément; soit le Feu, l'Eau, l'Air ou la Terre. À l'instar de ceux-ci, les Entités que bientôt vous saurez comment créer que l'on nomme également en magie Élémentaux, eux, ne sont constitués d'aucun Élément et n'habiteront pas le même plan. Voilà donc où réside la différence majeure entre ces créatures.

L'Élémental, avec lequel vous allez apprendre à travailler dans ce traité initiatique, est en fait une forme-pensée densifiée, constituée de substance mentale, qui deviendra Entité avec un certain degré d'intelligence et d'autonomie. Cet Être vivra réellement et agira uniquement sur le plan mental pour les raisons suivantes. Premièrement, lorsque vous donnerez vie à un Élémental (ou plusieurs), l'opération magique s'effectuera par rien d'autre que la force de votre visualisation et, de ce fait, la créature sera créée à partir même de votre propre substance mentale. Par ailleurs, une fois vivant, comme votre Élémental ne pourra se créer de coquille astrale, soit un véhicule psychique, il s'en retrouvera donc restreint à demeurer et à agir sur et à partir du plan mental. De plus, retenez que puisqu'il deviendra une extension de vous (ayant reçu de votre propre substance), du coup, ce dernier recevra aussi une partie de votre conscience lors du processus de création; ce qui explique d'ailleurs qu'il ne sera jamais en mesure de s'acquitter de tâches que vous ne sauriez vous-même accomplir avec succès.

Or, une fois créé, l'Élémental se retrouvera exclusivement limité à l'exécution de la tâche qui lui aura été assignée et il le fera de façon pratiquement aveugle, qu'il fut instruit pour faire le mal ou le bien, tant et aussi longtemps qu'il sera parfaitement contrôlé, ce qui, somme toute, ne devrait pas vous causer aucune problématique. Car hélas, oui, bien que docile comme des enfants sans code d'éthique et parfois même un tantinet fainéant, votre Élémental pourrait avoir la fâcheuse tendance à vouloir vous échapper et tenter d'en faire à sa tête et, plutôt que de vous obéir, il pourrait tenter d'aider d'autres créatures de son espèce pour leur propre bénéfice ou pour le sien en raison de son désir de conservation (généralement plus applicable aux Élémentaires) et éviter ou retarder une dissolution certaine. Mais sachez d'emblée qu'un Élémental n'est pas une vilaine peste pour autant, bien qu'il puisse le devenir si jamais vous aviez oublié sa date de dissolution... Si vous êtes bien entraîné, si votre volonté est de fer et toute-puissante et que vous savez vous montrer autoritaire, il se devra alors de vous servir, vous obéissant au doigt et à l'œil. Considérez le tout de même avec respect, sans pour autant ne jamais oublier que vous êtes et serez toujours le maître et que votre Élémental n'est en fait nul autre que votre laquais. Vous êtes, pour ainsi dire, le commandant en chef et, vos Élémentaux, vos soldats obéissants.

Bref, à la lecture de ce qui suivra, vous serez bientôt en mesure de créer un, plusieurs, voire même une armée complète d'Élémentaux qui seront à votre unique service.

2- Les Élémentaires

À l'égard des Élémentaux, il existe également une autre sorte d'Entités que le mage pourra consciemment créer. Il est question ici des Élémentaires qui habiteront la Sphère astrale. Ces derniers seront, quant à eux, constitués d'un ou plusieurs Éléments Cosmiques, lesquels seront projetés par le magicien à même leur propre structure. Ces créatures pourront exécuter promptement vos ordres et agir non seulement à partir du plan mental, mais tout aussi depuis l'astral que du plan matériel. Les Élémentaires sont en ce sens plus effectifs que les Élémentaux, dépendant de la nature des tâches qu'ils auront à satisfaire, car ils seront donc capables de travailler simultanément sur divers plans à la fois. Ceci s'explique dans le fait que lors de leur création, vous devrez construire un véhicule physique, astral et mental à votre Élémentaire (ce qui vous amènera à comprendre le véritable secret de l'appellation populaire des *poupées vaudou*). En bref, créer un Être vivant, pratiquement authentique.

Néanmoins, il peut y avoir certaines lacunes avec ces Entités *artificielles* (artificielles en ce sens qu'elles n'existaient pas au départ), contrairement aux Élémentaux, Gnomes, Sylphes… déjà vivants sur les plans psychiques que vous pourriez rencontrer lors de voyages hors corps. En effet, car plus ils seront nourris et recevront de la force en provenance du mage, plus leurs actions deviendront hautement efficaces; mais ils risqueront aussi de devenir de plus en plus incontrôlables pour le magicien imprudent dû au fait que leur puissance s'accroîtra avec le temps et qu'ils gagneront systématiquement une plus grande autonomie. Aussi, sachez que la même Loi s'applique à ces créatures et que chaque action qui sera posée par vos Élémentaires vous sera également débitée; c'est-à-dire que vous en serez le seul responsable du point de vue karmique car, une fois encore, ils auront un lien partagé avec la substance astrale et la conscience de leur créateur. Alors, au risque de me répéter, veuillez toujours porter une très grande attention aux assistants Élémentaires que vous souhaiterez créer.

Par ailleurs, les Élémentaires, bien qu'ils puissent travailler dans diverses zones de densité, s'il leur était demandé d'agir, par exemple, sur la structure astrale d'une tierce personne, ils ne travailleraient alors uniquement qu'à partir de ce plan d'existence. Idem pour les autres zones vibratoires. Avec le temps, ils deviendront de plus en plus puissants et encore plus efficients s'ils reçoivent délibérément et suffisamment de substance psychique et vitale du magicien (sa substance éthérique). C'est alors qu'il leur serait même possible de se densifier à un point tel qu'ils deviendraient visibles à partir du plan grossier de la matière. Une personne normale n'ayant pas suivi cette formation magique serait donc tout aussi capable de les percevoir et même de dialoguer avec eux, comme s'il s'agissait tout bonnement d'un ami ou de l'une de vos connaissances! Intéressant, n'est-ce pas?

Voici un petit tableau récapitulatif pour éviter toute forme de confusion et démêler ce qui fut dit jusqu'à présent sur ces créatures.

Familier	Élémentaux	Élémentaires
Constitution/ Éléments	Forme-pensée: substance mentale	Élément Feu, Eau, Air ou Terre. Généralement unipolaire ou quadripolaire
Sphère/habitat	Plan Mental	Plan Astral
Plans d'activité	Mental	Mental Astral Physique
Tempérament	Généralement dociles et très obéissants	Dociles et obéissants Plus difficiles à contrôler Fort instinct de conservation

La création consciente d'Élémentaux et d'Élémentaires

Nous allons sans plus tarder aborder la partie pratique et voir comment, par des rituels élaborés en respect de l'usage des Lois Cosmiques, le mage peut subvenir à ses besoins par l'entremise de la création consciente d'Élémentaux et d'Élémentaires.

Les possibilités d'action

Il existe de nombreuses possibilités au mage quant à l'emploi d'Élémentaux et d'Élémentaires. Comme ces derniers seront créés selon les désirs et les besoins du praticien, ils seront en mesure d'accomplir pratiquement n'importe quelle tâche, *et je dis bien n'importe quoi*. Il suffit d'avoir un besoin à satisfaire et la créature aura la possibilité de tout mettre en œuvre pour le concrétiser sur le plan mental, astral ou physique, dépendant du choix de l'Entité créée. Évidemment, ceci implique que celui-ci ait été formé au préalable selon les Lois Universelles qui régissent les actions magiques.

Or, il est évident que de voir l'étendue des actions possibles, et qui plus est, de connaître la méthode pour parvenir à ses fins, il se peut que vous soyez tenté d'assouvir des désirs égoïstes et discutables. Qui ne rêve pas d'amour dans sa vie; qui n'a jamais été enchanté à l'idée de connaître la gloire et le succès dans ses relations publiques ou au travail. Nous sommes tous humains et nous devons admettre que notre ego ne nous aide pas toujours à faire les choix les plus judicieux.

Étant donné que je ne peux intervenir dans vos décisions et motifs personnels, je me dois quand même de formuler cette prochaine remarque. Peu importe comment vous emploierez vos familiers, retenez bien que toute action qui en sera la résultante sera considérée aux yeux de la Providence Divine de la même façon que si vous aviez vous-même conduit cette action. Et, tôt ou tard, vous aurez à en payer le prix. Ainsi va la Loi du retour.

Je suis conscient que plusieurs tenteront maintes et maintes expériences par ce procédé magique et souvent, jusqu'à la limite du raisonnable. Cela est tout à fait compréhensible car grandes en seront les réalisations obtenues. Cependant, si vous avez mis en pratique tous les exercices des précédents niveaux de cette formation de Haute Magie, pour lesquels il est impératif d'avoir obtenu la maîtrise (si vous désirez obtenir le moindre résultat avec les rituels suivants), vous devriez déjà être devenu une bien meilleure personne qu'auparavant, et, ainsi seront dirigées vos actions; que vers le bien.

C'est ainsi que le mage en formation pourra créer un ou plusieurs Êtres pour accomplir différents desseins. Avec un peu d'étude et par l'expérimentation, vous parviendrez à en trouver plusieurs autres. Mais, pour vous donner une légère idée de départ, je vais vous nommer quelques-unes des actions réalisables.

- Augmenter ou diminuer les facultés intellectuelles du magicien ou d'une personne de son choix.
- Augmenter ou diminuer à volonté les capacités d'apprentissage, le courage et la force du magicien ou d'une tierce personne.
- Augmenter ou diminuer la vitalité et la santé du magicien ou d'une tierce personne.
- Soumettre le mental, connaître et influencer à volonté les pensées de tout individu, notamment en donnant des ordres à distance.
- Obtenir la protection contre les gens malintentionnés, contre les vibrations hostiles et les influences étrangères visibles ou invisibles.
- Obtenir la protection d'un lieu donné, de son propre domicile ou protéger celui de quelqu'un d'autre.
- Obtenir la protection d'un objet spécifique à la portée de la main comme à distance.
- Changer tout types de sentiments en leurs opposés; la haine en amitié et l'amitié en haine, l'attirance par le rejet et le rejet par l'attirance, l'harmonie en discorde et la discorde en harmonie et ainsi de suite.
- Vous avertir et alerter de tout danger imminent, à la maison comme dans vos déplacements quotidiens.
- Vous transmettre des informations importantes et des messages télépathiques.
- Et beaucoup plus encore.

Le praticien de l'Art saura qu'il peut apporter des changements ou pressions sur le plan mental, astral et physique avec l'aide de ce type de serviteurs personnels. Le mode de création va de simple à très rigoureux, dépendant sur quel choix il s'arrêtera. Les Élémentaux étant plus faciles à créer que les Élémentaires, une certitude demeure; le jeu en vaut grandement la chandelle. Dans les deux cas, une intense visualisation sera requise ainsi que le respect de certaines règles similaires. Finalement, retenez toujours cette Loi stipulant que tous les succès obtenus seront toujours en parfaite analogie avec le développement et la maturité magique du magicien.

Les règles essentielles à suivre

Avant de passer à l'acte et d'entamer les rituels, vous devrez au préalable prendre connaissance des règles vitales suivantes si vous désirez obtenir la réussite de vos expérimentations magiques. Prenez donc le temps de les observer et seulement ensuite, lorsque vous voudrez donner la vie à vos serviteurs ou assistants personnels, reprenez ces mêmes règles afin d'établir soigneusement étape par étape votre plan d'action. Il est impératif de les suivre à la lettre, sans quoi, vous ne pourrez récolter les fruits de votre dur labeur.

1- Au sujet de la forme attribuée à l'Entité

Élémental :
Selon le but assigné, une forme analogue sera donnée à l'Élémental par la visualisation. Il n'y a cependant aucune règle quant à l'apparence choisie. Il y va de votre choix personnel.

Élémentaire :
Selon le but assigné, une forme physique analogue sera donnée à l'Élémentaire à l'aide de la matière utilisée pour former son corps ou enveloppe matérielle. Encore une fois, il n'y a aucune règle quant à l'apparence souhaitée. Le rituel fera cependant appel à une effigie de forme humaine.

2- Au sujet du nom pour l'Entité

Élémental / Élémentaire :
Pour exister et vivre, votre créature se doit de posséder un nom. Sans celui-ci, la forme ne pourrait être menée à exister réellement. Tentez le plus possible de lui donner une appellation qui symbolise au mieux les fonctions de votre Élémental. Le nom choisi ne devrait jamais non plus correspondre avec celui d'une personne réelle, vivante ou décédée, afin qu'aucun lien subtil avec cette dernière, aussi infime soit-il, ne puisse s'établir. C'est pour cette raison qu'un nom créé et inventé uniquement pour la créature est fortement conseillé.

3- Au sujet de la tâche et l'ordre à accomplir

Élémental / Élémentaire :
Ce que la créature se doit de réaliser sous la puissance de votre volonté. La tâche, étant la force nécessaire à l'accomplissement de celle-ci, sera assignée par la volonté et une intense visualisation. Cette tâche doit être claire, nette, très spécifique et positive (formulée au temps présent) à voix haute; ex : « Toi, n.n., tu me protèges contre les dangers... »

4- Au sujet de la durée de l'action et de la dissolution

Élémental / Élémentaire :
La durée de vie de votre Élémental ou Élémentaire doit aussi être prise en considération. Vous pouvez par exemple lui ordonner de se dissoudre une fois que sa tâche sera accomplie ou à un moment très particulier ou encore, le dissoudre vous-même au moment opportun (voir la dissolution à la fin du rituel concerné). Si vous optez pour une dissolution naturelle, selon un moment précis dans le temps, veillez je vous prie de ne pas spécifier d'heure ou de date. En effet, retenez que ces créatures ne possèdent pas de calendrier ni de montre à quartz! Choisissez plutôt un moment tel qu'une phase lunaire, lorsque le soleil se sera levé sept fois par exemple, dès la première neige, etc. Prenez le temps de lire en entier les deux prochains rituels car des explications supplémentaires vous seront fournies à ce sujet. Sachez également qu'à défaut d'une dissolution

préétablie ou manuelle, la créature continuerait de vivre et d'agir de façon incontrôlée, même après la mort du magicien, lequel serait toujours tenu garant de toutes ses actions. La durée de vie est donc l'un des points les plus importants à considérer.

5- Au sujet des condensateurs fluidiques : le sang de l'Entité

Élémentaire :

Un condensateur fluidique est un liquide préparé spécifiquement afin de recevoir une charge à long terme. C'est un conducteur des forces supérieures qui possède la caractéristique d'emmagasiner et conserver une charge concentrée à volonté. Le condensateur fluidique est ni plus ni moins une batterie ou le sang de votre Élémentaire et il est très important de ne pas omettre cette étape. Il existe plusieurs façons de concevoir un condensateur fluidique. Dans sa plus simple expression, celui-ci pourrait être constitué d'une décoction de fleurs de camomille ou de racines de mandragore. Toutefois, si vous désirez utiliser le meilleur condensateur possible, je vous recommande alors une décoction des extraits végétaux suivants en parts égales :

- Racine d'angélique, de feuille de sauge ou de tilleul
- Fleurs ou feuilles d'acacias
- Fleurs de camomille
- Feuilles d'ortie ou de menthe poivrée
- Fleurs de violettes ou d'écorce de saule

Pour préparer convenablement ce mélange liquide, faites bouillir de l'eau dans un chaudron et ajoutez-y les plantes et les herbes en vous assurant qu'elles soient complètement submergées. Couvrez le tout et laisser agir pendant une période d'environ trente minutes. Ensuite, retirez votre chaudron du feu et filtrez le tout avec un tamis ou un coton à fromage. Ajoutez-y autant d'alcool que de mixture obtenue et versez-y quelques gouttes de sang.

Prenez garde de ne pas y verser de votre propre substance si ce condensateur était utilisé pour la confection d'un Élémentaire devant agir pour une tierce personne autre que vous.

Choisissez plutôt dans ce cas du sang animal. Scellez ensuite le tout hermétiquement dans une bouteille de verre sombre à l'abri de la lumière. Votre condensateur fluidique est maintenant prêt à l'emploi.

Dernière remarque : Le danger de la densification d'un Élémentaire et l'autorité

Lorsque vous donnerez vie à vos serviteurs personnels, et encore davantage dans le cas des Élémentaires, vous devrez impérativement déterminer une date de dissolution. La dissolution signifie l'acte de donner la mort à l'Entité. Hélas, oui, il est important d'agir ainsi. Soyez sans crainte, vous ne serez pas considéré aux yeux de l'Un comme un meurtrier, mais plutôt comme un magicien consciencieux. Mais à quoi bon dissoudre et retourner à l'Univers une créature si elle nous sert si bien? Effectivement, vous êtes en droit de vous poser la question.

La réponse va comme suit. Si vous travaillez trop longtemps avec le même Élémentaire, et qui plus est, si ce dernier arrive à se densifier à un point tel que vous deveniez capable de le voir aisément de vos yeux de chair et de converser avec lui, ce dernier, sachant d'emblée que tôt ou tard il devra mourir et sera appelé à ne plus exister lorsque son travail sera accompli, tentera de toutes les façons possibles de vous convaincre de ne pas le détruire et de le laisser vivre. En effet, aussi farfelu que cela puisse vous paraître en ce moment (seulement pour le moment, tant que vous ne l'aurez pas vous-même expérimenté), vous pourriez en venir à développer une certaine complicité et même ressentir de l'amitié et de l'affection pour votre Élémentaire. Comme un enfant à qui on a donné la vie, il vous serait alors difficile de vous en départir et la créature, étant capable de lire vos pensées, ferait tout en son pouvoir pour vous en dissuader. Elle chercherait alors une faille en vous dans le but de l'exploiter. Elle pourrait même aller jusqu'à en venir aux menaces, par exemple en vous disant : *"Si tu tentes de me détruire, alors je vais..."*. Stop! Vous êtes son créateur, vous êtes donc son maître absolu. L'Élémentaire vous doit entière obéissance, point à la ligne. Ne l'oubliez jamais.

Ainsi, le piège qui guette le magicien inexpérimenté avec ce type de relation se présentera au début par un lien d'amitié affectif ainsi que par le fait que, tout comme un patron satisfait d'un employé, il n'aura pas envie de promptement mettre un terme au contrat si l'employé en question s'acquitte admirablement bien des travaux à exécuter. Vous pourriez alors vous dire, bon d'accord, je vais lui donner un petit sursis, etc. Finalement, votre Élémentaire en viendrait à avoir un ascendant sur vous et vous, trop tard, vous rendre compte et constater que c'est maintenant lui qui tient malicieusement les commandes et vous manipule.

Alors, que faire dans une telle situation? Est-ce si dangereux de créer des Élémentaires? Non. Vous êtes celui qui ordonne l'Entité qui a été créée pour vous obéir et il se doit de le faire sans plus attendre. Un cas comme celui qui vient de vous être raconté n'arrivera probablement que peu fréquemment. Mais si tel était le cas, alors n'hésitez pas à jouer à son propre jeu et menacez-le à votre tour d'une dissolution certaine s'il ne veut obtempérer. Il vous faudra peut-être également faire preuve de finesse et détruire l'Élémentaire dès que possible pour mettre un terme à son existence, même si vous vous sentez attaché à cet Être. Tenez-vous-en à votre plan d'action initial et n'en dérogez jamais en cours de route et maintenez toujours dans votre esprit et conscience que vous détenez le plein contrôle, le pouvoir ultime sur la vie de votre créature. Ne vous prenez pas pour dieu, mais en ce qui concerne votre l'Élémentaire, c'est tout comme si vous l'étiez, autoritairement parlant, bien entendu.

D'autres explications sur la manière de dissoudre ces Entités vous seront données en temps opportun, lors des rituels. Pour le moment, méditez simplement à ce qui fut dit.

Rituel de Création d'un Élémental

Prenez votre asâna habituelle et faites le vide complet dans votre esprit. Puis, seulement par la suite, méditez un moment sur ce que vous vous apprêtez à accomplir; c'est-à-dire, donner la vie à une créature mentale, votre futur familier. Ayez soin également d'avoir tout noté dans votre recueil magique, la date de sa création, son nom, la durée de vie, sa tâche à accomplir, etc. Au besoin, reportez-vous à ces pages lorsque vous voudrez faire un suivi de ce rituel et encore plus nécessaire (pour ne pas perdre la trace), si vous décidez ultérieurement de créer plusieurs serviteurs Élémentaux.

Fermez les yeux et visualisez que vous vous trouvez au centre de ce qui pourrait ressembler à un gigantesque soleil Universel. La seule chose que vos yeux perçoivent est une atmosphère de lumière éclatante, éblouissante et pénétrante. Vous êtes entouré de toute part par une lumière titanesque et impressionnante, un peu comme pour les exercices d'accumulation des Éléments, mais maintes fois plus grandiose.

À présent, compressez mentalement par un acte de visualisation cet éclat lumineux en une sphère (ou, si désiré, toute forme de votre choix), comme si vous étiez capable de prendre toute la lumière ambiante et la réduire dans une forme beaucoup plus réduite (comme la taille d'un ballon de foot) qui se retrouve désormais flottante devant vous. Par cet acte, voyez la sphère devenir pulsative et encore plus lumineuse, chargée à bloc d'un éclat et d'un rayonnement sans pareil, car toute la lumière y est maintenant compressée dans un tout petit espace ou forme.

Maintenez votre concentration sur la sphère et projetez en elle la propriété que vous désirez octroyer à votre serviteur personnel. Chargez la forme lumineuse de la capacité de pouvoir parvenir à accomplir la tâche prévue, toujours en conservant une pensée positive au temps présent, sans jamais qu'il y ait de négations. Par exemple, par votre volonté toute-puissante et sans aucun doute dans votre esprit, chargez la sphère de votre désir de transformer toute forme de haine en amitié. Soyez convaincu que le transfert de votre pensée s'opère réellement et que cette dernière s'y imprègne. Au fur et à mesure que vous chargerez la sphère, voyez-la s'intensifier de plus en plus. Lorsque vous aurez la certitude que vous avez accomplie avec succès cette cruciale étape de l'imprégnation de votre volonté dans la forme lumineuse, passez à la suite du rituel.

Votre forme ayant dès lors reçu sa charge, il est temps de la baptiser et, donc, lui attribuer son nom, nom que vous aurez préalablement établi avant la pratique du rituel. Tentez le plus possible de donner un nom qui synthétise au mieux les fonctions de votre Élémental. Par exemple, une créature pour transformer la haine en amitié pourrait très bien se nommer *Amyss* (un dérivé inventé pour *amis* qui se prononcerait *a-mi-sse*). Or, dites à la forme : *"Je te nomme Amyss; Amyss est maintenant ton nom."* Suivant l'attribution du nom, il sera temps pour vous de lui inculquer verbalement la tâche à accomplir et la durée exacte de son action, soit la longévité (ou durée de vie) de votre serviteur magique.

Concentrez-vous toujours sur la forme devant vous et donnez-lui sa mission en des termes tels que :

"Amyss, tu changes la haine en amitié que porte untel à l'égard de (n.n.) et tu t'attarderas sans relâche sur son mental tant et aussi longtemps qu'il le faudra jusqu'à ce que cette haine soit complètement transformée en une amitié sincère et véritable."

Suite à cela, poursuivez avec la durée de vie comme par exemple :

"Et je t'ordonne, une fois ta tâche accomplie, de te dissoudre aussitôt dans la Lumière Universelle d'où tu es issu et as été créé."

Voilà, votre Élémental est maintenant créé et vivant sur le plan mental. Félicitations. Il est temps de l'envoyer travailler pour votre profit. Pour ce faire, donnez-lui l'ordre de partir effectuer la tâche pour laquelle il a été amené à la vie et voyez-le quitter votre compagnie.

Sachez qu'il est maintenant en train de tout mettre en œuvre pour s'acquitter de ses fonctions. Aussi, ne tentez pas de le retenir mentalement; ceci ne ferait que retarder ou ralentir son travail magique. Il faut donc dès cet instant rompre le lien entre vous et ne plus y penser. Laissez-le faire et agir de lui-même et allez vaquer à d'autres occupations.

Finalement, retenez que de temps à autre, à intervalles réguliers, par exemple une fois par semaine, une fois par pleine lune, etc., il serait une excellente idée de le rappeler à vous afin de le recharger pour qu'il puisse gagner en puissance et obtenir une force d'action toujours plus grande et efficiente. Pour y arriver, vous pourriez avoir convenu dès le départ d'un mode d'appel, un mot ou une phrase accompagnée d'une gestuelle afin qu'il rentre immédiatement au bercail. Lorsqu'il sera face à vous, accumulez encore plus de lumière en lui comme lors de sa création initiale, toujours en l'imprégnant des capacités voulues. La différence est simplement qu'au lieu de voir une sphère, vous visualiserez maintenant votre véritable Élémental. Le reste de la procédure de charge demeurera néanmoins identique.

Une fois sa tâche accomplie, vérifiez que votre serviteur s'est bel et bien dissous et qu'il a cessé d'exister. Ceci complète la procédure pour la création des Élémentaux.

✻
✻✻

Rituel de Création d'un Élémentaire [6]

Voici le second rituel pour donner la vie à une créature qui sera en mesure de vous rendre de précieux services : la création consciente d'Élémentaires. J'aimerais vous indiquer que la source de ce rituel fut amenée au grand public en quelques variantes par le Maître Franz Bardon. Du moins, personnellement, je ne l'ai jamais vu ailleurs. Ayant trouvé cette procédure si fantastique et efficace, au lieu de simplement vous indiquer de la retrouver dans son ouvrage, j'ai décidé de la partager ici, avec vous, de manière simple et précise afin que vous puissiez obtenir au sein de ce traité deux rituels complets et à la fois complémentaires.

Pour conduire ce rituel et former le corps de votre serviteur magique, vous aurez besoin d'une matière première naturelle autant que possible qui sera suffisamment malléable. Je vous recommande de faire emploi de cire d'abeille pure ou encore d'argile. Or, avec votre matière, façonnez et sculptez une forme humaine qui deviendra le corps physique de votre Élémentaire. La taille de celui-ci n'a pas véritablement d'importance, toutefois essayez de le faire d'une assez grosse taille, autant que faire se peut, ainsi vous aurez plus de facilité à vous représenter ce futur Être qui sera le fruit de votre labeur. Aussi, représentez au mieux les traits physiques majeurs, le visage et le sexe, si vous désirez qu'il en possède un.

Lorsque la forme physique de votre Élémentaire sera construite, prenez un crayon ou tout objet mince et pointu et faites un canal en enfonçant l'objet le long de la colonne vertébrale de la figurine, en partant de la tête vers les pieds. Attendez ensuite que la cire (ou l'argile) durcisse complètement. Après, versez le condensateur fluidique dans le canal et bouchez-le avec la même matière utilisée de façon à ce que le liquide ne puisse s'y échapper.

Au sujet de la projection de la force vitale

Tenez votre figurine de la main gauche. Puis, de la main droite, caressez-la doucement sur toute sa longueur comme si vous souhaitiez la réveiller. Faites ainsi comme si vous vouliez l'animer de votre propre

---

[6] Rituel écrit et adapté en partie d'après Franz Bardon : *Le Chemin de la Véritable Initiation Magique*, copyright 1994, D. Rüggeberg Éditeur, D-42035 Wuppertal, R. F. Allemagne, avec l'autorisation des Éditions Alexandre Moryason.

force vitale. Soufflez ensuite dessus à plusieurs reprises, de la même façon que si vous vouliez lui insuffler la vie et que cette force pénètre dans son corps.

Maintenant, regardez attentivement votre figurine et attribuez-lui le nom que vous lui avez choisi. Répétez-le plusieurs fois à voix haute de manière à « *baptiser* » cette forme physique. Ayez la forte conviction que votre figurine possède tout ce qu'il lui est nécessaire pour recevoir voir futur Élémentaire.

Au sujet de la création du corps astral

Une fois le nom attribué, commencez par aspirer en vous l'Élément Cosmique de la Terre grâce à la respiration cutanée consciente, en concentrant toutes les propriétés de cet Élément en question. Inspirez profondément et visualisez qu'à chaque inspiration vous accumulez dans votre propre corps toujours de plus en plus de cet Élément. Ensuite, projetez l'Élément accumulé via votre plexus solaire ou la main droite, directement dans la figurine, des pieds jusqu'aux hanches. Ayez la ferme conviction que cet Élément s'y imprègne et s'y fixe de façon permanente et y agisse. Réitérez cette opération importante jusqu'à ce que vous soyez convaincu que votre figurine est fortement remplie de l'Élément ainsi condensé.

Poursuivez ensuite avec l'Élément Eau. De la même façon, aspirez en vous l'Élément par la respiration cutanée et chargez-le de toutes ses qualités pour ensuite le projeter dans le corps de votre Élémentaire, à partir des hanches jusqu'au niveau du ventre. Répétez le même processus avec l'Élément Air dans le haut du torse et, finalement, avec le Feu, lequel sera projeté dans la tête de la figurine.

Lorsque vous aurez projeté par la visualisation et la respiration cutanée consciente les quatre Éléments à l'intérieur du corps de votre figurine, sachez à ce moment que le corps astral de cette dernière, qui possède la même forme que le corps physique, sera convenablement constitué et bien réel, grâce à l'action des mêmes Éléments en action.

De la même façon que le corps astral d'un homme est relié en permanence à son corps physique, aussi en est-il de celui de votre créature Élémentaire; il demeurera toujours attaché à son enveloppe matérielle.

Au sujet de la création du corps mental

Toujours à l'aide d'un degré élevé de visualisation, formez maintenant le corps mental dans la figurine d'argile ou de cire. Visualisez fermement ce dernier comme étant constitué d'une matière très subtile, légère et translucide. Avec une très forte concentration, voyez alors comment le corps mental prend forme et se loge dans la figurine. Portez toute votre attention au niveau de la tête et insufflez toutes les facultés du psychisme et du mental que vous désirez attribuer à votre Élémentaire.

Octroyez des qualités simplistes telles que la volonté, l'obéissance, l'intelligence, la sensibilité et la conscience. Répétez cette procédure et prenez tout votre temps. Concentrez-vous sur chacune des qualités, une à une afin de les approfondir en force. Lorsque votre figurine vous semblera dûment chargée et apte à accomplir votre volonté, procédez alors à l'acte direct de l'envoi de la vie.

Au sujet de la naissance et de l'envoi de la vie

Voici venue l'étape la plus importante du rituel. Elle se doit d'être suivie à la lettre, sans quoi, votre serviteur personnel ne prendra jamais vie et ne pourra exister, ni accomplir d'actions telles que souhaitées. Pour envoyer le souffle de vie dans votre figurine, accumulez dans votre main droite, de façon très intense, de la lumière que vous aspirez directement de l'Univers, comme celle visualisée lors du rituel précédent. Celle-ci doit être vue et ressentie aussi brillante et éblouissante que l'incandescence des rayons de l'astre solaire lui-même.

À présent, tenez la figurine dans votre main gauche tout en positionnant votre main droite puissamment chargée de lumière tout juste au-dessus. Par la respiration, transmettez votre charge par le souffle dans la région de l'estomac, plus précisément au niveau du nombril. Répétez continuellement le nom de votre Élémentaire. Poursuivez ainsi et visualisez qu'à chaque réitération de votre souffle, que la lumière se transfère peu à peu de votre main pour se loger directement dans la figurine.

Aussitôt le premier souffle de vie transmis à la figurine, visualisez que son cœur se met à battre dans sa poitrine et que son sang commence à circuler partout dans ses veines. Cette visualisation doit être extrêmement intense et soutenue de manière à ce que vous soyez convaincu de cette action. Voyez et ressentez la vie se mettre en mouvement à chaque souffle.

Après la septième projection de votre souffle de vie, toute la charge lumineuse compressée dans votre main devra avoir été complètement transférée dans le corps de votre Élémentaire. Dès la huitième projection de votre souffle, voyez la vie s'animer dans le corps de votre figurine; celle-ci commence à respirer de façon régulière. *Elle est maintenant vivante.* À la neuvième projection de votre souffle, prononcez à voix haute le nom de votre serviteur et formulez l'injonction suivante avec toute la force de votre volonté, de votre psyché profonde, votre foi à toute épreuve et avec une extrême conviction: *"Vis, tu es vivant! Vis, tu es vivant! Vis, tu es vivant!"* Il ne fait plus aucun doute à ce sujet, en accord avec les Lois Universelles qui régissent cette action magique, que si vous avez suivi et mis en pratique toutes les explications qui viennent d'être décrites, un Être parfaitement constitué vient tout juste de naître entre vos mains.

Dès que l'envoi de la vie aura été proprement exécuté, posez votre figurine devant vous sur une table ou votre autel. Visualisez que le corps astral et mental quittent maintenant l'enveloppe matérielle. À présent, vous êtes en mesure de déterminer quelle sera l'apparence de votre Élémentaire, si ce dernier est vêtu et ce qu'il porte, en plus de la nature de son sexe. C'est le moment pour lui donner tous les attributs concernant son apparence, comme sa beauté, sa taille; est-il aussi grand qu'un géant ou est-il plus petit qu'un Gnome, etc.

Selon votre volonté, sachez que votre Élémentaire pourra adopter n'importe quelle forme et apparence voulue; tout cela est laissé à votre entière discrétion. Inculquez-lui dès maintenant la capacité que possède son corps astral et mental; l'indépendance à l'égard du temps, de l'espace et de la matière. Donnez-lui la liberté d'agir à sa guise, eu égard aux dimensions et plans d'existence. Ensuite, vous pourrez l'envoyer exécuter la tâche que vous lui avez confiée.

Après un certain temps, lorsque vous aurez travaillé longuement avec votre serviteur magique, ce dernier pourrait, sur ordre du magicien qui l'a créé, se densifier instantanément en adoptant une apparence physique et même devenir visible aux yeux d'un profane et toute personne présente devant lui. Bien entendu, pour des raisons évidentes, il serait néanmoins préférable de le laisser agir de façon invisible.

Ne laissez jamais un Élémentaire (idem pour les Élémentaux) avoir la chance infime de posséder un ascendant sur vous, obligez-le, au moyen d'un rituel déterminé au départ ou d'un ordre précis, de toujours revenir dans son corps physique (la figurine) dès son travail accompli. Avec le temps, après avoir gagné en force et en puissance, si votre créature devenait dense à un point tel que vous pourriez lui parler comme à un être humain se tenant droit devant vos yeux, et cela est des plus possibles pour un mage possédant une très grande maîtrise d'obtenir une telle manifestation physique, ce dernier tentera de vous persuader, par tous les moyens à sa disposition, de ne pas le détruire le moment venu, quitte même à vous menacer. Rappelez-vous dans ce cas que vous êtes le maître à tous les points de vue et que vous devez toujours avoir le plein contrôle sur votre Élémentaire. Vous détenez sur lui, en permanence, le droit de vie et de mort.

Au sujet de la dissolution de l'Élémentaire

Tôt ou tard, vous devrez dissoudre votre Élémentaire. Vous devrez le détruire et lui donner la mort, malheureusement. Pour ce faire, vous pouvez soit fixer dès le départ le moment de sa mort comme nous l'avons vu ensemble précédemment ou, encore, pratiquer ce qui suit en dernier recours pour les cas extrêmes où votre serviteur refuserait obstinément de se dissoudre de lui-même.

Assurez-vous premièrement que votre Élémentaire a regagné sa demeure physique (la figurine) et enveloppez-la avec un morceau de soie. La soie agissant comme un agent isolant exceptionnel, il ne pourra s'en échapper. Ensuite, faites couler un bain le plus chaud possible, que votre corps pourra supporter, et entrez dans la baignoire. Chargez votre main droite de lumière. Lorsque celle-ci sera ainsi chargée au maximum de vos capacités, prenez votre figurine et tenez-la de la main gauche tout juste au-dessus de la surface de l'eau, à quelques centimètres. De cette même main, faites tomber le voile de soie et au même moment, dans un acte synchronisé, déchargez mortellement votre main droite de lumière en envoyant celle-ci comme un éclair en plein cœur de la figurine, et, aussitôt fait, sans perdre de temps, plongez entièrement la figurine sous l'eau. Voyez que par l'intermédiaire de l'eau, toutes les facultés de l'Élémentaire passent maintenant dans votre corps physique, astral et mental. En agissant ainsi, vous provoquerez la destruction soudaine et instantanée de votre créature. Il va de soi que vous devez être proprement entraîné à recevoir cette charge car à défaut, vous subirez pratiquement à coup sûr un grand choc nerveux. Quittez maintenant la baignoire et laissez le voile de soie et la figurine dans l'eau. Lorsque l'eau sera devenue froide, retournez à la baignoire et videz-la. Vous brûlerez ensuite le voile et la figurine ou encore, vous irez les enterrer dans un terrain vague où personne ne pourra jamais les trouver. Votre Élémentaire a cessé d'exister.

26 - Pratique Cérémonielle V

Pour le magicien, il est important de comprendre que le rituel du pentagramme ne sert pas uniquement à invoquer ou renvoyer les Forces élémentales. Plutôt, il reconnaît qu'il s'agit d'une technique initiatique menant à une ouverture de la conscience magique de sa propre volonté et un moyen efficace de travailler avec les Forces subtiles.

La Suprême Invocation Rituelle du Pentagramme est, comme son nom l'indique, une version plus poussée, axée cette fois-ci sur les propriétés d'appel et d'invocation des pentagrammes. Ce rituel peut être utilisé pour altérer sa force intérieure et ajuster sa volonté afin d'être en mesure de faire face à des situations intenses demandant un niveau élevé d'énergies élémentales.

À l'instar du RMBP, ce rituel fera également appel à l'akâsha ou plus communément, l'Élément Esprit. Le magicien sera également en mesure d'exercer un plus grand degré énergétique et d'ouvrir sa conscience vers des vibrations plus hautes, plus rapides et plus vivifiantes, l'affectant ainsi à un niveau spirituel plus élevé.

Jusqu'à présent, vous avez vu comment tracer le pentagramme de renvoi à la Terre. Nous allons à présent voir ensemble de nouvelles paires de pentagrammes reliés aux invocations et au bannissement des quatre Éléments primordiaux que nous connaissons bien et ceux de l'Élément Esprit. Comme les pointes de l'étoile à cinq branches représentent chacune un Élément Cosmique, il est donc possible, dépendant de la façon dont le magicien entame le tracé d'un pentagramme, d'invoquer ou de renvoyer une force élémentale.

Ceci implique donc que vous seriez en mesure d'invoquer les Éléments au lieu de les bannir, en modifiant simplement le tracé du pentagramme lors du RMBP pour obtenir un rituel d'invocation. En procédant à partir de cette Loi, vous pourrez également élaborer de nouveaux rituels d'appel et de renvoi en vous basant sur les paires de pentagrammes suivantes.

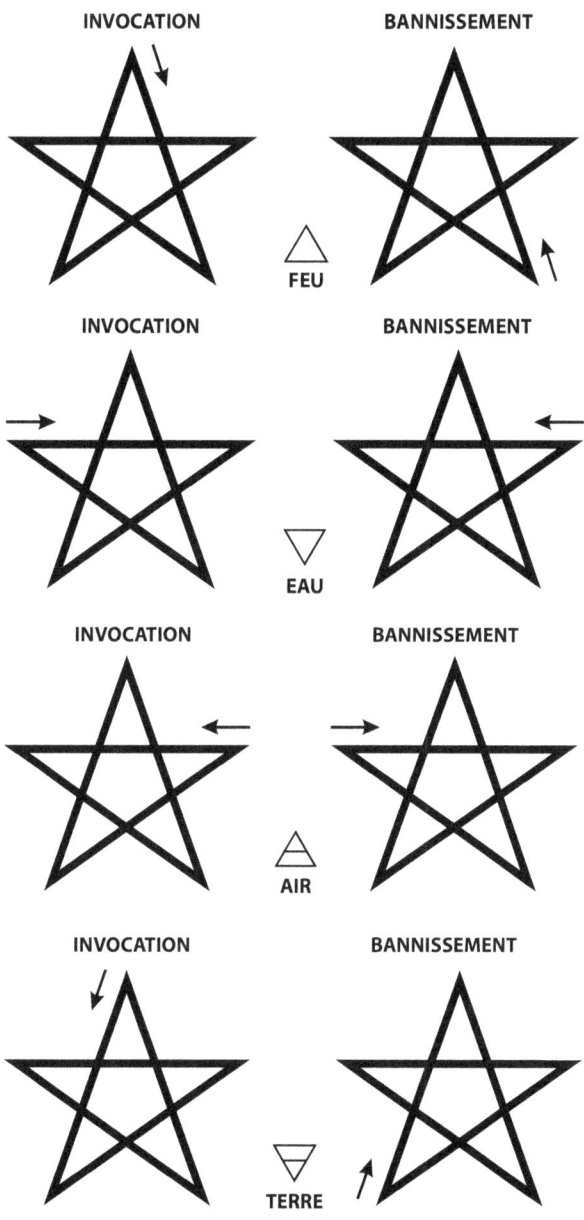

Outre les quatre Éléments, deux autres paires viennent s'ajouter pour le cinquième Élément, l'Élément Esprit. Au lieu de les nommer pentagrammes d'invocation et de bannissement, nous les désignons respectivement par *équilibrant* et *fermeture*. De plus, nous ajoutons la mention de pentagrammes *actifs* et *passifs*, ce qui nous donne comme résultat un total de quatre nouveaux symboles magiques.

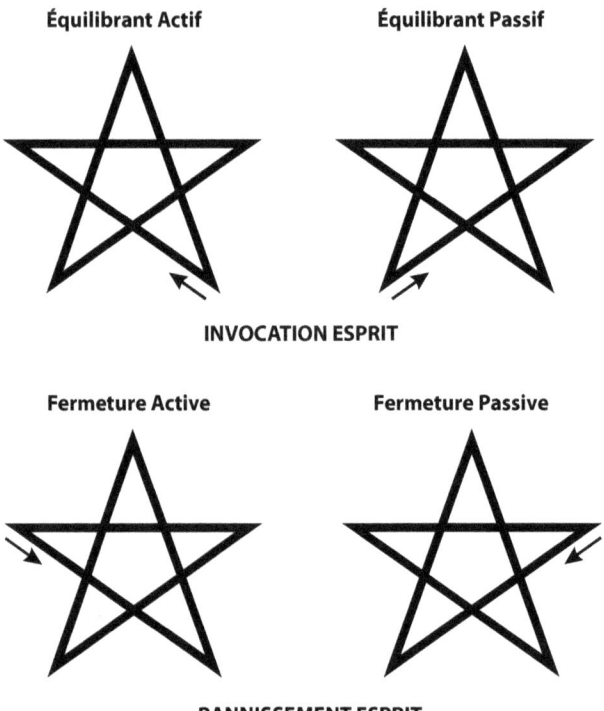

En résumé, si nous prenons en considération que le RMBP peut devenir le Rituel Mineur *d'Invocation* du Pentagramme (RMIP), en remplaçant les pentagrammes de bannissement par ceux d'invocation, la Suprême Invocation Rituelle du Pentagramme, quant à elle, est un rituel encore plus complexe, plus évolué et beaucoup plus puissant que le RMIP.

À ce moment-ci de votre formation, je vous conseille de pratiquer le SIRP (Suprême Invocation Rituelle du Pentagramme) durant le jour uniquement. La raison pour laquelle je vous fais cette petite mise en garde est que le SIRP, non pas qu'il soit dangereux de le pratiquer, est si vivifiant et inonde le magicien d'une telle surdose énergétique qu'il est plus que probable que vous en veniez à éprouver de la difficulté à vous endormir le soir venu, s'il était pratiqué tard durant la soirée. Ceci risque d'arriver plus particulièrement chez les personnes qui ne maîtrisent pas encore ce rituel à la perfection.

SIRP : La Suprême Invocation Rituelle du Pentagramme

Comme vous connaissez le Rituel Mineur du Pentagramme par cœur et que vous le pratiquez à tous les jours, les explications de la première, de la troisième et de la quatrième partie de ce rituel ne nécessitent aucune explication relative à la visualisation. Je fais référence ici à la Croix Kabbalistique et à l'évocation des Archanges. Si vous avez besoin de vous remémorer comment visualiser le tout, référez-vous au RMBP pour plus de détails.

Bien que le RMBP et le RBH soient facultatifs, il est souhaitable de les pratiquer au préalable, avant d'entamer ce rituel.

Première partie : La Croix Kabbalistique

Touchez le front et vibrez : **ATAH**
Pointez vers le bas et vibrez : **MALKUTH**
Touchez votre épaule droite et vibrez : **VE-GEBURAH**
Touchez votre épaule gauche et vibrez : **VE-GEDULAH**
Joignez ensuite les mains et vibrez : **LIH-OH-LAHM, AHMEN**

Deuxième partie : La Formulation des Pentagrammes

Dirigez-vous maintenant aux bords du cercle à l'Est et tracez le pentagramme Équilibrant Actif de l'Esprit en commençant par la pointe indiquée, d'un trait continu et fluide, tout en vibrant :

EXARP (Etz-ar-peh)

Visualisez le pentagramme d'un jaune éclatant, pulsatif et d'une très grande brillance. Lors de la prononciation de la dernière syllabe (peh) donnez le signe d'entrée en plongeant les mains au centre de l'étoile, comme cela fut expliqué lors du RMBP.

Pour résumer cette nouvelle procédure vibratoire légèrement différente, la vibration du nom magique durera tout le temps, à partir du moment où vous commencerez à tracer le pentagramme, jusqu'à la fin du signe d'entrée. Ceci demande donc à ce que vous preniez une profonde inspiration afin d'avoir assez de souffle au moment où vous plongerez les mains avec force au centre. Ressentez l'énergie de ce nom parcourir tout votre corps, passer par l'intermédiaire de vos mains, pour aller au travers du pentagramme. Reprenez ensuite votre position initiale.

Vibrez ensuite **EHEIEH** (Eh-heh-yeh) et donnez à nouveau le signe d'entrée.

Toujours face à l'Est, tracez par-dessus le premier pentagramme celui de l'Invocation de l'Air, d'un jaune très brillant, tout en vibrant pendant le tracé :

ORO-IBAH-AOZPI (Oh-roh-Eh-bah-Ah-oh-zod-peh)

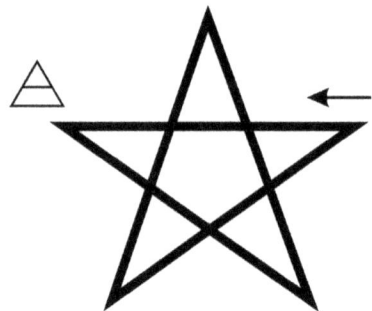

Une fois encore, vous donnerez le signe d'entrée en plongeant les mains au centre lors de la prononciation de la dernière syllabe. Ressentez l'énergie de ce nom parcourir votre corps, passer par l'intermédiaire de vos mains, pour aller au travers du pentagramme. Reprenez ensuite votre position initiale.

Vibrez ensuite **Y.H.V.H.** (Yud-Heh-Vahv-Heh) et donnez le signe d'entrée.

Tracez une ligne dans les airs, en vous dirigeant de long de la périphérie de votre cercle, vers le Sud. Visualisez cette ligne lumineuse d'un blanc très brillant. Cette dernière reliera tous vos pentagrammes les uns aux autres par le centre. Face au Sud, tracez le pentagramme Équilibrant Actif de l'Esprit, en le visualisant d'un rouge éclatant, pulsatif et d'une très grande brillance, tout en vibrant :

BITOM (Beh-toh-meh)

Lors de la prononciation de la dernière syllabe donnez le signe d'entrée. Ressentez l'énergie de ce nom parcourir tout votre corps, passer par l'intermédiaire de vos mains, pour aller au travers du pentagramme. Reprenez ensuite votre position initiale.

Vibrez ensuite **EHEIEH** (Eh-heh-yeh) et donnez le signe d'entrée.

Toujours face au Sud, tracez par-dessus le premier pentagramme celui de l'Invocation du Feu, d'un rouge très brillant, tout en vibrant pendant le tracé :

OIP-TEAA-PDOKE (Oh-ee-peh-Teh-ah-ah-Peh-doh-keh)

Une fois encore, vous donnerez le signe d'entrée en plongeant les mains au centre lors de la prononciation de la dernière syllabe. Ressentez l'énergie de ce nom parcourir votre corps, passer par l'intermédiaire de vos mains, pour aller au travers du pentagramme. Reprenez ensuite votre position initiale.

Vibrez ensuite **ELOHIM** (El-hoh-heem) et donnez le signe d'entrée.

Poursuivez le tracé de la ligne blanche dans les airs, en vous dirigeant de long de la périphérie de votre cercle, vers l'Ouest. Visualisez toujours cette ligne lumineuse d'un blanc très brillant. Face à l'Ouest, tracez le pentagramme Équilibrant Passif de l'Esprit, en le visualisant d'un bleu éclatant, pulsatif et d'une très grande brillance, tout en vibrant :

HCOMA (Heh-coh-mah)

Lors de la prononciation de la dernière syllabe donnez le signe d'entrée. Ressentez l'énergie de ce nom parcourir tout votre corps, passer par l'intermédiaire de vos mains, pour aller au travers du pentagramme. Reprenez ensuite votre position initiale.

Vibrez ensuite **AGLA** (Ah-glah) et donnez le signe d'entrée.

Toujours face à l'Ouest, tracez par-dessus le premier pentagramme celui de l'Invocation de l'Eau, d'un bleu très brillant, tout en vibrant pendant le tracé :

MPH-ARSL-GAIOL (Em-peh-eh-Ar-ess-el-Gah-ee-oh-leh)

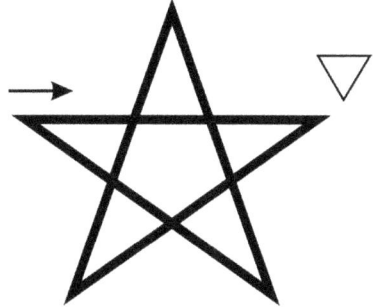

Une fois encore, vous donnerez le signe d'entrée en plongeant les mains au centre lors de la prononciation de la dernière syllabe. Ressentez l'énergie de ce nom parcourir votre corps, passer par l'intermédiaire de vos mains, pour aller au travers du pentagramme. Reprenez ensuite votre position initiale.

Vibrez ensuite **EL** et donnez le signe d'entrée.

Tracez la ligne en vous dirigeant de long de la périphérie de votre cercle vers le Nord. Face au Nord, tracez le pentagramme Équilibrant Passif de l'Esprit, en le visualisant d'un vert très brillant, pulsatif et d'une très grande intensité, tout en vibrant :

NANTA (Nah-en-tah)

Lors de la prononciation de la dernière syllabe donnez le signe d'entrée. Ressentez l'énergie de ce nom parcourir tout votre corps, passer par l'intermédiaire de vos mains, pour aller au travers du pentagramme. Reprenez ensuite votre position initiale.

Vibrez ensuite **AGLA** (Ah-glah) et donnez le signe d'entrée.

Toujours face au Nord, tracez par-dessus le premier pentagramme celui de l'Invocation de la Terre, d'un vert très brillant, tout en vibrant pendant le tracé :

MOR-DIAL-HKTGA (Moh-ar-Dee-ah-leh-Heh-keh-teh-gah)

Une fois encore, vous donnerez le signe d'entrée en plongeant les mains au centre lors de la prononciation de la dernière syllabe. Ressentez l'énergie de ce nom parcourir votre corps, passer par l'intermédiaire de vos mains, pour aller au travers du pentagramme. Reprenez ensuite votre position initiale.

Vibrez ensuite **ADONAI** (Ah-doh-naye) et donnez le signe d'entrée.

Retournez à votre point de départ à l'Est, complétant ainsi ce cercle de lumière. Reprenez ensuite votre position initiale au centre du cercle magique et tournez-vous face à l'Est. Vous êtes à présent entouré de huit pentagrammes superposés. Ceux-ci sont scellés et reliés par une ligne de lumière blanche.

Troisième partie : L'évocation des Archanges

Ouvrez les bras en croix et dites :
Devant moi, RAPHAËL
Derrière moi, GABRIEL
À ma droite, MICHAEL
À ma gauche, ORIEL
Depuis moi flamme le pentagramme,
Et en moi brille l'Étoile aux Six rayons.

Quatrième partie : La Croix Kabbalistique

Touchez le front et vibrez : **ATAH**
Pointez vers le bas et vibrez : **MALKUTH**
Touchez votre épaule droite et vibrez : **VE-GEBURAH**
Touchez votre épaule gauche et vibrez : **VE-GEDULAH**
Joignez ensuite les mains et vibrez : **LIH-OH-LAHM, AMEN**

Résumé de la Suprême Invocation Rituelle du Pentagramme

- *Première partie : La Croix Kabbalistique*

    Touchez le front et vibrez : **ATAH**
    Pointez vers le bas et vibrez : **MALKUTH**
    Touchez votre épaule droite et vibrez : **VE-GEBURAH**
    Touchez votre épaule gauche et vibrez : **VE-GEDULAH**
    Joignez ensuite les mains et vibrez : **LIH-OH-LAHM, AMEN**

- *Deuxième partie : La Formulation des Pentagrammes*

    À l'Est, tracez le pentagramme Équilibrant Actif de l'Esprit en vibrant : **EXARP**
    Vibrez **EHEIEH** et donnez le signe d'entrée.
    Tracez le pentagramme d'Invocation de l'Air en vibrant : **ORO-IBAH-AOZPI**
    Vibrez ensuite **Y.H.V.H.** et donnez le signe d'entrée.
    Tracez la ligne blanche vers le Sud.

    Au Sud, tracez le pentagramme Équilibrant Actif de l'Esprit en vibrant : **BITOM**
    Vibrez ensuite **EHEIEH** et donnez le signe d'entrée.
    Tracez le pentagramme d'Invocation du Feu tout en vibrant : **OIP-TEAA-PDOKE**
    Vibrez ensuite **ELOHIM** et donnez le signe d'entrée.
    Tracez la ligne blanche vers l'Ouest.

    À l'Ouest, tracez le pentagramme Équilibrant Passif de l'Esprit en vibrant : **HCOMA**
    Vibrez ensuite **AGLA** et donnez le signe d'entrée.
    Tracez le pentagramme d'Invocation de l'Eau tout en vibrant : **MPH-ARSL-GAIOL**
    Vibrez ensuite **EL** et donnez le signe d'entrée.
    Tracez la ligne blanche vers le Nord.

Au Nord, tracez le pentagramme Équilibrant Passif de l'Esprit en vibrant: **NANTA**
Vibrez ensuite **AGLA** et donnez le signe d'entrée.
Tracez le pentagramme d'Invocation de la Terre en vibrant: **MOR-DIAL-HKTGA**
Vibrez ensuite **ADONAI** et donnez le signe d'entrée.
Retournez à l'Est, complétant le cercle de lumière.

- *Troisième partie: L'Évocation des Archanges*

    Ouvrez les bras en croix et dites:
    Devant moi, RAPHAËL
    Derrière moi, GABRIEL
    À ma droite, MICHAEL
    À ma gauche, ORIEL
    Depuis moi flamme le pentagramme,
    Et en moi brille l'Étoile aux Six rayons.

- *Quatrième partie: La Croix Kabbalistique*

    Touchez le front et vibrez: **ATAH**
    Pointez vers le bas et vibrez: **MALKUTH**
    Touchez votre épaule droite et vibrez: **VE-GEBURAH**
    Touchez votre épaule gauche et vibrez: **VE-GEDULAH**
    Joignez ensuite les mains et vibrez: **LIH-OH-LAHM, AMEN**

SEPTIÈME NIVEAU

La Conscience Magique

Ce niveau de formation vous amènera à faire des pas de géant vers la maîtrise magique. Après avoir mis en application ce qui suivra, vous posséderez un impressionnant bagage de connaissances grâce aux nouvelles aptitudes que vous avez jusqu'à présent développées tout au long de votre entraînement.

Je vais traiter ici, pratiquement en exclusivité, de la projection de la conscience à travers les différents plans d'existence. Croyez-moi, vous serez amené à faire des expériences tout simplement extraordinaires et très enrichissantes auxquelles jamais vous ne pouviez encore en cet instant concevoir l'amplitude dans votre esprit. Au risque de vous paraître redondant, sachez que vous devez impérativement avoir pratiqué avec succès tous les précédents niveaux, à défaut de quoi, vous ne pourrez obtenir la réussite à laquelle vous vous attendez.

Persévérez coûte que coûte, car les merveilles qui vous attendent sauront largement vous récompenser pour tous les efforts que vous avez sans relâche déployés.

27 - La Projection de la Conscience 2ᵉ degré

Nous voici arrivés à pratiquer les exercices de la projection mentale. Comme je l'ai mentionné précédemment, ce type de projection de la conscience permettra au magicien de quitter son enveloppe physique pour transférer consciemment son centre de conscience dans son corps mental. Il lui sera donc possible de se glisser hors de son enveloppe charnelle à tout moment pour aller parcourir de très grandes distances et explorer tous les lieux de son choix, eu égard le trajet, voire même le globe entier, s'il le désire. Le magicien sachant pratiquer cette technique pourra, de ce fait, se déplacer consciemment partout, là où il le souhaitera.

Le voyage mental ou la projection de la conscience dans le corps mental est une technique impressionnante. Difficile à pratiquer pour le non-initié, le mage en devenir qui a su mettre en œuvre tous les exercices des précédents niveaux, trouvera, quant à lui, qu'il est passablement aisé de se séparer de son corps de chair pour ainsi voyager à volonté partout où il aura envie d'aller, en un seul instant. Il suffira pour le magicien de penser fortement à un endroit quelconque pour immédiatement s'y retrouver.

La projection de la conscience dans le corps mental et les voyages mentaux

Les projections mentales s'apparentent de très près aux sorties astrales. Toutefois, le transfert de la conscience dans le corps mental étant légèrement plus facile à maîtriser, voilà qui explique pourquoi nous aborderons les détails de cette pratique en premier lieu.

Il est important d'avoir réussi au préalable les trois exercices préliminaires du premier degré de la projection de la conscience. Ceux-ci sont ni plus ni moins les prémisses à la projection mentale pure et simple. Si vous avez éprouvé de la difficulté à pratiquer l'une ou l'autre de ces techniques de projection à l'intérieur d'objets, d'animaux ou de personnes, faites un retour en arrière avant de continuer et exercez-vous davantage. Tous les exercices se doivent d'être pratiqués et maîtrisés dans l'ordre, sans briser la chaîne de l'entraînement; chacun étant important envers son prochain. Lorsque vous serez prêt et apte à faire vos premières tentatives de projection mentale, poursuivez alors cette formation magique avec ce qui suit.

Première étape : la familiarisation des sens mentaux

Prenez votre âsana et détendez-vous de corps et d'esprit. Relâchez tous vos muscles et faites le vide complet pendant quelques instants. Fermez les yeux, centrez-vous ensuite sur votre mental et concentrez vos pensées de façon à le sentir libre d'aller et venir. Le mental n'est pas soumis au temps ni à l'espace. Ressentez que c'est par votre mental que vous pouvez voir et entendre; il perçoit tout ce qui se passe autour de vous dans votre environnement immédiat. Essayez d'obtenir ce sentiment de détachement complet et sentez cette liberté s'installer en vous et dans votre esprit.

Lorsque vous serez parvenu à altérer votre niveau de conscience par cette méditation, poursuivez en imaginant un double de votre être à côté de vous. Visualisez le reflet de votre image mentale se trouvant côte à côte de votre corps physique. Votre corps mental est identique à votre enveloppe matérielle, mais d'une apparence plus éthérée et diaphane.

Maintenant, glissez votre conscience dans votre double et essayez, avec un très haut degré de visualisation, de véritablement vous projeter hors de votre corps physique pour vous retrouver dans votre corps mental. Ressentez dès à présent que vous vous tenez réellement aux côtés de votre corps matériel. Ce processus est semblable à la manière dont vous pourriez vous sentir lorsque vous vous dévêtez pour ensuite vous retrouver nu, sans le moindre vêtement.

Étant dès lors dans votre doublure mentale, considérez votre enveloppe physique comme si elle vous était étrangère et qu'elle ne vous appartenait pas. Tournez-vous vers elle et examinez-la dans tous ses menus détails, allant de la position détendue du corps à l'expression du visage, calme et reposé. Voyez vos yeux fermés et constatez le rythme de votre respiration. Regardez les meubles qui vous entourent et les détails de la pièce où est votre corps en ce moment. Efforcez-vous de maintenir à tout prix ce détachement de la conscience comme si vous vous trouviez vraiment en face de votre double physique, en train de le contempler.

Le secret pour parvenir à projeter votre conscience dans votre corps mental convient, dans un premier temps, à prendre le temps de bien étudier votre corps physique de même que votre environnement en détails aussi clairement que possible. Ainsi, lorsque vous pratiquerez la projection mentale, vous vous en remettrez au début à la seule force de votre visualisation, sur laquelle se fondera toute l'expérience, pour bien apercevoir ces repères visuels afin de fortifier ce détachement avec le corps physique.

Si vous éprouvez certaines difficultés à pratiquer cet exercice en position assise, tentez alors de le faire en position allongée, couchée sur le dos. En vous vous exécutant de cette façon, imaginez alors que vous vous retrouvez allongé près de votre corps de matière pour ensuite vous retourner sur le côté afin de le regarder dans son état de veille profond. Finalement, relevez-vous pour obtenir une vue d'ensemble, toujours afin d'accentuer le détachement de votre conscience hors de votre corps physique. Les deux positions sont convenables, mais dans le second cas, vous risquez, certes, de vous endormir. Si cela devait se produire, réessayez lorsque vous serez plus alerte.

Après avoir réitéré plusieurs fois la projection de votre conscience dans votre corps mental, et dès que vous aurez sans l'ombre d'un doute la certitude que vous vous tenez réellement hors de votre corps matériel, promenez-vous quelque peu dans la pièce où vous êtes et observez-y certains objets se trouvant à proximité. De cette façon vous serez à même de vérifier si vous avez réussi une pleine projection mentale en corroborant par la suite la nature de vos visions.

Évidemment, vous constaterez au début que toute la procédure s'effectuera par la visualisation. Mais avec une pratique constante et des efforts poursuivis, vous n'aurez plus besoin de cette dernière. Tout deviendra réel.

Pour vous aider, je vous offre cette petite astuce. Avant de pratiquer cet exercice, prenez une pièce de monnaie et, sans regarder de quel côté vous la poserez, placez-la sur le coin d'une table ou sur le rebord d'une fenêtre. Ensuite, lorsque vous vous séparerez de votre enveloppe physique pour vous retrouver dans votre corps mental, dirigez-vous vers elle et vérifiez avec vos yeux mentaux de quel côté se trouve la pièce de monnaie. Par après, lorsque vous aurez réintégré votre corps physique, vous pourrez alors constater si vous avez vu juste lors de cette projection mentale et si vous avez obtenu du succès.

De la même façon, vous pourrez également utiliser un jeu de tarot et choisir une carte au hasard, sans la regarder, pour ensuite aller vérifier de quelle carte il s'agit. Lorsque vous serez en mesure de constater avec vos yeux mentaux quelle est la carte qui a été retirée du paquet, et ce, à chaque tentative, vous aurez réussi à vous projeter consciemment hors de votre corps physique.

Lorsque l'exercice sera terminé, glissez-vous de nouveau dans votre corps physique et revenez à vous. Une fois encore, vous vérifierez tout ce que vous avez perçu lors de cette projection de la conscience afin de voir si cela correspond à la réalité. Notez toutes vos observations dans votre journal magique.

Seconde étape : les premiers pas

Comme précédemment, adoptez votre âsana et détendez-vous de corps et d'esprit. Relâchez vos muscles et faites le vide complet pendant quelques instants. Fermez les yeux, centrez-vous de nouveau sur votre mental et concentrez vos pensées de façon à le sentir libre d'aller et venir. Souvenez-vous que le mental n'est pas soumis au temps ni à l'espace. Or, ressentez que c'est par votre mental que vous pouvez voir et entendre et essayez d'obtenir ce sentiment de détachement complet et sentez cette liberté s'installer en vous et dans votre esprit.

Lorsque vous serez parvenu à altérer votre niveau de conscience par cette méditation, transférez votre conscience dans votre double, en vous projetant hors de votre corps physique. Ressentez une fois de plus que vous vous tenez réellement aux côtés de votre enveloppe matérielle.

Voici venu le moment d'entreprendre une toute petite escapade mentale. En effet, au lieu de simplement demeurer dans la pièce où vous êtes présentement, promenez-vous, pas à pas pour commencer, comme vous le feriez si vous étiez en train de marcher avec votre corps physique et dirigez-vous dans la pièce voisine. Tout comme un très jeune enfant qui apprend à marcher, apprivoisez vos déplacements à l'aide de votre véhicule mental et faites de petits pas lents, tranquillement sans vous brusquer.

Vrai, il existe un autre moyen pour se déplacer lorsque le mage applique les Lois qui régissent le plan mental, c'est-à-dire, se mouvoir uniquement par la pensée. Comme vous êtes encore au stade de l'apprentissage, ne tentez pas pour le moment de vous déplacer de cette façon. Allez-y en marchant, tout simplement. Plus tard, avec un lot d'expériences renouvelées, alors et seulement à ce moment-là, vous pourrez voyager uniquement en pensant fortement aux lieux que vous désirez visiter pour vous y retrouver instantanément, pas avant. La raison pour laquelle je me dois de vous faire cette mise en garde est que vous devez absolument maîtriser la projection de votre conscience, étape par étape, avant d'employer des techniques plus avancées. Retenez seulement ce moyen de locomotion pour un avenir prochain.

Ceci étant dit, marchez comme vous le feriez avec votre corps physique et visitez la pièce voisine. Vous remarquerez, tout en avançant, combien votre corps mental vous semble léger et vous procure cette sensation de flottement, comme si vous étiez capable de voler ou de vous mouvoir très rapidement en faisant de très grandes enjambées. Efforcez-vous de maintenir vos pas au niveau du sol et poursuivez vos déplacements lentement avec assurance. Une fois que vous vous retrouverez dans une nouvelle pièce de votre demeure, examinez les détails que vos yeux mentaux sont en mesure d'apercevoir. Regardez attentivement les objets, les meubles et tout ce qui se trouve devant vous. Par la suite, dès que vous serez revenu dans votre corps, vous pourrez alors vérifier physiquement l'exactitude de vos visions et constater si vous avez obtenu du succès, ce qui viendra assurément en pratiquant cet exercice avec constance et assiduité.

N'oubliez pas à cet effet que vous pouvez toujours employer une pièce de monnaie ou une carte de tarot si vous désirez pousser cet exercice d'un cran supérieur, afin de tester la véracité de votre sens de la perception mentale.

Troisième étape : Le premier voyage mental

Lorsque vous aurez obtenu du succès avec les deux étapes précédentes et que vous serez en mesure de tester l'exactitude de vos perceptions mentales dans votre demeure, en vous déplaçant d'une pièce à l'autre, vous serez enfin prêt à tenter une plus grande expérience. La troisième étape de ce degré de formation consiste pour le mage en développement à entreprendre son premier et véritable voyage mental hors de son milieu.

Prenez votre âsana ou toute position confortable et oubliez votre corps physique. Fermez les yeux et centrez-vous de nouveau sur votre mental, comme vous avez maintenant habitude de faire, afin de ressentir ce sentiment de détachement complet. Dès que vous serez parvenu à altérer votre niveau de conscience, projetez-vous de nouveau dans votre double mental, hors de votre corps physique.

Le transfert étant complété, lorsque vous aurez la certitude que vous êtes réellement dans votre corps mental, quittez votre demeure, toujours en marchant, et allez faire une petite promenade à l'extérieur. Vous pourriez, par exemple, commencer par vous diriger dans votre jardin, si vous en avez un ou faire le tour de votre pâté de maisons ou vous diriger dans un parc se trouvant à proximité.

N'oubliez pas de rester en état d'éveil et de bien observer tout ce qui se trouve tout autour de vous. Ayez cette ferme conviction que votre corps mental est en mesure de tout percevoir, entendre et ressentir chaque détail de votre environnement immédiat, tout comme si vous y étiez physiquement. Chemin faisant, retenez quelques points de repère. Cela peut être aussi simple que la branche cassée d'un arbre sous lequel vous êtes passé, un graffiti sur un banc de parc, les fleurs sur un terrain voisin, une petite pierre qui se trouvait en travers de votre route, etc. Le but de marquer ces repères visuels est pour vous aider à évaluer le succès de votre projection mentale.

Après quelque temps, rebroussez chemin et réintégrez votre corps physique, de la même façon que vous enfileriez un vêtement. Ensuite, quittez de nouveau votre demeure, *physiquement*, et dirigez-vous aux mêmes endroits que précédemment afin de vérifier l'exactitude des sensations et visions que vous avez eues. Retournez vers vos points de repère et vérifiez si ce que vous avez aperçu coïncide avec la réalité ou si cela n'était que le fruit de votre visualisation.

Même en ayant obtenu de très bons résultats avec les exercices préliminaires, il est possible au début que vous ayez à vous en remettre exclusivement à votre force de visualisation pour pratiquer cet exercice. Voilà donc pourquoi il est important, lors de vos premières tentatives, de visiter des endroits qui vous sont très familiers. Ainsi, il vous sera facile de vous les représenter mentalement. Sachez toutefois qu'en répétant ces exercices, vous finirez réellement à accomplir votre but ultime, soit une authentique projection mentale.

Par la suite, lorsque vous aurez acquis la capacité d'allonger vos sorties et de vous déplacer encore plus loin sans aucun problème, pourquoi alors ne pas rendre une petite visite sournoise chez l'une ou l'autre de vos connaissances. Comme vous êtes dans votre corps mental, vous ne pourrez ressentir de fatigue, même si le sujet de votre visite se trouve à quelques kilomètres de votre demeure. Une fois sur place, étudiez attentivement les agissements de toute personne s'y trouvant et observez-les pendant un moment. Cette connaissance est-elle en train de lire un livre, de cuisiner ou regarde-t-elle la télévision? Ensuite, retournez en marchant vers votre corps physique et réintégrez-le. Il ne vous restera plus qu'à donner un coup de téléphone à la personne en question pour lui demander ce qu'elle était en train de faire afin de vérifier si vos perceptions mentales étaient justes et véridiques.

Ne vous découragez jamais d'aucune manière si vous n'obtenez pas les résultats voulus dès vos premières tentatives. Le succès viendra assurément, prenez-le pour dit. Le mage reconnaît la patience et la persévérance comme des vertus et il les appliquera tout au long de sa vie. Il en fera donc de même pendant son apprentissage magique.

Quatrième étape : L'exploration de lieux éloignés et des Sphères élevées

Lorsque vous obtiendrez la ferme conviction que vous être devenu capable de tout percevoir, entendre et ressentir à l'aide de vos sens mentaux et que vous aurez, avec succès, réalisé plusieurs projections mentales dans des lieux familiers que vous connaissez, alors il vous sera possible de tenter de nouvelles expériences des plus extraordinaires.

Étant donné que vous avez beaucoup pratiqué les étapes précédentes, vous êtes maintenant en mesure d'aller explorer de nouveaux endroits encore plus lointains. En ce qui concerne la distance que vous pourrez parcourir, il n'y a aucune limite. Retenez que le mental est intemporel et que ni l'espace, ni temps, sont des entraves pour ce dernier. Il est libre d'aller et venir là où il le souhaite.

La technique pour y parvenir est fort simple lorsque le magicien maîtrise les préceptes de la projection mentale. Quittez votre enveloppe charnelle et projetez-vous une fois de plus dans votre corps mental. Une fois que vous serez parvenu à ce détachement de la conscience, visualisez tout endroit de votre choix. Pensez simplement à l'endroit que vous désirez visiter, projetez-vous dans ce lieu et aussitôt vous y serez. Vous pourrez de cette façon parcourir de très grandes distances et explorer tous les lieux dont vous aurez envie de découvrir. Le magicien pourra donc voyager à volonté partout où il aura envie d'aller, en un seul instant. Il lui suffira de penser fortement à un endroit quelconque pour immédiatement s'y retrouver.

Quels sont les endroits que vous pouvez visiter, cela est laissé à votre entière discrétion. Votre corps mental n'étant pas régi par les Lois du monde physique, la pensée vous mènera là où vous aurez envie d'être. De cette façon, vous pouvez tout aussi bien visiter n'importe quel continent, n'importe quelle ville ou pays. Vous pourrez vous projeter dans le désert et aller voir les pyramides d'Égypte, faire un détour à Stonehenge, visiter la jungle amazonienne ou même la calotte polaire, si le cœur vous en dit...

Préparez-vous à vivre une multitude de sensations et de découvertes formidables, car en ayant la possibilité de parcourir le globe ainsi, à volonté, vous aurez sûrement le goût de tout découvrir et de voyager partout, dans les coins les plus secrets et reculés de la Terre.

Finalement, lorsque le plan terrestre n'aura plus rien de nouveau à vous apporter, vous pourrez de la même façon aller explorer les Sphères plus élevées et les autres plans d'existence. Pour parvenir à s'élever consciemment et passer dans une autre dimension, ayez simplement ce fort désir d'y être et pensez à visiter le pan en question. Vous ressentirez aussitôt un sentiment d'élévation, une perpétuelle ascension fulgurante, étant toujours propulsé vers le haut. Cela s'effectuera avec une très grande rapidité car vous voyagerez à la vitesse de l'esprit.

Aussitôt sur les lieux, vous pourrez entamer de toutes nouvelles découvertes et même rencontrer les Êtres qui habitent ces Sphères. En contactant ces Entités, vous pourrez alors recevoir un merveilleux bagage de connaissances qu'aucune personne humaine vivant sur cette Terre ne sera jamais en mesure de vous apporter. À partir de là, essayez de vous enquérir du plus d'informations possibles, car vous aurez énormément à gagner, apprendre et surtout, à voir.

28 - La Clairvoyance — 2ᵉ degré

Ce deuxième degré ne sera pas centré exclusivement sur le développement des aptitudes favorisant la clairvoyance, dont vous possédez déjà les techniques. Par contre, grâce au même outil que vous avez employé antérieurement, vous serez amené vers de nouvelles pratiques encore plus extraordinaires qu'enrichissantes, et qui, de concert avec celles-ci, favoriseront la clairvoyance à court et moyen terme.

Le mage en devenir a vu lors du premier degré des exercices de la clairvoyance comment confectionner son propre miroir magique et différentes façons de l'utiliser. En ayant obtenu d'excellents résultats par ces pratiques, il lui sera dès lors possible de faire un pas en avant vers la maîtrise avec de toutes nouvelles expérimentations occultes, lesquelles s'effectueront, une fois de plus, à l'aide du miroir. Comme nous l'avons vu ensemble, le miroir magique peut agir comme un portail ou une fenêtre interdimensionnelle entre le monde physique de la matière et le plan astral. Vous savez à présent qu'un tel miroir peut projeter efficacement ce qui se trouve de l'autre côté du voile subtil et que ces choses peuvent être perçues grâce à un entraînement rigoureux.

Vous allez maintenant parfaire votre formation en apprenant comment parvenir à vous projeter à travers le miroir magique, faisant de sorte que vous soyez en mesure de vous retrouver instantanément, en pleine conscience, sur le plan astral afin d'y découvrir toutes les Lois qui régissent ce niveau d'existence. Afin d'être en mesure d'effectuer une projection consciente à travers le miroir magique, vous devez au préalable avoir bien maîtrisé les exercices du premier degré et, en partie, ceux de la projection mentale et de la projection de la conscience à travers les objets. En effet, ces techniques vous seront utiles en ce sens que vous devrez être capable de manipuler avec aisance votre centre de conscience.

La charge du miroir au moyen de la substance éthérique

Avant d'entamer cette expérimentation vous aurez besoin, au préalable, de charger convenablement votre miroir. Détendez votre corps et votre mental. Faites quelques étirements au besoin, puis, adoptez votre âsana en vous plaçant à environ un mètre du miroir magique. À présent, en employant la technique de la respiration cutanée consciente, absorbez au grand complet dans votre corps de la substance éthérique directement à partir de l'Univers. Visualisez cette dernière d'une teinte gris argenté et nuageuse.

Imaginez donc que votre corps est un réceptacle vide et, qu'à chaque inspiration, vous absorbez et aspirez, par la force de votre visualisation, la substance éthérique à travers tout votre corps. Celui-ci s'emplit aussitôt de plus en plus de cette matière éthérée, grisâtre et subtile. Lorsque vous aurez compressé suffisamment de cette substance, il sera temps de la projeter sur la surface réfléchissante de votre miroir. Pour ce faire, il existe deux méthodes, soit par les mains, soit via le plexus solaire. Commençons par cette deuxième.

En employant les propriétés relatives à l'expiration, visualisez, à chaque fois que vous expirez, que la substance éthérique précédemment accumulée s'éjecte via votre plexus solaire pour aller s'introduire entièrement sur toute la surface de votre miroir magique. Elle adopte la forme du miroir et y adhère. Réitérez cette méthode pour évacuer complètement la substance de votre corps en direction du miroir. Lorsque ce sera fait, celui-ci sera dûment chargé et prêt à l'emploi.

Si vous désirez plutôt utiliser les mains comme moyen de transmission, placez-les à quelques centimètres de la surface du miroir magique et faites-en de même en projetant l'éther par la visualisation et l'expiration. Les deux techniques sont aussi efficaces l'une que l'autre. Optez pour celle avec laquelle vous aurez le plus de facilité.

La projection à l'intérieur du miroir magique

Positionné devant votre miroir magique, lequel est convenablement chargé, vous pouvez maintenant poursuivre avec l'acte même de la projection. Concentrez-vous sur votre mental et pensez que ce dernier adopte une dimension très petite, faisant de sorte qu'il puisse passer sans peine à travers le miroir. Autrement dit, visualisez que votre conscience se concentre en une infime proportion, comme si votre mental était compressé dans une forme restreinte, pas plus grosse que la taille du miroir qui se trouve devant vous. Cela rime un peu à dire que c'est tout comme si vous voudriez rapetisser afin de prendre la taille d'une souris pour passer au travers d'une fissure au bas d'un mur.

Lorsque vous serez parvenu à cet état de conscience, à l'aide de la visualisation, traversez le miroir et projetez-vous de l'autre côté. Si vous êtes capable de visualiser ce transfert, et que celui-ci s'opère réellement, alors aussitôt vous vous retrouverez sur le plan astral.

Une fois que vous vous tiendrez présent, en conscience, sur ce plan d'existence, vous serez en mesure de ressentir un sentiment de détachement et d'infinitude sans pareil, vous sentirez s'installer en vous une énorme impression de liberté.

Une fois sur les lieux, commencez par repérer ce qui se trouve autour de vous. Prenez conscience de ce nouvel environnement et passez-y quelque temps. Il est fort probable qu'au début vos sens ne puissent rien percevoir, sinon qu'une éternelle obscurité des plus opaques. Cependant, en répétant fréquemment cet exercice sur une base quotidienne, vous finirez par percevoir de la lumière, et, peu à peu, l'obscurité se retirera pour vous dévoiler toutes les splendeurs du plan astral.

Ensuite, lorsque vous serez prêt à conclure cette expérience, traversez le miroir en sens inverse afin de retourner dans votre corps physique. Si pour une raison quelconque vous en veniez à vous sentir égaré dans l'astral, ne partez surtout pas en panique. Le simple fait de penser fortement à votre corps et de vous visualiser à l'intérieur de celui-ci sera suffisant pour subitement le réintégrer. Retenez bien ceci, jamais en aucun temps vous ne pouvez demeurer bloqué ou emprisonné dans cette dimension. Vous êtes constamment relié à votre corps matériel par un lien subtil et solide. Ceci devrait être suffisant pour vous rassurer dès cet instant.

Ceci dit, par de fréquentes visites de ce plan d'existence, il vous sera éventuellement possible de voir et communiquer avec les esprits du monde astral. Il est plus que possible qu'au cours de vos expériences vous en veniez même à rencontrer et échanger avec les défunts et toute personne décédée. Avec de plus en plus de pratique et en visitant quotidiennement cette dimension, il vous sera tout aussi possible de bénéficier de connaissances et d'expériences qu'aucun mortel ne pourrait vous apporter.

Par ailleurs, vous en viendrez aussi à perdre toute notion de peur quant à la mort et la fatalité, et je vous le souhaite fortement si cela s'applique à vous. Vous pourrez concevoir votre lieu de transition après cette incarnation, lorsque vous passerez de vie à trépas. Votre niveau d'élévation spirituelle sera toujours analogue à la zone de densité où vous vous retrouverez lorsque subviendra votre mort physique. Car le mage plus que quiconque le sait, la mort n'est pas la fin de la vie, celle-ci se poursuit toujours, mais à un différent stade de conscience. Plus vous serez conscient et spirituellement mature, plus vous vous retrouverez sur les plans élevés et ainsi il en est de même en cas inverse pour les basses dimensions.

Pratiquez cet exercice sur une base régulière afin de vous familiariser avec le plan astral et ses habitants et allez chercher toute la connaissance que vous serez en mesure de vous approprier. Par la suite, si désiré, il vous sera possible de visiter d'autres zones de densités diverses et communiquer avec d'autres types d'Entités vivant dans ces Sphères respectives.

La projection dans diverses Sphères et zones de densité

Lorsque vous aurez acquis passablement d'expérience avec la pratique précédente, vous aurez peut-être envie, rendu à ce stade, de visiter d'autres Sphères et de nouvelles dimensions. Comme je vous l'ai expliqué au début de cet ouvrage, le plan astral est subdivisé en plusieurs niveaux de conscience, allant du bas astral jusqu'aux Sphères Célestes où le taux vibratoire est beaucoup plus élevé et accéléré. Ainsi, en appliquant la technique de la projection au travers du miroir magique, il vous sera possible de visiter et d'explorer entièrement toutes ces différentes zones de densité.

Vous avez véritablement le choix. Vous pouvez autant vous élever vers les dimensions plus raffinées et subtiles, autant qu'il vous est possible de descendre vers le plan éthérique où résident les Élémentaux ainsi que le bas astral, ce dernier étant plutôt un lieu, comment dire... malfamé et plutôt risqué pour celui qui n'est pas proprement prêt à faire face aux Entités qui l'habitent.

Pour visiter ces Sphères, vous n'aurez qu'à le désirer intensément et vous y projeter consciemment pour aussitôt vous y retrouver. Manifestez votre désir d'y être et vous y serez. Autant vous vous sentirez aspiré rapidement vers le haut, en une ascension vertigineuse, si votre désir est d'atteindre les hautes Sphères vibratoires, tandis qu'à l'opposé, vous vous sentirez aspiré vers le bas, en profondeur, si vous souhaitez visiter les plans plus denses. Ceci dit, dépendant de votre maturité spirituelle, il se peut que vous ne puissiez avoir accès à toutes ces dimensions, notamment les plus élevées, en raison des vibrations qui seront plus hautes et plus rapides. Vous serez toujours en mesure de voyager dans les zones qui seront en accord avec votre niveau de développement magique et la noblesse de votre caractère.

Ainsi, explorez de nouvelles dimensions à votre guise et tentez encore, si cela est votre plus cher désir, de vous enquérir d'informations des plus diverses. Essayez de rencontrer les habitants de ces zones de densité et recueillez tout ce dont il vous plaira en termes d'expériences et de connaissances.

Je me dois immédiatement de vous faire certaines remarques à propos du bas astral. Bien qu'il sera aisé pour le magicien de visiter cette dimension à volonté, ce dernier devra toujours faire preuve de sagesse, mais surtout, de prudence. En effet, je ne désire pas vous créer de peurs inutiles, mais le bas astral est plutôt un lieu dangereux pour les magiciens inexpérimentés. C'est le plan subtil le moins raffiné et celui qui recèle de plusieurs Entités et créatures des plus étranges et aux comportements discutables. Les Êtres qui habitent ce plan d'existence possèdent le niveau de maturité spirituelle le moins élevé, allant même parfois à une conscience de nature bestiale ou démoniaque. Vous risquerez de tomber en cours de route sur des Êtres égoïstes, malheureux, inconscients ou même perfides et malhonnêtes. Je ne vous en dirai pas davantage car vous serez en mesure d'expérimenter le tout en faisant vos propres expériences. Sachez simplement que vous devrez faire très attention aux éventuelles rencontres, lorsque vous serez confronté à ce type d'Entités. Retenez en dernier lieu qu'en tout temps vous aurez un allié de choix que vous pourrez évoquer pour vous protéger : la Lumière.

La projection dans les Sphères élémentales et correspondances des Élémentaux

Il est également possible pour le magicien d'explorer le plan éthérique afin d'y rencontrer les Élémentaux et d'apprendre de nouvelles notions de la part de ces habitants. Pour y arriver, certains changements devront être apportés, notamment quant à la technique de charge du miroir qui vient tout juste d'être expliquée.

Vous devrez en premier lieu charger votre miroir magique de la substance élémentale correspondant au royaume élémentaire que vous voudrez visiter. Si par exemple vous désirez voyager dans le royaume de l'Élément Feu, au lieu de charger le miroir avec la substance éthérique, celui-ci aura donc à être chargé avec l'Élément Feu.

Ainsi en est-il de même avec les autres royaumes élémentaires, en chargeant le miroir avec l'Eau pour la Sphère de l'Eau, l'Air pour l'Élément aérien et la Terre pour l'élément Cosmique de la Terre. Comme vous connaissez d'ailleurs la technique pour accumuler et projeter les Éléments, je vous dispenserai donc de ces explications additionnelles.

Deuxièmement, afin de pouvoir approcher les Élémentaux, il sera fort important que vous adoptiez leurs formes et apparences respectives. Pour ce faire, lorsque vous projetterez votre conscience à travers le miroir, modelez aussi votre mental pour que celui-ci adopte la forme voulue, par la force de votre visualisation.

Les correspondances générales des Élémentaux sont les suivantes :

Élément Feu :

Les habitants du royaume de l'Élément Feu se nomment les Salamandres. Ils vivent généralement au fond des cratères de volcans et partout où s'exprime l'Élément igné. Leur apparence est, à certains égards, similaire à celle de l'homme. Cependant, ils possèdent certaines particularités qui leur sont propres. Ils ont, entre autres perspectives, un cou très long et un visage plus petit que celui d'un humain. Ils projettent aussi constamment de petits jets de flammes, un peu à la façon d'une couleuvre qui sort perpétuellement sa langue. Ils sont les possesseurs des secrets de l'Élément dont ils sont issus et connaissent les Lois de la magie du Feu. Plutôt difficile d'approche, je vous recommande d'avoir obtenu un certain niveau de réussite avec les autres Élémentaux avant de songer à les aborder. Même que je vous suggère de les mettre en bas de liste dans vos projections ultérieures.

Élément Eau :

Les habitants du royaume de l'Élément Eau se nomment les Ondines. On retrouve ces Entités séduisantes là où est exprimé l'Élément aqueux, dans les lacs, les rivières et dans les profondeurs de la mer. Leur apparence est parfaitement analogue, voire même identique à celle de l'homme en ce qui correspond à leur taille et dimensions corporelles. Les Ondines se présentent généralement sous une forme féminine somptueuse, bien que certains soient toutefois de nature masculine. Elles ont de très jolis visages aux traits raffinés, sans compter qu'elles sont d'une beauté tout simplement extraordinaire. Ces Entités de nature indiscrète sont fortement portées aux choses de l'amour et de la séduction, comme le magicien l'apprendra à ses dépens. Il devra donc redoubler de prudence pour ne pas tomber dans leurs malices et fantasmes ou pire, amoureux! Elles sont les possesseurs des secrets de l'Élément dont elles sont issues et connaissent les Lois de la magie de l'Eau.

Élément Air :
Les habitants du royaume de l'Élément Air se nomment les Sylphes. On retrouve ces Êtres dans l'atmosphère et l'air ambiant, dans le ciel et les hauteurs, bref, dans toutes régions aériennes. De nature plutôt timide, les Sylphes possèdent surtout une forme féminine très ravissante et d'apparence légèrement éthérée. Étant plutôt vagabonds et constamment en mouvement, ces esprits sont les possesseurs des secrets de l'Élément dont ils sont issus et connaissent les Lois de la magie de l'Air.

Élément Terre :
Les habitants du royaume de l'Élément Terre se nomment les Gnomes. Pour les rencontrer, le mage se dirigera dans les mondes souterrains, notamment les grottes, les cavités terrestres et au plus profond de la terre et de la pierre. Certes, il est aussi possible de les retrouver dans la nature comme les boisés et les forêts. Leur apparence se rapproche de beaucoup aux petits lutins que l'on retrouve dans les contes et histoires folkloriques de notre jeunesse. Ils sont de petite taille et possèdent des yeux brillants très étincelants. Ils préféreront généralement la noirceur à la clarté, toutefois, sans que ceci en soit un précepte immuable, ils peuvent donc également être perceptibles à la lumière du jour. Arborant une barbe et des cheveux plutôt longs, ainsi que de petits bonnets couronnant leurs têtes, ils portent également des vêtements d'apparence rustique, comme s'ils étaient froissés à la suite d'un dur labeur mais jamais usés. Ils sont les possesseurs des secrets de l'Élément dont ils sont issus et connaissent les Lois de la magie de la Terre.

Lors de vos explorations dans les royaumes des Éléments, visez toujours, de préférence, la rencontre des rois Élémentaux au détriment de leurs subalternes. Bien que ces derniers puissent vous être propices et faire preuve d'un impressionnant bagage de connaissances, les rois, étant les plus érudits et matures, leur statut hiérarchique étant le plus élevé, ils posséderont l'entière connaissance de l'Élément dont vous voulez connaître tous les secrets. En fréquentant ces Êtres sur une base quotidienne et renouvelée, vous apprendrez des techniques, *parfois même foudroyantes*, que vous seriez incapables de trouver dans toute la littérature hermétique.

De nombreux ouvrages pourraient être écrits à ce sujet. Ce qui fut dit sera néanmoins amplement suffisant pour que l'élève qui suit cette formation magique arrive à faire ses propres expériences. Pratiquez ces exercices sur une base régulière afin de vous familiariser avec les plans subtils et ses habitants et allez chercher toute la connaissance que vous serez en mesure de vous approprier.

Plus tard, nous verrons ensemble comment pratiquer des sorties astrales sans l'intermédiaire du miroir magique et les nouvelles possibilités qui s'offrent au magicien.

29 - Pratique Cérémonielle VI

Voici une nouvelle pratique cérémonielle que vous mettrez en application dans le cadre de votre formation magique. Ce rituel, la Suprême Invocation Rituelle de l'Heptagramme (SIRH), est une version plus élaborée du Rituel de l'Heptagramme. Ce rite comporte plus de symbolisme que la version que vous connaissez déjà en ce moment.

Vous ferez notamment appel aux quatre puissances élémentales ainsi qu'à la manifestation Divine sur le plan matériel. Par ailleurs, en pratiquant ce rituel, vous serez amené à tracer l'Épée de Flammes, laquelle nous avons étudié lors du cinquième niveau (partie 21). Souvenez-vous, selon la cosmogonie kabbalistique, le parcours qu'emprunte cette épée à travers les Séphiroth de l'Arbre de Vie est le même que celui qu'emprunta la Divinité pour créer le monde.

Le but premier de ce rituel est de manifester la puissance Divine sur le plan de la matière en plus de renforcer votre lien avec cette dernière et votre Être Suprême. Les Éléments seront eux aussi invoqués par l'entremise des heptagrammes et la verbalisation vibratoire de leurs noms énochiens, ainsi que ceux des quatre grands Noms Saints, qui président les mêmes Tours de Guet énochiennes.

Les bienfaits apportés par la mise en application de ce rituel de Haute Magie sont tout simplement indescriptibles. Vous devrez ressentir les énergies vibrer à travers votre être tout entier pour en prendre pleinement conscience. Sans toutefois avoir à le pratiquer quotidiennement, tout comme il en est pour le SIRP, vous pourrez exécuter ce rituel lorsque vous en ressentirez le besoin. À mon humble avis, vous aimerez vous y adonner aussi souvent que possible.

SIRH : La Suprême Invocation Rituelle de l'Heptagramme

Bien que facultatif, il est recommandé de pratiquer le RMBP suivi du RBH avant d'entamer ce rituel.

Première partie : La Croix Kabbalistique

Touchez le front et vibrez : **ATAH**
Pointez vers le bas et vibrez : **MALKUTH**
Touchez votre épaule droite et vibrez : **VE-GEBURAH**
Touchez votre épaule gauche et vibrez : **VE-GEDULAH**
Joignez ensuite les mains et vibrez : **LIH-OH-LAHM, AMEN**

Deuxième partie : La Formulation des Heptagrammes

Dirigez-vous aux bords de votre cercle, toujours en faisant face à l'Est et tracez l'heptagramme Équilibrant Actif de l'Esprit, d'un trait continu et fluide. Visualisez-le d'un jaune éclatant, pulsatif et d'une très grande brillance. Donnez ensuite le signe d'entrée en plongeant les mains au centre de l'étoile, tout en vibrant :

EXARP (Etz-har-peh)

Ressentez l'énergie vous pénétrer lors de l'inspiration, puis parcourir tout votre corps et passer par l'intermédiaire de vos mains, pour aller au travers de l'heptagramme. Reprenez ensuite votre position initiale.

Tracez maintenant l'heptagramme d'Invocation de l'Air, de couleur jaune vif, par-dessus le précédent. Ressentez une fois de plus l'énergie vous pénétrer lors de l'inspiration, pour ensuite parcourir votre corps alors que vous donnerez le signe d'entrée tout en vibrant :

ORO-IBAH-AOZPI (Oh-roh-Eh-bah-Ah-oh-zod-peh)

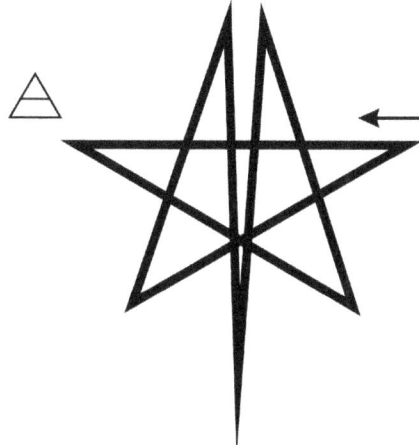

Finalement, par-dessus les deux heptagrammes, tracez L'Épée de Flammes, en suivant le schéma suivant. Tout en traçant cette ligne que vous visualiserez d'un blanc très brillant, vibrez :

OZGTLIOC (Oh-zod-geh-teh-leh-oh-keh)

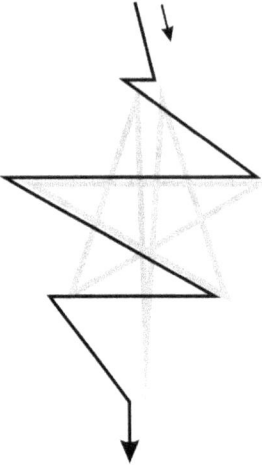

Ce mot magique de pouvoir est composé de la première lettre de chaque mot de la phrase énochienne suivante et qui signifie :

**OL ZIRDO GIGIPAH TOFGLO,
LUCIFTIAS IAIDON ONDOH CAOSGI**
« *Je suis le souffle vivant de toutes choses,
La lumière toute puissante du royaume terrestre.* »

Ressentez l'énergie de ce nom de pouvoir faisant vibrer l'Épée de Flammes, laquelle s'intensifie aussitôt en une très forte brillance.

À présent, pointez au centre des heptagrammes, puis, tracez une ligne en vous dirigeant le long du cercle vers le Sud. Visualisez cette ligne d'un blanc très brillant et extrêmement lumineuse. Cette dernière reliera tous les symboles magiques les uns aux autres.

Face au Sud, tracez l'heptagramme Équilibrant Actif de l'Esprit. Visualisez-le d'un rouge éclatant d'une très grande intensité. Donnez ensuite le signe d'entrée en plongeant les mains au centre de l'étoile, tout en vibrant :

BITOM (Bee-toh-meh)

Ressentez l'énergie vous pénétrer lors de l'inspiration, puis ressentez-la également parcourir tout votre corps et passer par l'intermédiaire de vos mains, pour aller au travers de l'heptagramme. Reprenez ensuite votre position initiale.

Tracez maintenant l'heptagramme d'Invocation du Feu, d'un rouge très vif, par-dessus le précédent. Ressentez une fois de plus l'énergie vous pénétrer lors de l'inspiration, pour ensuite parcourir votre corps alors que vous donnerez le signe d'entrée tout en vibrant :

OIP-TEAA-PDOKE (Oh-ee-peh-Teh-ah-ah-Peh-doh-keh)

Finalement, par-dessus les deux heptagrammes, tracez L'Épée de Flammes d'un blanc très brillant et pulsatif, tout en vibrant :

OZGTLIOC (Oh-zod-geh-teh-leh-oh-keh)

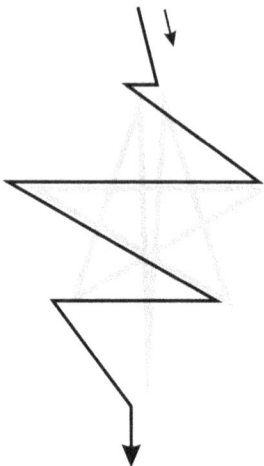

Ressentez l'énergie de ce nom de pouvoir faisant vibrer l'Épée de Flammes, laquelle s'intensifie aussitôt en une très forte brillance.

Pointez au centre des heptagrammes et tracez la ligne blanche dans les airs, tout en vous dirigeant le long du cercle, vers l'Ouest.

Face à l'Ouest, tracez l'heptagramme Équilibrant Passif de l'Esprit. Visualisez-le d'un bleu éclatant d'une très grande intensité. Donnez ensuite le signe d'entrée en plongeant les mains au centre de l'étoile, tout en vibrant :

HCOMA (Heh-coh-mah)

Ressentez une fois de plus l'énergie vous pénétrer lors de l'inspiration et parcourir votre corps, en passant par vos mains, pour aller au travers de l'heptagramme. Reprenez ensuite votre position initiale.

Tracez maintenant l'heptagramme d'Invocation de l'Eau, de couleur bleu électrique, par-dessus le précédent. Ressentez l'énergie vous pénétrer pour ensuite parcourir votre corps alors que vous donnerez le signe d'entrée en vibrant:

MPH-ARSL-GAIOL (Em-peh-heh-Ar-ess-el-Gah-eh-oh-leh)

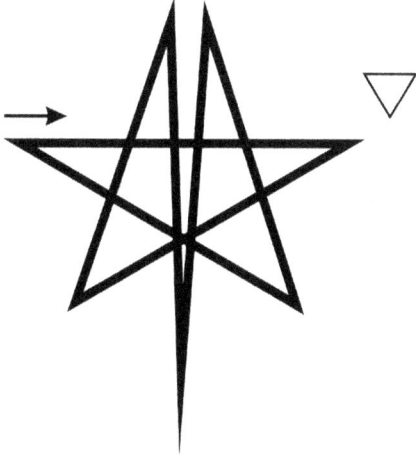

Finalement, par-dessus les deux heptagrammes, tracez L'Épée de Flammes d'un blanc très brillant et pulsatif, tout en vibrant:

OZGTLIOC (Oh-zod-geh-teh-leh-oh-keh)

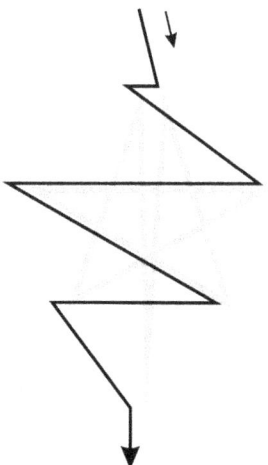

Une fois de plus, ressentez l'énergie de ce nom de pouvoir faisant vibrer l'Épée de Flammes, laquelle s'intensifie aussitôt en une très forte brillance.

Pointez au centre des heptagrammes et tracez la ligne blanche dans les airs, tout en vous dirigeant le long du cercle, vers le Nord.

Face au Nord, tracez l'heptagramme Équilibrant Passif de l'Esprit. Visualisez-le d'un vert éclatant d'une très grande intensité. Donnez ensuite le signe d'entrée en plongeant les mains au centre de l'étoile, tout en vibrant:

NANTA (Nah-en-tah)

Ressentez l'énergie vous pénétrer lors de l'inspiration et passer par l'intermédiaire de vos mains pour aller au travers de l'heptagramme. Reprenez ensuite votre position initiale.

Tracez maintenant l'heptagramme d'Invocation de la Terre, d'un vert brillant, par-dessus le précédent. Ressentez une fois de plus l'énergie passer à travers vous alors que vous donnerez le signe d'entrée en vibrant:

MOR-DIAL-HKTGA (Moh-ar-Dee-ah-leh-Heh-keh-teh-gah)

Finalement, tracez L'Épée de Flammes en vibrant:

OZGTLIOC (Oh-zod-geh-teh-leh-oh-keh)

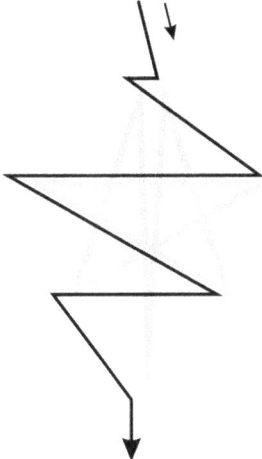

De la même façon, ressentez l'énergie de ce nom de pouvoir faisant vibrer l'Épée de Flammes, laquelle s'intensifie aussitôt en une très forte brillance.

Scellez finalement le cercle lumineux en vous dirigeant vers votre point de départ à l'Est. Reprenez ensuite votre position initiale au centre du cercle magique, derrière votre autel (si vous en avez un), et tournez-vous ensuite face à l'Orient. Prenez le temps de visualiser et contempler tous les heptagrammes et les Épées de Flammes qui vous entourent et qui brillent avec une vivacité incroyable.

Troisième partie : L'Évocation de la Manifestation Divine sur la Matière

Toujours face à l'Est, tenez-vous bien droit et pointez la sphère de lumière présente au-dessus de votre tête (celle créée lors du RMBP). Faites descendre la lumière au niveau de votre front et vibrez :

OL ZIRDO GIGIPAH TOFGLO
(Oh-el Zod-eh-reh-doh Geh-geh-pah Toh-fah-geh-loh)
(Je suis le souffle vivant de toutes choses...)

Ensuite, tout comme lors du RMBP, faites descendre la lumière vers vos pieds et vibrez :

LUCIFTIAS IAIDON ONDOH CAOSGI
(Luh-keh-feh-teh-ass Eh-ah-eh-doh-nuh Oh-en-doh Cah-oh-sah-geh)
(La lumière toute puissante du royaume terrestre...)

Faites une courte pause pour ressentir toute la puissance de cette dernière et importante affirmation. Le rituel est maintenant complété. Vous pouvez, à ce point, accomplir tout type de travail occulte de Lumière que vous désirez ou, encore, fermer les yeux et simplement baigner dans cette puissante énergie.

Résumé de la Suprême Invocation Rituelle de l'Heptagramme

- *Première partie : La Croix Kabbalistique*

    Touchez le front et vibrez : **ATAH**
    Pointez vers le bas et vibrez : **MALKUTH**
    Touchez votre épaule droite et vibrez : **VE-GEBURAH**
    Touchez votre épaule gauche et vibrez : **VE-GEDULAH**
    Joignez ensuite les mains et vibrez : **LIH-OH-LAHM, AMEN**

- *Deuxième partie : La Formulation des Heptagrammes*

    Tracez l'Heptagramme Équilibrant Actif de l'Esprit.
    Donnez le signe d'entrée en vibrant : **EXARP**
    Tracez l'Heptagramme d'Invocation de l'Air.
    Donnez le signe d'entrée en vibrant : **ORO-IBAH-AOZPI**
    Tracez L'Épée de Flammes tout en vibrant : **OZGTLIOC**
    Tracez la ligne blanche en vous dirigeant vers le Sud.

    Tracez l'Heptagramme Équilibrant Actif de l'Esprit.
    Donnez le signe d'entrée en vibrant : **BITOM**
    Tracez l'Heptagramme d'Invocation du Feu.
    Donnez le signe d'entrée en vibrant : **OIP-TEAA-PDOKE**
    Tracez L'Épée de Flammes tout en vibrant : **OZGTLIOC**
    Tracez la ligne blanche en vous dirigeant vers l'Ouest.

    Tracez l'Heptagramme Équilibrant Passif de l'Esprit.
    Donnez le signe d'entrée en vibrant : **HCOMA**
    Tracez l'Heptagramme d'Invocation de l'Eau
    Donnez le signe d'entrée en vibrant : **MPH-ARSL-GAIOL**
    Tracez L'Épée de Flammes tout en vibrant : **OZGTLIOC**
    Tracez la ligne blanche en vous dirigeant vers le Nord.

    Tracez l'Heptagramme Équilibrant Passif de l'Esprit.
    Donnez le signe d'entrée tout en vibrant : **NANTA**
    Tracez l'Heptagramme d'Invocation de la Terre
    Donnez le signe d'entrée en vibrant : **MOR-DIAL-HKTGA**

Tracez L'Épée de Flammes tout en vibrant : **OZGTLIOC**
Scellez le cercle en vous dirigeant à votre point de départ à l'Est.

- *Troisième partie : L'Évocation de la Manifestation Divine sur la Matière*

Faites descendre la lumière au niveau du front et vibrez :
OL ZIRDO GIGIPAH TOFGLO
Faites descendre la lumière vers vos pieds et vibrez :
LUCIFTIAS IAIDON ONDOH CAOSGI

HUITIÈME NIVEAU

La Maîtrise

Votre entraînement magique arrive bientôt à terme. Vous avez passablement acquis d'expérience au cours des niveaux précédents et vous allez maintenant entamer de toutes nouvelles procédures et techniques, lesquelles vous amèneront encore plus près de la véritable maîtrise magique. Poursuivez dans vos efforts, vous y êtes presque.

Nous allons sans plus tarder aborder les techniques d'éjection de la substance astrale afin que vous soyez fin prêt, par la suite, à consciemment quitter votre corps physique pour réaliser une authentique projection astrale. Au cours de ce niveau vous apprendrez, en outre, comment éjecter et modeler votre substance psychique afin de l'envoyer à volonté pour vous enquérir d'information de nature émotionnelle. Vous allez adorer cette partie de votre entraînement, j'en suis convaincu. Vous verrez, de plus, comment parvenir à vous familiariser avec le « soi » inférieur.

N'oubliez pas de mettre en pratique tous les exercices pendant une période d'au moins un mois. Vous devrez vous exercer continuellement et de façon continue si vous aspirez à obtenir tous les résultats possibles en appliquant les techniques que je vais à présent vous transmettre.

30 — L'Éjection de la Substance Astrale

Voici une toute nouvelle technique qui vous apportera, vous, le mage en devenir, plusieurs niveaux de satisfaction personnelle. La fonction de cet exercice est double. Autant vous pourrez employer l'éjection de la substance astrale pour former ce que l'on nomme le *guetteur astral* afin de conduire d'étonnantes expérimentations personnelles, autant cette méthode pratique vous rapprochera davantage de votre prochain but à atteindre, soit la projection hors corps sur le plan psychique.

De façon méthodique, vous allez commencer par apprendre la technique permettant l'éjection de la substance astrale directement à partir de votre corps psychique. Cette substance fait partie intégrante de votre être, elle demeure constamment reliée à vous, même lorsqu'elle est extériorisée. Une fois éjectée de votre corps astral, il vous sera possible de la façonner à volonté sous différentes formes et de la diriger ensuite en vue de la voir accomplir différentes actions occultes.

Souvenez-vous que la fonction première de cette technique est de vous permettre ultérieurement de constituer, par éjection de cette substance, votre véhicule astral pour un nouveau type de projection de la conscience. Vous serez amené plus tard à former votre corps psychique afin d'y prendre place pour réussir consciemment une pleine et authentique projection astrale.

Mais avant d'aborder la théorie et la pratique d'un tel procédé, lequel sera le sujet du neuvième niveau de cette formation magique, vous devrez auparavant vous familiariser avec certaines techniques préparatoires qui s'avéreront indispensables à votre entraînement. Ainsi, par ce même moyen, en éjectant et dirigeant avec conscience cette substance astrale, vous pourrez employer le guetteur astral pour vous enquérir d'informations de type émotionnel à distance. Nous y reviendrons sous peu en temps opportun.

Première approche : L'éjection consciente

Comme je vous l'ai mentionné, le but ultime de cette technique consistera à la formation du véhicule psychique par l'éjection de la substance astrale, procédure qui vous sera expliquée lorsque viendra le moment au cours de cette formation. Pour l'instant, concentrez toute votre attention à ce qui suivra. Ne l'oubliez pas, un véritable mage est une personne méticuleuse sachant faire preuve d'une approche méthodique et intelligente.

Pour commencer, veillez à n'être que légèrement vêtu ou en toute nudité si cela vous est possible de le faire. Vous devez pouvoir être totalement à votre aise avant d'entamer l'exercice. Il serait également une bonne idée d'être moyennement à jeun ou au pire, ne pas avoir mangé dans la dernière heure. La raison est toute simple. La digestion est un travail effectué par le corps physique et, une cause d'attention au niveau intellectuel. Essayez donc dans la mesure du possible de respecter ces deux prérequis. Vos résultats n'en seront que plus probants.

À présent, tenez-vous debout et calmez votre mental en respirant lentement et de façon régulière. Pratiquez ensuite le Rituel du Pilier du Milieu suivi immédiatement de la Circulation du Corps Lumineux. Lorsque vous aurez complété le tout, vous serez fin prêt à l'acte même de l'éjection de la substance astrale.

Portez maintenant votre attention au niveau de votre plexus solaire, dans la région de l'abdomen. C'est par ce centre énergétique que vous procéderez à l'éjection de la substance psychique en raison de ses propriétés astro-sensibles. Visualisez ensuite, toujours en partance du plexus solaire, que vous éjectez un jet d'apparence gazeuse, de couleur gris argenté, prenant la forme d'un nuage à environ un mètre de vous. Visualisez que lentement, sous le contrôle de votre volonté, ce nuage adopte la forme d'une sphère. Lorsque vous aurez le sentiment d'avoir extériorisé suffisamment de cette substance, arrêtez-vous. Retenez que la sphère demeurera toujours rattachée à vous via votre plexus par un lien visible, tel un cordon ombilical, constitué de la même substance éthérée. Voyez comment la sphère se tient immobile devant vous, elle qui est formée de votre propre substance psychique. Contemplez pendant un moment le résultat que vous venez d'obtenir.

Pour clore cette première approche, réintégrez en sens inverse toute la substance astrale qui fut précédemment projetée, en l'absorbant par ce même centre énergétique. Visualisez simplement que la sphère retrouve sa forme vaporeuse et nuageuse, puis, aspirez-la de nouveau dans votre corps en la faisant passer par l'intermédiaire du cordon, de la même façon que vous le feriez en buvant avec une paille. Réintégrez finalement le cordon jusqu'à ce que toute la substance éjectée en vienne à être réabsorbée entièrement.

Il est possible que vous ayez le sentiment, du moins, lors de vos premières tentatives, que toute la procédure ne s'est effectuée que dans votre esprit et que tout cela ne fut que le fruit de votre imagination. Oui, cela est très probable lors des toutes premières fois. Mais sachez que par la suite, l'éjection s'opérera bel et bien, le tout en accord avec votre visualisation et volonté si vous suivez correctement mes directives.

Seconde approche : Les formes

Lorsque le magicien aura connu du succès avec la première approche, il pourra ensuite passer à la suivante qui consiste à donner différentes formes à la substance astrale qui aura été éjectée.

Pratiquez comme précédemment le RPM suivi du CCL et éjectez ensuite via le plexus solaire un jet d'apparence gazeuse, de couleur gris argenté, prenant la forme d'un nuage à environ un mètre de vous. Lorsque vous aurez le sentiment d'avoir extériorisé suffisamment de cette substance éthérée, arrêtez-vous. Toujours, le nuage de matière astrale est rattaché en permanence à votre corps par ce cordon constitué de la même matière. Contemplez pendant un moment le résultat que vous venez d'obtenir.

Cette fois-ci, au lieu de former le nuage gazeux de façon sphérique, concentrez-vous à le modeler sous diverses formes de votre choix par la force de votre volonté et de votre visualisation. Vous pouvez tout aussi bien visualiser que la substance astrale adopte une forme animale autant qu'humanoïde. La taille importe peu car vous serez en mesure de compresser ou d'élargir la forme à votre guise. L'aspect final sera perçu telle une silhouette grisâtre comportant plus ou moins de détails visuels.

Après avoir obtenu du succès avec des formes de votre choix, entraînez-vous à modeler la substance psychique sous une apparence humaine très proche de la vôtre. Façonnez-la de façon à ce qu'elle adopte votre taille et vos mesures corporelles — autrement dit, faites un parfait double astral de vous-même. Pour le moment, il est impératif de ne pas vous associer à cette figure. Il ne s'agit ni plus ni moins que d'une forme humaine, laquelle se tient debout devant vous. Tous deux êtes reliés l'un à l'autre par ce cordon argenté au niveau de vos plexus solaires respectifs.

Lorsque vous serez capable de visualiser clairement la forme qui se trouve devant vous, vous pourrez alors conclure l'exercice en réintégrant en sens inverse toute la substance astrale qui fut précédemment projetée, en l'absorbant par votre centre énergétique. Visualisez simplement que la silhouette s'évanouit pour retrouver sa forme vaporeuse initiale et aspirez-la de nouveau dans votre corps en la faisant passer par l'intermédiaire du cordon. Réintégrez finalement le cordon jusqu'à ce que toute la substance éjectée soit réabsorbée entièrement.

Lorsque vous aurez de la facilité à modeler la substance astrale selon votre volonté, par la visualisation, alors vous aurez maîtrisé cet exercice.

Le guetteur astral : le serviteur personnel du magicien

Le guetteur astral est une technique magique qui vous permettra de mettre en pratique ce que vous venez d'apprendre à propos de l'éjection de la substance psychique. Si vous vous demandez comment vous seriez en mesure de percevoir votre environnement en voyageant dans un tel véhicule astral que vous aurez vous-même éjecté et modelé à votre taille, alors ce qui suit saura vous mettre au parfum.

En effet, je vous expliquerai tantôt comment parvenir à une véritable projection astrale, laquelle consistera à intégrer consciemment le corps que vous aurez créé en éjectant la substance à partir de votre propre être. Mais avant d'y arriver, nous verrons ensemble comment employer le corps astral afin de démontrer de quelle manière ce dernier peut réagir à son environnement immédiat et la façon dont vos sens astraux seront mis à l'épreuve, même lorsque votre conscience n'y sera pas projetée. Comme vous vous en rendrez compte bien assez tôt, cette technique est d'une valeur bien plus grande que de seulement vous prouver la sensibilité d'une forme astrale ; il s'agit ici d'une autre révélation occulte sans pareil.

En sachant d'emblée qu'il est possible lors d'une projection astrale de parcourir les Sphères subtiles et de s'enquérir d'information des plus diverses au cours de ces périples, il est cependant possible, pour une raison ou une autre, que vous ne puissiez vous éloigner de vos tâches quotidiennes et que votre conscience se doit de demeurer là où vous êtes en ce moment. Effectivement, il existe des situations où il n'est pas toujours conseillé de se projeter en conscience dans les plans subtils, en laissant sans surveillance son corps physique derrière soi.

Dans de pareils cas, plusieurs occultistes et magiciens s'en remettent alors à la technique du guetteur. Il s'agit d'une forme composée de substance astrale qui sera ensuite projetée sur le lieu désiré afin qu'elle puisse surveiller à leur place, leur offrant ainsi la possibilité de ne pas avoir à détacher leur conscience de leur corps physique.

Le guetteur astral est toutefois limité dans ses actions. Tout comme un espion, il guette et donc, il ne peut qu'observer sans jamais intervenir d'aucune manière. Or, tout comme une sorte de sonde, il lui sera possible de percevoir tout ce qui est perceptible aux sens physiques et psychiques ainsi que tout ce qui tiendra du domaine des émotions, captant ainsi les vibrations environnantes du lieu où il aura été projeté. Par ailleurs, un guetteur ne peut pas non plus faire ses propres déductions intellectuelles sur ce qu'il aura été témoin. Ce sera à vous d'interpréter les sentiments, les émotions, les sensations et les vibrations qu'il aura captées lors de son service.

Il y va de soi qu'une telle technique pourra s'avérer très utile pour le magicien, non seulement pour l'aider à accentuer sa sensibilité psychique, mais tout aussi en raison des nombreuses utilités qu'un tel serviteur personnel peut apporter. Cela semble très intéressant, n'est-ce pas? Alors poursuivez votre lecture...

La création et la projection du guetteur astral

Nous allons maintenant aborder sans plus attendre la partie qui, sensiblement vous intrigue le plus. Cette pratique qui consiste à créer et projeter le guetteur sur un lieu déterminé, lequel captera pour vous toutes informations et sensations afin de vous les transmettre dès son retour.

Pratiquez dans un premier temps le RPM suivi du CCL. Éjectez ensuite, toujours via le plexus solaire, la substance astrale d'un jet d'apparence gazeuse, de couleur gris argenté, prenant la forme d'un nuage à environ un mètre de vous. Lorsque vous aurez le sentiment d'avoir extériorisé suffisamment de cette substance éthérée, arrêtez-vous. Toujours, le nuage de matière astrale demeurera rattaché en permanence à votre corps par ce cordon constitué de la même substance. Contemplez pendant un moment le résultat que vous venez d'obtenir.

Formez à présent le nuage astral sous l'apparence de votre choix. Vous pouvez opter pour une simple forme sphérique ou encore une silhouette humaine. Évidemment, vous pouvez modeler la substance sous n'importe quel autre aspect, selon votre gré, voire même sous une forme animale. Néanmoins, il est plus que recommandé d'éviter ces dernières pour des raisons qui vous seront expliquées plus loin. Le débutant devrait plutôt porter son choix sur l'une des deux premières formes mentionnées.

Visualisez clairement votre guetteur en face de vous, comme s'il se tenait physiquement en votre présence. Celui-ci est constamment relié à vous par ce cordon argenté car en fait, il s'agit d'une partie intégrante de votre propre substance; une extension de vous-même.

Si vous connaissez où se situe le lieu que vous désirez surveiller par rapport à votre position, tournez-vous face à cette direction. Il n'est pas réellement nécessaire d'agir de la sorte, mais cela peut vous aider à bien visualiser toute la procédure.

Maintenant, par un acte de volonté, envoyez votre guetteur vers la personne ou l'endroit que vous aurez choisi, duquel vous désirez obtenir des informations. La simple commande mentale « va à tel ou tel endroit ou vers telle personne » sera généralement suffisante pour que le guetteur parte aussitôt en quête. Visualisez votre guetteur vous quitter et passer à travers les murs ou fenêtres, et voyez-le disparaître alors qu'il s'éloigne de vous. Il est important de toujours être témoin du départ de votre serviteur astral alors qu'il vous quitte pour aller accomplir ses missions. Lorsqu'il sera mentalement hors de vue, voyez le cordon qui vous relie s'atténuer et s'évanouir tranquillement jusqu'à ne plus être visible. Ce dernier demeurera néanmoins toujours présent. Vous ne ferez que le chasser de vos pensées.

Vous pouvez dès lors vaquer à vos occupations et oublier momentanément votre serviteur astral jusqu'à ce qu'il soit temps de le rappeler, à l'heure que vous aurez préalablement convenue de le faire.

Le moment du retour étant arrivé, reprenez place exactement là où vous avez pratiqué l'exercice et tenez-vous debout en faisant face à la même direction que précédemment, lors de l'envoi du guetteur. Mentalement, ordonnez à votre guetteur astral de revenir vers vous, à son point d'origine. Appelez-le. En procédant de la sorte, la forme astrale réapparaîtra visiblement devant vous à plus ou moins trois mètres de distance.

Ensuite, par la visualisation, faites dissoudre le guetteur de sorte qu'il retrouve sa forme vaporeuse initiale, tel un nuage gris argenté gazeux. Réabsorbez de nouveau la substance astrale par le cordon jusqu'à ce qu'elle soit entièrement assimilée par le plexus solaire.

Dès que vous aurez terminé, prenez votre âsana ou toute position confortable et dans le calme et le silence, laissez vos impressions venir à vous naturellement, sans les forcer, en adoptant une attitude neutre. Ces impressions et sentiments que vous éprouverez seront le résultat direct de l'assimilation de la substance astrale qui absorba les sensations et vibrations lorsqu'elle fut envoyée sous la forme du guetteur. Étant débutant, vous serez probablement en proie à diverses impressions se bousculant les unes par-dessus les autres, sans trop savoir à quoi elles sont rattachées ou d'où proviennent leurs origines. Certaines de ces sensations pourront tout aussi bien être le fruit de votre imagination, le tout mêlé avec les informations recueillies par votre serviteur personnel. Avec de plus en plus de pratique vous parviendrez à déceler rapidement et avec un meilleur degré d'exactitude, toutes les informations qui ont été captées par le guetteur et vous serez à même de les interpréter adéquatement. Pratiquez consciencieusement cette technique car vous avez beaucoup à gagner.

Pour vérifier l'exactitude de cette pratique, je vous recommande d'envoyer votre guetteur chez l'une de vos connaissances. Ainsi, après l'avoir réabsorbé, il vous sera facile de déterminer la véracité des informations que vous aurez ressenties en communiquant avec la personne concernée. Vous n'aurez qu'à lui demander ce qu'elle était en train de faire et dans quel contexte. Lorsque vous aurez obtenu de plus en plus de succès, vous constaterez que la technique magique du guetteur est un moyen impressionnant et très efficace pour s'enquérir d'informations véridiques en tout lieu donné.

Remarques et précautions à propos de cette technique

À ce stade de votre formation magique, je me dois de vous mettre en garde contre certains points importants. En vérité, certaines précautions doivent être observées en employant cette technique, autant pour vous-même que pour les autres personnes qui pourraient être concernées ou visées par cet exercice magique.

Vous aurez probablement envie, tôt ou tard, de former votre guetteur sous une forme animale. La raison s'explique par le fait que plusieurs personnes ressentent consciemment ou inconsciemment de fortes affinités envers les animaux et quoi de plus agréable que d'avoir un animal en guise de familier. Mais voilà qu'une telle affinité se répercutant sur le plan astral peut faire en sorte que quelques propriétés spécifiques associées à l'animal choisi puissent de façon non-intentionnelle être transmises au plus profond de la personnalité du guetteur. C'est alors qu'une telle forme astrale, au lieu d'agir passivement en tant qu'observateur et capteur de vibrations, pourrait s'en trouver à posséder un quelconque niveau d'indépendance pour ensuite gagner en puissance en absorbant de plus en plus de substance astrale, tel un vampire, directement à même le magicien. Il est alors à noter qu'une telle forme psychique échappant à la surveillance pourrait, dans le pire des cas, devenir maligne ou malicieuse et en bout de compte, ne pas s'acquitter de sa tâche initiale pour laquelle elle fut formée.

Cette remarque s'applique également aux formes astrales d'apparence humaine, si ces dernières ne sont pas entièrement sous le contrôle du magicien, qu'elles servent à titre de guetteur ou de véhicule en vue de projections astrales. Voilà pourquoi, entre autres réalités, il est impératif de toujours réabsorber entièrement la substance astrale lorsque la tâche du guetteur est accomplie. Ne le laissez jamais libre d'aller et venir à sa guise. Une fois sa mission terminée, aussitôt ce dernier sera assimilé de nouveau par le corps qui l'a formé. Cette règle doit être respectée en tout temps, sinon le magicien risquera d'encourir certains préjudices fort désagréables.

Il est également important de retenir que le guetteur fait constamment partie de vous, eu égard la distance qui vous en sépare lorsqu'il est envoyé en mission. Vous êtes perpétuellement relié à lui par le cordon argenté, même si ce dernier n'est plus visualisé. Il est donc en quelque sorte une d'extension de votre conscience. Ainsi, en le projetant régulièrement à distance, ses expériences deviendront alors les expériences de votre corps astral, c'est-à-dire vos propres expériences personnelles à un niveau de type émotionnel et instinctif.

Par ailleurs, la recommandation d'utiliser le guetteur sous la forme d'une sphère tient toujours. L'une des raisons est de vous démontrer comment la substance astrale, dépourvue de tout organe et de sens physiques, peut quand même parvenir à capter et percevoir toute trace d'information se trouvant dans son environnement immédiat. Il existe finalement une dernière raison. Vous vous entraînez à développer vos sens psychiques et votre talent de clairvoyance et cela est très bien. Toutefois, il existe certaines personnes possédant également à leur tour un sens psychique de perception très développé. Ainsi, *ces dernières pourraient toujours être en mesure de déceler la présence astrale de votre guetteur...*

Dans cette optique, une sphère quelconque flottant immobile dans leur demeure pourrait ne pas véritablement attirer l'attention plus qu'il n'en faut. Imaginez par contre si cette forme était celle d'un corps humain... Avant de tourner en ridicule ce que je viens de vous expliquer, vous devez comprendre que ce que je tiens à vous démontrer, c'est qu'une personne expérimentée pourrait en venir à attaquer votre guetteur si ce dernier était perçu comme une menace, car en fait, votre guetteur ne serait vu comme étant nul autre qu'une forme fantomatique ou celle d'un esprit. Par une attaque au niveau psychique, la résultante pourrait être que votre forme astrale se verrait retournée directement en vous, avec force, causant un violent choc nerveux.

Évidemment il ne s'agit ici que d'une infime possibilité, mais toujours dans la mesure du possible. Ne profitez donc jamais de cette technique pour vous amuser aux dépens des autres ou pour nuire et apeurer les gens de votre entourage. Un authentique mage ne perdra jamais son temps avec de tels agissements.

31 - La Préparation au Voyage Astral

Le magicien a jusqu'à présent mis en application plusieurs procédés pour faciliter une éventuelle tentative de projection astrale. En ayant notamment pratiqué régulièrement l'activation des chakras par la respiration, le Rituel du Pilier du Milieu et la Circulation du Corps Lumineux, sans compter également la technique de l'éjection de la substance astrale et du guetteur, il lui sera maintenant plus aisé de comprendre pourquoi il s'est précédemment exercé et entraîné méticuleusement. Ces exercices sont, en quelque sorte, la base de la projection de la conscience dans le corps psychique. À ces techniques magiques viendront s'en ajouter quatre nouvelles pour parfaire votre formation.

Il est pratiquement inutile de décrire, à ce moment-ci, tous les bénéfices encourus lors d'un tel voyage de la conscience à travers le plan astral car vous devriez avoir déjà expérimenté le voyage mental et la projection à travers le miroir magique, lesquels vous ont sûrement plus qu'autrement apporté un très grand bagage de connaissances et d'expériences extraordinaires aussi impressionnantes que valorisantes. En étant en mesure de vous déplacer à l'aide de votre corps psychique, vous pourrez non seulement découvrir de tous nouveaux horizons lorsque vous voyagerez consciemment à même les différentes Sphères du plan astral mais vous aurez également la chance d'y intervenir directement, comme vous le feriez physiquement sur le plan de la matière, et faire plusieurs autres expérimentations.

L'autosuggestion favorisant les sorties hors corps

Pour parfaire peu à peu le détachement de votre corps physique, vous allez, entre autres, procéder par l'autosuggestion; un exercice simple, mais qui saura largement contribuer à vos futurs succès. Le subconscient siège dans le psychisme et donc, par conséquent, il peut s'avérer une force puissante, toujours en état d'éveil, qui peut être créatrice tout comme destructrice. Le subconscient est pour ainsi dire la facette cachée de la conscience qui elle aussi, ceci dit, siège également dans le psychisme.

Lorsque l'humain est éveillé, c'est alors la conscience qui prend le dessus et c'est par celle-ci que se manifesteront bon nombre de réalités encourues tout au long de la journée. Au moment où vient la nuit et que le corps est au repos, alors le subconscient entre en jeu et, à son tour, il influencera les mêmes manifestations que ce dernier aura enregistrées.

Lorsque l'être humain est en état de sommeil et que du même fait l'activité de la conscience est arrêtée, alors le subconscient gagne en force et son influence devient à ce moment précis beaucoup plus grande et tangible. Voilà pourquoi il faudra toujours s'assurer de s'endormir en ne manifestant que des pensées nobles, harmonieuses et uniquement de succès. Car ce seront ces mêmes pensées qui seront assimilées et manifestées ensuite, tôt ou tard physiquement, par le subconscient, lequel obéit indépendamment aux pensées qui occupent le mental peu avant le sommeil.

Les moments les plus favorables pour pratiquer l'autosuggestion, c'est-à-dire lorsque le subconscient est le plus réceptif, sont donc le soir, tout juste avant de s'endormir, lorsque la conscience devient engourdie ou tôt le matin en se réveillant, lorsque nous ne sommes pas encore complètement alertes et totalement réveillés.

Ainsi, en vous répétant constamment des règles de conduite, des désirs ou des souhaits aux moments opportuns où ces derniers seront enregistrés et assimilés par le subconscient, vous pouvez être certain que tôt ou tard, ceux-ci finiront par se matérialiser sur le plan physique. Bien que le mystère du subconscient peut être applicable pour bon nombre de désirs des plus diversifiés, notamment pour viser un succès étincelant au cours de cette formation de Haute Magie, nous allons toutefois ici employer cette méthode pour favoriser le détachement de la conscience en vue d'une projection astrale.

Un dernier point important doit aussi être bien observé. Comme le subconscient enregistre et retient toute pensée émise par le mental, il est important d'éviter à tout prix tout ce qui tend à être de nature négative. Même une toute petite négation ne doit absolument pas être formulée. Ainsi, lorsque vous voudrez employer l'autosuggestion, tâchez de formuler des phrases courtes et directes, mais surtout, positive et au temps présent. Vous pourriez dire à cet effet, par exemple "j'ai du succès" ou "mon entraînement magique m'apporte de grands résultats". Évitez par contre les négations en ce sens que vous ne devriez jamais employer une phrase telle que "je n'ai pas d'échec" ou "je ne veux pas éprouver de difficultés à suivre mon entraînement magique". Simples, courtes, positives et au temps présent, voilà comment devraient toujours être formées vos injonctions. Le respect de ce précepte est primordial si vous désirez obtenir des résultats positifs par le moyen de l'autosuggestion.

Pour mettre en application le pouvoir de l'autosuggestion, rien de plus facile. Pensez à votre désir de vouloir sortir de votre corps pour parvenir à une projection astrale et formulez une phrase, en respectant mes précédentes directives, telles que "je sors de mon corps physique" ou "je voyage consciemment dans mon corps astral".

Maintenant, tout juste avant de vous endormir, lorsque vous irez vous coucher, répétez continuellement la formule choisie à voix basse ou mentalement si vous ne pouvez faire autrement. Les deux manières sont aussi efficaces l'une que l'autre. Il est important, tout en verbalisant votre injonction, que vous puissiez vous faire une claire image mentale de votre désir et que vous puissiez le voir comme s'il s'était déjà manifesté réellement. Or, visualisez que vous êtes en ce moment même déjà en pleine projection astrale et voyez-vous hors de votre corps physique, tout en répétant sans cesse votre formule. Tentez de réitérer la formulation de votre injonction pendant au moins trente à cinquante répétitions, sans les compter. L'idéal serait que vous répétiez mentalement votre phrase jusqu'à ce que celle-ci soit emportée naturellement dans votre sommeil ou si vous préférez, tant que vous ne vous endormiez pas à la tâche.

Par ailleurs, vous en ferez de même le matin dès votre réveil, mais cette fois-ci, vous prendrez place devant un miroir. Dès que vous serez éveillé, levez-vous et placez-vous devant n'importe quel miroir, celui dans votre chambre ou celui de la salle de bain par exemple. Regardez-vous dans les yeux et formulez votre injonction pendant trente à cinquante reprises, toujours sans compter.

Une dernière remarque. Tant et aussi longtemps que vous n'aurez eu de réussite avec une formule, n'en changez pas. Attendez d'avoir connu un degré de succès satisfaisant avant de passer à un autre désir. Je mentionne cela surtout pour les autres usages personnels que vous pourriez faire en employant cette technique, comme pour obtenir la santé, le succès, la réussite, la persévérance, etc.

Finalement, retenez que tout désir concernant le mental, le psychisme et le physique pourront être accomplis. Des souhaits tels que la guérison de maladies, le développement et le renforcement de certaines aptitudes physiques, psychiques ou mentales comme par exemple la maîtrise de soi, l'amélioration de la volonté et de la concentration, l'augmentation des sens psychiques, etc. Tout ceci peut être réalisé. Cependant, des désirs extérieurs au corps et à la structure de l'être comme obtenir le billet de loterie gagnant ou gagner une décapotable neuve ne peuvent évidemment être réalisés par cette technique.

En pratiquant l'autosuggestion de façon régulière vous constaterez bien assez tôt tous les bénéfices que cette méthode simpliste peut vous apporter. Alors le mage pourra l'employer à diverses sauces, comme il lui plaira et selon les désirs qu'il souhaitera concrétiser.

La salutation de l'Être Inférieur

Tout en poursuivant votre routine quotidienne de développement magique, vous ajouterez à vos pratiques ce petit exercice. Il s'agit ni plus ni moins de prendre conscience de votre *Être Inférieur*, de communiquer avec lui pour ensuite tenter de vous projeter à l'intérieur de ce dernier.

À tous les jours, le matin de préférence lorsque vous irez faire votre toilette, quand vous passerez devant le miroir de votre salle de bain ou tout autre miroir de votre demeure ou encore, tout juste après votre exercice d'autosuggestion, prenez quelques instants pour vous regarder et vous saluer. Regardez-vous dans les yeux et souriez-vous, dites-vous ensuite un beau bonjour chaleureux, tout comme si vous veniez de croiser l'une de vos connaissances. Ayez toujours l'air de bonne humeur lorsque vous effectuez cette salutation. Ne transmettez jamais d'aucune manière vos soucis de la veille ou toute autre attitude négative car vous êtes maintenant en présence d'un ami loyal : il s'agit de votre Être Inférieur.

Si vous aviez dans le passé coupé toute communication avec votre Être Inférieur, il serait dès lors le temps d'y remédier. En peu de temps vous remarquerez que les réponses viendront d'elles-mêmes et que vous en viendrez à vivre un état de gaieté et de contentement alors que rapidement, votre Être Inférieur établira le lien et s'identifiera de lui-même en tant que réceptacle des messages qui lui seront adressés lorsque vous communiquerez avec par le biais de votre reflet dans le miroir. Sa réponse en résultera en une émotion plaisante transmise à votre pensée consciente.

Comme vous le constaterez, cela ne prendra pas beaucoup de votre temps par jour, que quelques secondes tout au plus pour vous saluer et vous dire à vous-même quelques mots d'encouragement et vous transmettre de belles pensées.

La projection dans son propre reflet

Suite à l'autosuggestion et à la salutation du "soi inférieur" viendra s'ajouter une troisième technique préparatoire d'importance favorisant le déploiement de la conscience à travers sa propre image. Cette pratique ressemble quelque peu à celle visant la projection mentale, toutefois, en pratiquant cet exercice, vous favoriserez grandement le transfert de votre conscience pour la projeter ultérieurement dans votre corps astral.

Placez-vous devant un miroir, debout ou en adoptant votre âsana si cela est possible. Vous obtiendrez beaucoup plus de facilité à pratiquer cet exercice en position assise. Si vous disposez d'un miroir assez grand que vous pouvez poser sur une table ou sur votre autel et que vous êtes en mesure de vous asseoir devant, cela s'avérera être de loin votre meilleure option car vous pourrez ainsi oublier momentanément votre corps physique. Organisez-vous de façon à être capable d'apercevoir toute la taille de votre corps; vous devez être en mesure de voir votre reflet entièrement sur la surface du miroir, de la tête jusqu'aux pieds. À cet effet vous devrez probablement vous éloigner si votre miroir est de petite dimension.

Portez maintenant toute votre attention sur votre reflet. Examinez-le dans tous ses menus détails pendant quelques secondes. Observez avec soin votre visage, les particularités de votre corps et gravez ces impressions dans votre mémoire. À présent, fermez les yeux et essayez de vous représenter mentalement, aussi clairement que possible, ce que vous venez de contempler : votre corps. Lorsque vous serez en mesure d'établir une nette image mentale de votre corps physique dans votre esprit, essayez alors de vous projeter par la visualisation dans celle-ci.

Projetez votre conscience dans votre double. Tentez de vous sentir en pleine conscience dans l'image qui se trouve devant vous. Lorsque vous y parviendrez, observez de cette manière votre corps physique, lequel est positionné sagement dans le silence devant le miroir. Dans cette nouvelle optique, visualisez aussi réellement que possible que vous êtes à présent dans le reflet de votre image et contemplez votre entourage immédiat. Regardez votre corps, les détails de tout ce qui se trouve autour de vous, les objets, la décoration de la pièce, etc. Pour mettre un terme à cette pratique, retournez mentalement dans votre corps physique et rétablissez votre niveau de conscience régulière.

Lorsque vous aurez obtenu de bons résultats avec cette technique, vous pourrez finalement passer à la dernière étape préparatoire qui consiste à éjecter la substance astrale pour former le simulacre.

Éjection de la substance astrale pour former le simulacrum

Voici venue la dernière étape de la préparation au voyage astral. Vous avez appliqué au cours de ce niveau la technique de l'éjection de la substance psychique à partir de votre propre corps pour la former ensuite sous la forme désirée, résultant en un guetteur et serviteur personnel capable de capter les émotions et les vibrations des lieux sur lesquels il fut envoyé. Il est primordial d'avoir bien maîtrisé au préalable cette technique avant de poursuivre plus loin dans ce niveau. S'il se doit, faites un retour en arrière et pratiquez davantage les exercices précédents. Si au contraire vous vous sentez fin prêt, alors allez de l'avant avec la formule du simulacre.

Le simulacrum (nom latin pour simulacre) représente votre Être Inférieur, celui qui est gouverné par ses instincts et ses émotions. Étant en partie de la même apparence que le corps physique, tout comme votre reflet sur la surface d'un miroir, celui-ci est toutefois beaucoup plus élaboré qu'une simple image ou reflet. Cependant, comme ce dernier est une partie vivante de votre corps astral, et qu'il est intimement relié à votre nature instinctive et émotionnelle, le simulacre est donc, par conséquent, un authentique représentant de votre Être Inférieur.

Le présent exercice s'effectue comme suit. Dans votre pièce de travail, votre sanctuaire où vous avez habitude de parfaire votre entraînement magique, tenez-vous debout, le dos bien droit, et pratiquez comme précédemment le RPM suivi du CCL.

Lorsque vous aurez accompli ces deux rituels, prenez quelques instants pour réfléchir à la relation existant entre votre pensée rationnelle et votre Être Suprême. Songez par exemple au fait que votre pensée rationnelle tende à considérer tout ce qui existe à la lumière de la raison et du raisonnement alors qu'à l'opposé, votre Être Suprême, lui, apporte plus souvent qu'autrement une idée ou une action d'une provenance beaucoup plus élevée que la raison même et de la pensée cartésienne. Si vous sentez ne jamais avoir pris conscience de ce phénomène, sachez simplement reconnaître que cela est possible et que lorsque cela surviendra, la juste réponse pour votre pensée rationnelle sera d'emboîter le pas et de se soumettre à l'Être Suprême qui lui est de nature divine. Prenez conscience de ce fait alors que vous vous efforcez de ressentir l'action de votre pensée rationnelle à l'unisson et en harmonie avec votre Être

Suprême, tous deux étant maintenant sur la même longueur d'onde et travaillant ensemble de concert.

Après cette courte méditation, éjectez ensuite via le plexus solaire un jet d'apparence gazeuse, de couleur gris argenté, prenant la forme d'un nuage à environ trois mètres de vous. Lorsque vous aurez le sentiment d'avoir extériorisé suffisamment de cette substance éthérée, arrêtez-vous. Toujours, le nuage de matière astrale est rattaché en permanence à votre corps par ce cordon constitué de la même matière. Contemplez pendant un moment le résultat que vous venez d'obtenir.

Dès lors, au lieu de former le nuage astral de façon sphérique, concentrez-vous à le modeler sous la forme d'un simulacre, donc en lui accordant une forme et une apparence humaine. Modelez la substance psychique sous une apparence très proche de la vôtre. Façonnez-la de façon à ce qu'elle adopte votre taille et vos mesures corporelles. Faites un double astral identique à vous-même en tout point de vue. Visualisez votre simulacre se tenir debout, vous faisant face, tout juste devant vous, tous deux étant reliés l'un à l'autre par ce fin cordon argenté au niveau du plexus solaire.

Tâchez maintenant de vous identifier à ce double car il s'agit bel et bien d'une partie de vous-même, cependant à un degré inférieur. Ressentez ce lien unique envers cet Être que vous contemplez qui demeure immobile et silencieux. Parlez à votre simulacre. Adressez-lui la parole sur un ton gentiment autoritaire et avec un grand amour inconditionnel. Saluez-le de la main également si vous le désirez. Voyez votre Être Inférieur de la même façon que vous pouvez percevoir un jeune frère ou une jeune sœur. Soyez franc et direct envers lui. Si votre Être inférieur fut contenu et ignoré depuis plusieurs années, dites-lui dans des mots similaires que vous savez qu'il existe et qu'à l'avenir vous en prendrez soin. Dites-lui également que vous reconnaissez son existence tout comme vous reconnaissez celle de votre Être Suprême et qu'ils sont reliés ensemble l'un à l'autre.

Après une courte conversation, lorsque vous aurez adressé vos remarques et vos instructions, remerciez-le pour son aide apportée à cette action et bénissez-le au nom de votre Être Suprême et de l'Un. Finalement, concluez l'exercice en le réintégrant en vous. Réabsorbez toute la substance astrale qui fut précédemment projetée par votre centre énergétique. Visualisez simplement que la silhouette s'évanouit pour retrouver sa forme vaporeuse brute initiale et aspirez-la de nouveau dans votre corps en la faisant passer par l'intermédiaire du cordon. Réintégrez finalement le cordon jusqu'à ce que toute la substance éjectée soit réabsorbée entièrement.

Dès que vous aurez terminé, prenez votre âsana ou toute position confortable et dans le calme et le silence, tout comme pour l'exercice du guetteur astral, laissez vos impressions venir à vous naturellement, sans les forcer, en adoptant une attitude neutre. Ces impressions et sentiments que vous éprouverez seront le résultat direct de l'assimilation de la substance astrale qui absorba toutes les sensations lors de vos échanges verbaux avec le simulacre.

32 - Pratique Cérémonielle VII

La pratique cérémonielle suivante se nomme le Rituel d'Ouverture par les Tours de Guet. Tout comme le RMBP et le RBH, il est également considéré comme un rituel de base en ce sens que son but est de préparer la chambre rituelle en invoquant la puissance des quatre Tours de Guet et de leurs Éléments Cosmiques respectifs. Ce faisant, les forces de l'Univers sont à ce point éveillées et présentes que le magicien peut ensuite, après avoir pratiqué ce rituel d'ouverture, s'adonner à n'importe quelle autre pratique cérémonielle de son choix. C'est en quelque sorte un rituel de base employé en guise de préliminaires.

Vrai, un magicien expérimenté pourrait, s'il le désire, se passer d'une telle cérémonie préparatoire. Nous avons effectivement tous le libre-arbitre et possédons donc le droit, par conséquent, d'agir selon notre intuition et notre gré. À proprement parler, tout en magie pourrait ainsi devenir facultatif de même que tout pourrait également être obligatoire. Mon but, par ce présent ouvrage de Haute Magie, est de vous fournir tout le matériel nécessaire afin que vous puissiez vous élever à un niveau supérieur et devenir un authentique magicien. Ainsi, je laisse le tout à votre entière discrétion.

Cela dit, je vous recommande néanmoins de le mettre en pratique avant toute autre cérémonie ou rituel que vous prévoyez d'accomplir. En ressentant les énergies déployées par sa mise en application, vous comprendrez pourquoi je vous encourage à l'utiliser.

ROTG : Le Rituel d'Ouverture par les Tours de Guet

Première partie : L'Invocation des Quatre Tours de Guet

Tenez-vous debout au centre de votre pièce de travail face à l'Est.

Il est maintenant temps de déclarer l'ouverture du rituel en prononçant à voix haute :

HEKAS, HEKAS, ESTE BEBELOI!
(Heh-kas, Heh-kas, Est-heeh, Beeh-beeh-loy)

Cette phrase magique indique qu'un rituel magique sera entrepris et que toutes les Entités non désirées (physiques et invisibles) doivent dès lors quitter promptement le temple magique, le lieu de la cérémonie.

Poursuivez en pratiquant le RMBP suivi du RBH.

Le Grand Quartier Méridional

À présent, dirigez-vous dans le sens des aiguilles d'une montre aux abords du cercle, au Sud. Visualisez un feu rouge éclatant, pur et brillant irradier de votre main. Donnez ensuite trois coups souples dans les airs, en pointant avec l'index et le majeur, à gauche, à droite, puis au centre. Dites ensuite en tenant la main haut dans les airs, paume vers l'avant :

> Et lorsque tous les fantômes et chimères auront disparu,
> Vous verrez ce Feu sacré et sans forme,
> Ce Feu qui consume et illumine tout à travers les profondeurs cachées de l'Univers.
> Entendez dès lors la voix du Feu.

Tracez devant vous le pentagramme d'invocation du Feu.

Visualisez ce pentagramme d'un rouge flamboyant. Pointez ensuite l'index et le majeur de la main au centre de l'étoile à cinq branches et vibrez :

OIP-TEAA-PDOKE (Oh-ee-peh-Teh-ah-ah-Peh-doh-keh)

Finalement, levez à nouveau votre main au-dessus de votre tête et ajoutez :

**Au nom des puissances du Grand Quartier Méridional,
Je vous invoque, vous, Intelligences de la Tour de Guet du Sud.**

Ressentez en provenance de ce quartier cette puissante énergie élémentale chargée par la puissance du Feu.

Le Grand Quartier Occidental

Dirigez-vous, toujours dans le sens des aiguilles d'une montre, au bord du cercle, face à l'Ouest. Visualisez une lumière bleue éclatante, pure et brillante irradier de votre main. Donnez ensuite trois coups souples dans les airs, en pointant avec l'index et le majeur, à gauche, à droite, puis au centre. Dites ensuite en tenant la main, haut dans les airs, paume vers l'avant :

**Alors en premier lieu, le prêtre qui gouverne les œuvres du Feu,
Doit asperger cette Eau Lustrale des mers résonnantes et retentissantes.**

Tracez maintenant devant vous le pentagramme d'invocation de l'Eau.

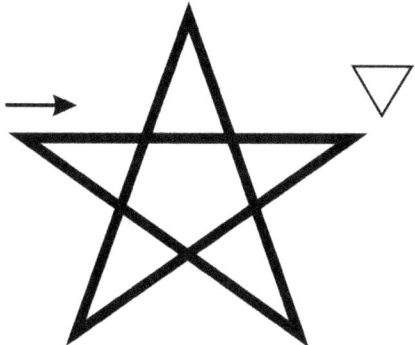

Visualisez ce pentagramme d'un bleu électrique flamboyant. Pointez ensuite l'index et le majeur de la main au centre de l'étoile à cinq branches et vibrez :

MPH-ARSL-GAIOL (Em-peh-heh-Ar-ess-el-Gah-eh-oh-leh)

Finalement, levez la main dans les airs et ajoutez :

Au nom des puissances du Grand Quartier Occidental, Je vous invoque, vous, Intelligences de la Tour de Guet de l'Ouest.

Ressentez en provenance de ce quartier cette puissante énergie élémentale chargée par la puissance de l'Eau.

Le Grand Quartier Oriental

Dirigez-vous au bord du cercle, face à l'Est. Visualisez une lumière jaune éclatante, pure et brillante irradier de votre main. Donnez ensuite trois coups souples dans les airs, en pointant avec l'index et le majeur, à gauche, à droite, puis au centre. Dites ensuite, toujours en tenant la main, haut vers le ciel :

Tout comme le Feu existe, grandissant à travers le souffle de l'Air, et même un Feu sans forme, d'où est venue l'image d'une voix. Ou même une lumière pulsative en mouvement, éclatante et tourbillonnante, fonçant vers l'avant, criant fortement.

Tracez ensuite devant vous le pentagramme d'invocation de l'Air.

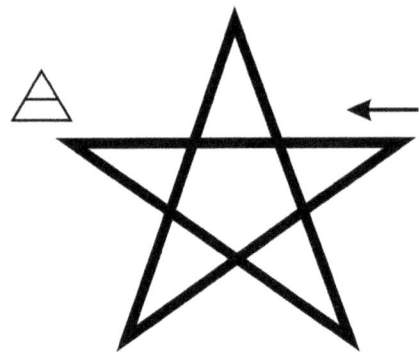

Visualisez ce pentagramme d'un jaune pulsatif et flamboyant. Pointez ensuite l'index et le majeur de la main au centre de l'étoile à cinq branches et vibrez :

ORO-IBAH-AOZPI (Oh-roh-Eh-bah-Ah-oh-zod-peh)

Finalement, levez la main et ajoutez :

Au nom des puissances du Grand Quartier Oriental, Je vous invoque, vous, Intelligences de la Tour de Guet de l'Est.

Ressentez en provenance de ce quartier cette puissante énergie élémentale chargée par la puissance de l'Air.

Le Grand Quartier Septentrional

Dirigez-vous à présent au bord du cercle, et faites face au Nord. Visualisez une lumière verte éclatante, pure et brillante irradier de votre main. Donnez ensuite trois coups souples dans les airs, en pointant avec l'index et le majeur, à gauche, à droite, puis au centre. Dites ensuite en tenant la main, haut vers le ciel :

Je ne fléchis pas dans ce splendide monde obscur à l'intérieur duquel réside continuellement une profondeur infidèle et des enfers enveloppés de ténèbres, se délectant d'images intelligibles, abruptes, torsadées : un abysse sombre continuellement en mouvement, épousant toujours un corps sans lumière, sans forme et vide.

Tracez finalement le pentagramme d'invocation de la Terre.

Visualisez ce pentagramme d'un vert pulsatif et flamboyant. Pointez ensuite l'index et le majeur de la main au centre de l'étoile à cinq branches et vibrez :

MOR-DIAL-HKTGA (Moh-ar-Dee-ah-leh-Heh-keh-teh-gâh)

Finalement, levez la main devant vous et ajoutez :

Au nom des puissances du Grand Quartier Septentrional, Je vous invoque, vous, Intelligences de la Tour de Guet du Nord.

Ressentez en provenance de ce quartier cette puissante énergie élémentale chargée par la puissance de la Terre.

Deuxième partie : La Déclaration de l'Un

Face à l'Est, posez la main droite sur le cœur et prononcez avec autorité :

OL SONUF VAORESAJI GOHO IAD BALT.
ELEXARPH COMANANU TABITOM. (Vibrez ces 3 noms)
ZODACARE ECA OD ZODAMERANU.
ODO CICALE QAA : PIAP PIAMOEL OD VAOAN !

(Oh-el Soh-nouef Vah-oh-reh-sah-geh Goh-hoh Ee-ah-deh Bahl-teh.
El-ehtz-ar-peh-eh Coh-mah-nah-noo Tah-bee-toh-meh.
Zod-ah-kah-reh Eh-kah Oh-doh Zod-ah-meh-rah-noo.
Oh-doh Keh-kah-leh Quah-ah : Pee-ah-peh Pee-ah-moh-el Oh-doh Vah-oh-ah-en !)

Cette phrase énochienne signifie ce qui suit :

> *Je règne sur vous, dit le Dieu de justice.*
> *(Suivi de 3 Noms magiques de puissance)*
> *Avancez donc, avancez et apparaissez.*
> *Ouvrez les mystères de la création : équilibre, droiture et vérité !*

Poursuivez en ajoutant :

Je vous invoque, vous, Intelligences des Sphères Célestes dont la demeure est dans l'invisible. Vous êtes les gardiens des portes de l'Univers. Soyez aussi les gardiens de cette Sphère Mystique. Gardez à distance ce qui est mauvais et discordant. Renforcez-moi et inspirez-moi de façon à ce que je puisse préserver en pureté ce lieu des mystères de l'Un éternel. Faites que ma Sphère soit Pure et Sainte de manière à ce que je puisse entrer et devenir un Adepte des Secrets de la Lumière.

Prenez maintenant quelques instants pour ressentir et équilibrer les Éléments Magiques qui se joignent à vous au centre du cercle magique. Finalement, circulez trois fois autour du cercle dans le sens du soleil tout en visualisant et en sentant que vous créez un puissant vortex d'énergie.

Après avoir complété les trois tours, reprenez votre place au centre du cercle, derrière votre autel, si vous en avez un, face à l'Est. Dites ensuite d'un ton solennel, main droite sur le cœur :

> **Saint sois-tu, l'Un, Seigneur Universel.**
> **Saint sois-tu, l'Un, que la nature n'a pas créé.**
> **Saint sois-tu, Grand et Puissant Un.**
> **Seigneur de la Lumière et des Ténèbres.**

Troisième partie : La Magie Cérémonielle

Ici, rendu à ce stade, vous avez invoqué convenablement les quatre Tours de Guet et leurs forces élémentales respectives. Vous pouvez maintenant poursuivre avec les travaux occultes et cérémoniels de votre choix. C'est le moment de pratiquer votre magie.

Quatrième partie : La Fermeture par les Tours de Guet

Lorsque vous aurez accompli tous vos travaux occultes, il sera temps de fermer votre temple magique et de clore la cérémonie. Pour ce faire, circulez trois fois autour de la périphérie de votre cercle, mais cette fois-ci *dans le sens contraire des aiguilles d'une montre*. Ressentez du même coup les énergies précédemment accumulées s'évader et retourner vers leurs Sphères d'origine.

Une fois que vous aurez repris votre place au centre du cercle, face à l'Est, dites ensuite :

> **Au nom de YHSVH** (Yeh-hah-shu-ah Yeh-hoh-vah-sha)**, je relâche maintenant toute Entité qui se serait trouvé emprisonnée par cette cérémonie. Quittez en paix et retournez maintenant à vos Sphères d'origines jusqu'à mon prochain appel.**

Pratiquez ensuite le RMBP suivi immédiatement par le RBH.
Le rituel est terminé et le cercle est maintenant dûment fermé et retourné à l'Univers.

Résumé du Rituel d'Ouverture par les Tours de Guet

- *Première partie : L'Invocation des Quatre Tours de Guet*

  Face à l'Est, prononcez à voix haute :
  HEKAS, HEKAS, ESTE BEBELOI!

- *Le Grand Quartier Méridional*

  Au Sud, donnez trois coups dans les airs. Main haute, paume vers l'avant :
  Et lorsque tous les fantômes et chimères auront disparu, vous verrez ce Feu sacré et sans forme, ce Feu qui consume et illumine tout à travers les profondeurs cachées de l'Univers. Entendez dès lors la voix du Feu.
  Tracez le pentagramme d'invocation du Feu.
  Pointez au centre et vibrez : **OIP-TEAA-PDOKE**
  Levez à nouveau votre main et ajoutez :
  Au nom des puissances du Grand Quartier Méridional, je vous invoque, vous, Intelligences de la Tour de Guet du Sud.
  Ressentez l'énergie élémentale chargée par la puissance du Feu.

- *Le Grand Quartier Occidental*

  À l'Ouest, donnez trois coups dans les airs. Main haute, paume vers l'avant :
  Alors en premier lieu, le prêtre qui gouverne les œuvres du Feu, doit asperger cette Eau Lustrale des mers résonnantes et retentissantes.
  Tracez le pentagramme d'invocation de l'Eau.
  Pointez au centre et vibrez : **MPH-ARSL-GAIOL**
  Levez à nouveau votre main et ajoutez :
  Au nom des puissances du Grand Quartier Occidental, je vous invoque, vous, Intelligences de la Tour de Guet de l'Ouest.
  Ressentez l'énergie élémentale chargée par la puissance de l'Eau.

- *Le Grand Quartier Oriental*

    À l'Est, donnez trois coups dans les airs. Dites la main haute, paume vers l'avant :
    Tout comme le Feu existe, grandissant à travers le souffle de l'Air, et même un Feu sans forme, d'où est venue l'image d'une voix. Ou même une lumière pulsative en mouvement, éclatante et tourbillonnante, fonçant vers l'avant, criant fortement.
    Tracez le pentagramme d'invocation de l'Air.
    Pointez au centre et vibrez : **ORO-IBAH-AOZPI**
    Finalement, levez la main et ajoutez :
    Au nom des puissances du Grand Quartier Oriental, je vous invoque, vous, Intelligences de la Tour de Guet de l'Est.
    Ressentez l'énergie élémentale chargée par la puissance de l'Air.

- *Le Grand Quartier Septentrional*

    Au Nord, donnez trois coups dans les airs. Main haute, paume vers l'avant :
    Je ne fléchis pas dans ce splendide monde obscur à l'intérieur duquel réside continuellement une profondeur infidèle et des enfers enveloppés de ténèbres, se délectant d'images intelligibles, abruptes, torsadées : un abysse sombre continuellement en mouvement, épousant toujours un corps sans lumière, sans forme et vide.
    Tracez le pentagramme d'invocation de la Terre.
    Pointez au centre et vibrez : **MOR-DIAL-HKTGA**
    Levez de nouveau la main devant vous et ajoutez :
    Au nom des puissances du Grand Quartier Septentrional, je vous invoque, vous, Intelligences de la Tour de Guet du Nord.
    Ressentez l'énergie élémentale chargée par la puissance de la Terre.

- *Deuxième partie : La Déclaration de l'Un*

Face à l'Est, main droite sur le cœur, prononcez avec autorité :
**OL SONUF VAORESAJI GOHO IAD BALT.
ELEXARPH COMANANU TABITOM.
ZODACARE ECA OD ZODAMERANU.
ODO CICALE QAA : PIAP PIAMOEL OD VAOAN !**
Poursuivez en ajoutant :
Je vous invoque, vous, Intelligences des Sphères Célestes dont la demeure est dans l'invisible. Vous êtes les gardiens des portes de l'Univers. Soyez aussi les gardiens de cette Sphère Mystique. Gardez à distance ce qui est mauvais et discordant. Renforcez-moi et inspirez-moi de façon à ce que je puisse préserver en pureté ce lieu des mystères de l'Un éternel. Faites que ma Sphère soit Pure et Sainte de manière à ce que je puisse entrer et devenir un Adepte des Secrets de la Lumière.
Ressentez et équilibrez les Éléments Magiques.
Circulez trois fois autour du cercle en créant un vortex d'énergie.
De retour face à l'Est, dites, main droite sur le cœur :
**Saint sois-tu, l'Un, Seigneur Universel.
Saint sois-tu, l'Un, que la nature n'a pas créé.
Saint sois-tu, Grand et Puissant Un.
Seigneur de la Lumière et des Ténèbres.**

- *Troisième partie : La Magie Cérémonielle*

Pratiquez votre magie.

- *Quatrième partie : La Fermeture par les Tours de Guet*

Fermez le temple magique en circulant trois fois en sens inverse.
Reprenez votre place au centre, face à l'Est. Dites ensuite :
Au nom de YHSVH, je relâche maintenant toute Entité qui se serait trouvé emprisonnée par cette cérémonie. Quittez en paix et retournez maintenant à vos Sphères d'origine jusqu'à mon prochain appel.
Pratiquez le RMBP suivi par le RBH.

NEUVIÈME NIVEAU

Le Mage

Nous voici arrivés au terme de cette formation. Ce niveau est le tout dernier de votre entraînement. Parvenu à ce stade de développement sur le chemin de la véritable initiation magique, soyez certain que vous possédez dorénavant toutes les qualités requises pour être reconnu comme un authentique et véritable magicien, un être parfaitement intègre et consciencieux qui sait appliquer et mettre efficacement en pratique les Lois hermétiques et Universelles pour parvenir à la perfection. Vous avez travaillé fort et avez déployé tous les efforts nécessaires pour vous rendre au dernier échelon et je vous en félicite; vous le méritez amplement.

Cette partie finale sera consacrée entièrement à la projection astrale et aux divers travaux qu'il sera possible d'accomplir lors d'une telle projection de la conscience. Allez-y, retroussez vos manches et persévérez. Redoublez d'ardeur car vous y êtes presque et il ne vous reste plus que quelques étapes à franchir avant d'aboutir à l'accomplissement le plus complet qui soit.

33 - La Projection Astrale, le Plan Astral, la Peur, le Suicide et les Attaques Psychiques

Nombreux sont les bienfaits chez celui qui a acquis la maturité magique et spirituelle suffisante pour parvenir à quitter son corps physique et visiter la Sphère astrale. Tantôt voyageur, tantôt explorateur, mais constamment magicien, l'élève de cette formation aura tout à y gagner s'il parvient à se projeter consciemment, et à volonté, sur le plan psychique. Vrai, un mage reconnaît qu'il est plus simple d'effectuer des voyages de la conscience dans son corps mental au lieu du corps psychique et favorisera l'emploi de ce premier. À l'opposé, les sorties dans le véhicule astral permettront au magicien d'effectuer des travaux sur sa propre structure et celle des autres afin de voir se manifester d'éventuels résultats sur le plan physique. Dans cette optique, il préférera alors les sorties dans son corps astral, notamment pour les expérimentations de guérison. Avant d'aborder la partie pratique, certaines explications s'avèrent nécessaires afin de lever le voile sur quelques-unes des fréquentes interrogations soulevées par les aspirants voyageurs astraux.

L'astral

La projection astrale est à proprement parler l'art de sortir de son corps physique pour transposer sa conscience dans le corps psychique. Il y a énormément de bienfaits reliés aux pratiques de sortie hors corps.

Si nous posons notre regard du point de vue magique, vous serez en mesure de décupler la puissance de vos rituels et pratiques cérémonielles en les conduisant directement à partir du plan astral, dans votre propre temple astral. Vous serez également amené, au cours de vos expériences et périples en sorties hors corps, à visiter des endroits connus ou inconnus, comme vous l'avez fait par la projection mentale, où vous seul aurez la chance extraordinaire d'obtenir de véritables informations et d'importants renseignements occultes par certaines Entités et même voir les défunts, si le cœur vous en dit.

Par la projection astrale, vous pourriez, par exemple, voyager au sein des Séphiroth de l'Arbre de Vie Kabbalistique et visiter différentes Sphères d'existence et y rencontrer tous leurs habitants, les esprits et des créatures les plus diverses qu'il est possible d'y retrouver. Il y aurait énormément à dire à ce sujet, tellement qu'il me serait possible d'écrire un livre tout entier consacré uniquement à ce seul propos. Mais sachez cependant que l'expérimentation personnelle est une excellente méthode d'apprentissage afin d'acquérir et comprendre tous les bénéfices possibles, sans compter, bien entendu, l'immense plaisir que peuvent vous procurer les sorties astrales.

Ainsi, comme je le mentionnais précédemment, il vous sera donc possible, en développant cette capacité, de quitter votre enveloppe charnelle à volonté pour voyager au sein de la Sphère astrale, des zones denses aux plus élevées, de voir et entrer en contact avec des êtres vivant dans ces dimensions. Comme vous aurez également la chance de rencontrer du même coup les défunts et toute personne décédée, vous constaterez cette réalité que la vie continue toujours à l'instar de la mort, elle qui n'est que la fin d'un cycle terrestre de réincarnations. Avec de plus en plus de pratique et en expérimentant fréquemment, sur une base renouvelée, les merveilles contenues dans le plan astral, non seulement il vous sera possible de bénéficier de connaissances et d'expériences qu'aucun mortel ne pourrait vous apporter, mais plus encore, cette dimension ne comportera bientôt plus aucun secret pour le magicien expérimenté.

Souvenez-vous lorsque vous avez pratiqué les exercices du serviteur personnel, le guetteur, que votre substance astrale était influencée par les vibrations de type émotionnelles et instinctives. C'est alors que le plan astral, lequel recèle de plusieurs réalités autant que de sous-dimensions, est aussi connu comme étant le plan des émotions. Ainsi, ce plan d'existence est aussi un monde d'illusions et de fantasmes, de chimères et de désirs. Voilà pourquoi je vous répète de faire preuve de prudence et de discernement. Ce que vos sens psychiques percevront ne correspondra pas toujours avec la réalité que votre intellect pourrait concevoir.

En effet, les réalités que le retrouvent sur le plan astral sont aussi tangibles que celles que nous retrouvons sur le plan physique. Par contre, ces mêmes manifestations réalistes sont fort souvent le fruit des émotions, lesquelles peuvent prendre une réelle forme visible et palpable. Ayez donc constamment une ouverture d'esprit, comme tout bon mage devrait faire preuve et soyez prêt à tout entrevoir. Vous irez plus que probablement de surprises en surprises.

La peur de l'inconnu

Afin de parvenir à l'état d'âme recommandé pour pratiquer des sorties hors corps, vous devrez impérativement éradiquer toutes vos craintes enfouies au plus profond de votre être. Effectivement, l'une des plus grandes entraves face à la projection astrale est la peur. La peur de l'inconnu, la crainte de se retrouver dans un monde étrange dont les Lois qui le régissent ne sont pas encore assimilées, la peur de se faire attaquer par une Entités malveillante, la peur de ne pas être en mesure de retourner auprès de son corps physique et de se perdre, etc.

Qu'y a-t-il véritablement de l'autre côté du voile? Une sortie hors du corps physique n'a rien de dangereux et cela est tout à fait normal. D'ailleurs, la nuit, nous l'expérimentons tous, un peu comme une batterie psychique que nous avons à recharger à même le plan astral, nous voyageons sur cette dimension lors du repos. Ce phénomène sera expérimenté consciemment ou, comme la plupart d'entre nous, inconsciemment, sans jamais s'en apercevoir croyant plutôt à un amalgame de rêves des plus divers et incohérents.

Pour vous donner une idée, dans mon cas par exemple, il m'arrive fréquemment de me coucher et alors que je suis dans un état de veille profond, de regarder et examiner passivement la pièce où je me trouve. Finalement, hop! Me revoici à nouveau en pleine noirceur et c'est alors que j'ouvre les yeux pour réaliser que ce que je voyais s'effectuait autrement que par une vision physique. Malheureusement, trop souvent, avec la fatigue accumulée, le temps de réaction pour reconnaître que l'on est *en dehors* est trop rapide pour commettre des actions tangibles.

Plus encore, il est possible et véridique de voyager dans un autre plan, y effectuer des tâches spécifiques et revenir, sans hélas retenir ce qui s'est passé en détails. C'est à l'aide d'un excellent canal que je fus informé au début de ces étranges sorties pour comprendre ensuite que j'avais un travail à effectuer dans une autre dimension avec des Êtres spécifiques en vue de leur offrir de l'information pour leur évolution personnelle. Chose dont je ne suis pas le seul à faire; vous-même en faites peut-être partie. Comment? Moi, un guide sur un autre plan? Ce fut toute une stupéfaction en entendant ces mots! En fait, plusieurs personnes ont réellement des *travaux* de la sorte qu'ils effectuent à merveille sans même s'en rendre compte. Plus tard, à la lumière d'explications, ils peuvent en venir à comprendre pourquoi ils ont telles ou telles affinités envers certaines choses ou, dirais-je plutôt, envers certaines Entités ou créatures Terrestres. Mais bon, continuons...

Pour en revenir à mes propos précédents, la première chose à retenir, mais surtout à faire, c'est de chasser de votre esprit toutes conceptions de craintes relatives aux sorties astrales, car sinon, vous ne pourrez jamais réussir étant donné que la peur vous maintiendrait rattachée fermement à votre corps physique. L'une des clés du succès est d'exprimer et ressentir l'intense désir de sortir de son propre corps. Vous avez déjà d'ailleurs entamé le processus par la technique de l'autosuggestion. Vous devez donc le vouloir à tout prix. Sans ce désir de quitter votre corps de matière et sans la maîtrise de vos craintes, vos chances de réussite seront pratiquement inexistantes.

Croyez-moi, lorsque vous aurez efficacement projeté votre conscience dans votre corps psychique et que vous aurez expérimenté toutes les merveilles du plan astral, toutes vos chimères tomberont les unes après les autres car votre plus grande peur sera inévitablement de ne plus éprouver le désir de réintégrer votre corps de chair, une fois que votre voyage sera terminé. En effet, jouir des sensations que procure la dimension astrale, ce sentiment de liberté indescriptible, ne plus être régi par le temps ni l'espace, pouvoir s'échapper de son corps limité et avoir la possibilité de se mouvoir au gré de sa volonté et de faire des rencontres des plus intéressantes et enrichissantes, vous risquerez tôt ou tard de ne plus vouloir réintégrer et retourner à la dure réalité du monde physique. Voilà où réside le véritable danger de la projection astrale.

Le suicide

Je me dois immédiatement de vous faire une sérieuse mise en garde. Je sais que certains d'entre vous pourraient ressentir une forte tentation au suicide afin de se retrouver en permanence dans le plan astral. Cela est compréhensible lorsque nous savons que l'astral recèle de dimensions des plus extraordinaires, comme si nous étions à même des rêves magnifiques. Le corps physique limité par des incapacités ou la maladie ne serait plus un lourd fardeau, bref, la tentation peut devenir très forte.

Cependant, vouloir rompre le fin cordon qui rattache le corps astral au corps physique serait commettre une très lourde faute karmique. Ne l'oubliez jamais, vous avez choisi la vie que vous menez en raison des épreuves qu'elle vous apporte afin de vous élever spirituellement et de façon à aller de l'avant. Vous n'en êtes peut-être pas conscient en ce moment, mais c'est la juste vérité. Vous devez passer avec brio au travers de cette incarnation coûte que coûte; c'est votre destinée et cela fait partie de votre plan de vie terrestre aux yeux de la Providence Divine, plan de vie que vous avez d'ailleurs choisi et accepté avant même votre incarnation.

Mais alors qu'adviendrait-il si vous décidiez tout de même de ne pas suivre ces conseils et de vous donner la mort? Oui, effectivement, vous vous retrouveriez sur le plan astral; cela est exact. Par contre, au lieu d'aller et venir allègrement comme vous pourriez avoir tendance à penser, vous pourriez autant vous retrouver dans les zones astrales les plus basses et les plus denses, ayant, pour ainsi dire, un degré de conscience nul autre que celui d'un champignon!

Pensez-y, demeurer inerte pendant cent, deux cents ans à vous tordre de douleurs karmiques sans être conscient de ce qui vient de vous frapper n'est véritablement pas l'état de liberté et la belle ballade astrale à laquelle vous vous attendiez, n'est-ce pas? Ou encore, errer ici et là dans une Sphère sombre et éprouvant encore et plus fortement ce lien avec le monde physique des vivants, toujours avec les mêmes passions, comme un ivrogne à la recherche désespérée d'étancher sa soif d'alcool sans jamais pouvoir la satisfaire.

Certes, il est malheureux de constater que plusieurs personnes mal informées ou pas informées du tout se sont fait jouer ce vilain tour en commettant un triste suicide, s'imaginant que ce qui les attendait après le trépas serait beaucoup plus gai et facile à vivre. Il n'en est pas du tout ainsi, hélas.

Les attaques psychiques

Pour conclure, je désire revenir traiter cette question de la peur, certaines craintes devraient déjà avoir été dissoutes en pratiquant la projection mentale et la projection à travers le miroir magique. À cet effet, vous devriez avoir accumulé plusieurs expériences personnelles pour vous rassurer à ce propos. Reste finalement un dernier point à examiner : les attaques psychiques.

Tout comme la maxime *à ce qui est en haut pour ce qui est en bas*, ainsi il en va de même pour les esprits que vous risquez de rencontrer. Il y en existe de bons, mais aussi de mauvais. Or, lors de vos périples astraux vous serez souvent confronté à différentes Entités et parfois même certains types de créatures, lesquelles on retrouvera plus souvent qu'autrement dans les zones de densité lourde et peu élevée. Retenez ceci; plus vous voyagerez dans les Sphères au taux vibratoire élevé, plus faibles seront les chances de tomber sur des Entités mesquines. En effet, sachez que les plans d'existence sont entre autres régi par la Loi de la maturité spirituelle. Plus une Entité fera preuve de maturité spirituelle, plus celle-ci habitera une Sphère élevée. Dans le sens opposé, plus un esprit sera impur, malhonnête, malsain et de pauvre maturité spirituelle, plus ce dernier habitera les zones denses du plan astral.

En retenant cette règle, si vous vous en tenez à visiter les hautes dimensions du plan astral, moindre seront les chances d'y faire de mauvaises rencontres. Par contre, et prenez-le pour dit, plus vous voyagerez dans les denses Sphères, voire même jusque dans le bas astral lui-même, là où l'on retrouve entre autres créatures, la lie de ce plan d'existence, plus les habitants seront différents et démontreront des comportements fortement discutables.

Je ne tiens pas ici à vous apeurer, mais plutôt à vous rassurer dès cet instant en vous expliquant comment et à quel niveau s'effectuent les attaques psychiques. C'est un fait, il sera toujours possible pour le magicien de faire de mauvaises rencontres en visitant les basses Sphères ou zones à densité. Parfois vous serez amené à être mal informé tandis qu'à d'autres moments, vous pourriez être tout simplement influencé par une Entité malintentionnée, laquelle pourrait abuser de votre manque d'expérience et de votre naïveté, soit pour vous emmener avec elle pour commettre divers desseins douteux, soit simplement pour se jouer de vous et vous faire peur. S'il devait arriver, en certaines occasions, que l'un de ces Êtres puisse en venir à vous attaquer réellement, sachez à ce moment que le tout se déroulerait à un niveau énergétique. Vous ne pouvez encourir de graves dangers pour votre vie.

Étant dans le monde psychique, les attaques s'effectuent donc également au niveau psychique. Ce qui résume à dire que vous ne pouvez pas souffrir ou porter de véritables séquelles physiques, sinon qu'en de très rares occasions. Plus souvent qu'autrement l'enjeu sera une prise de force psychique, comme si l'Entité tentait de vous affaiblir énergétiquement. Dès le retour de votre conscience dans votre corps matériel, vous en ressentiriez généralement les effets sous l'impact d'un choc nerveux et une certaine faiblesse, c'est-à-dire un manque total d'énergie et un épuisement.

Au cours d'un pareil affront, sachez que vous avez une multitude de possibilités. Vous pouvez soit invoquer la Lumière pour vous protéger, soit tout simplement passer à une autre dimension ou encore vous esquiver en pensant à visiter un autre lieu et aussitôt vous y seriez, échappant ainsi à la menace. En d'autres circonstances, le résultat serait une réintégration soudaine du corps physique. D'un côté comme de l'autre, c'est vous qui avez le contrôle car vous aurez toujours plusieurs portes de sortie. Ceci dit, je n'ai tenté que de vous expliquer comment de telles attaques pouvaient se produire. Ne croyez pas pour autant que l'astral soit un plan subtil extrêmement dangereux. Je parle ici en termes d'hypothèses réalisables, possibles, mais aussi peu fréquentes si vous évitez les mauvaises zones à risques, soyez-en rassuré.

34 - La Projection de la Conscience — 3e degré

Le troisième et dernier degré de la projection de la conscience amènera l'élève à pratiquer une technique tout simplement formidable, la projection astrale. Comme nous le savons, cela consiste à se détacher de son enveloppe matérielle pour se mouvoir allègrement dans son corps psychique, à même le plan astral.

Réaliser à volonté des projections astrales sera, en outre, l'un des points culminants de cette formation magique, et l'étudiant devrait posséder, rendu à ce point, toute la connaissance et le niveau d'entraînement nécessaire pour y parvenir, si bien sûr, ce dernier a suivi avec respect, droiture et à coups d'efforts soutenus tous les niveaux d'entraînement magique précédents.

La projection de la conscience dans le simulacrum

La première technique de projection astrale avec laquelle vous allez vous familiariser consiste à la projection de la conscience dans le simulacre. En vous étant exercé plus tôt au cours du précédent niveau, vous devriez être en mesure de l'éjecter et de le former devant vous sans aucune difficulté. Si tel est le cas, poursuivons sans plus tarder.

Si désiré, vous pouvez pratiquer le Rituel Mineur de Bannissement du Pentagramme afin de bien nettoyer votre environnement immédiat de toutes impuretés psychiques. Cette étape est facultative, mais elle n'en demeure pas moins très recommandée, surtout si vous avez encore quelques craintes concernant une soudaine rencontre imprévue avec une Entité de l'astral.

Étendez-vous sur le dos et faites quelques étirements. Détendez tout votre corps. Pratiquez ensuite le Rituel du Pilier du Milieu suivi de la Circulation du Corps Lumineux, le tout en demeurant couché en permanence. Vous ne devriez pas éprouver de contraintes avec cette pratique légèrement modifiée. Bien que ces rituels puissent être facultatifs, je vous recommande fortement de les pratiquer avant d'entamer la phase suivante. Peut-être que plus tard, avec plus d'expérience et de facilité, vous serez en mesure de vous en passer. Mais pour le moment présent, pratiquez-les, cela va vous aider.

Maintenant, éjectez via le plexus solaire un jet d'apparence gazeuse, toujours de couleur gris argenté, prenant la forme d'un nuage à environ deux mètres de vous. Au fur et à mesure que vous éjectez la substance astrale, celle-ci grandit rapidement de plus en plus et fini par adopter votre forme et vos dimensions corporelles. Lorsque vous aurez le sentiment d'avoir extériorisé suffisamment de cette substance éthérée, arrêtez-vous. Ensuite, par la force de votre volonté et de votre visualisation, concentrez-vous à modeler le nuage de matière psychique sous la forme d'un simulacre, donc en lui accordant un aspect et une apparence humaine. Modelez la substance psychique sous une forme identique à vous-même en tout point de vue. N'oubliez pas que le simulacre est rattaché en permanence à votre corps par ce cordon constitué de la même matière astrale. Contemplez pendant un moment le résultat que vous venez d'obtenir.

Visualisez votre simulacre se tenir dans la même position que vous, il vous fait face en position horizontale, il flotte à quelque distance de votre corps tout juste devant vous. Vous constatez que vous êtes tous deux reliés l'un à l'autre par ce fin cordon argenté au niveau de vos plexus solaires respectifs. En conservant clairement cette image en tête, portez toute votre attention à votre propre plexus et centrez-vous entièrement en cet endroit très précis. Vous devez avoir l'impression que tout le siège de votre conscience est établi dans ce centre énergétique. Peu de temps après, prenez mentalement une simple résolution de vouloir transférer votre niveau de conscience dans votre double astral, ce véhicule constitué de matière psychique. À cet égard, visualisez que votre conscience voyage et glisse le long du cordon argenté pour se retrouver ensuite directement au niveau du centre énergétique de votre double.

Lorsque vous aurez l'extrême conviction que vous vous êtes réellement retrouvé dans le centre de conscience de votre véhicule astral, faites un effort délibéré pour vous retourner à l'intérieur de ce corps pour faire face à votre enveloppe physique. Voyez votre pièce de travail à partir de l'optique de votre corps psychique; vous vous retrouvez donc flottant dans les airs, près du plafond. Vous pouvez apercevoir votre corps physique, allongé et immobile en dessous de vous, etc.

Établissez à ce moment précis la respiration à l'intérieur de votre corps astral, tout comme vous le feriez dans votre enveloppe charnelle. Lorsque vous serez en mesure de respirer convenablement, prenez conscience de vos mains et de vos pieds. Toute cette dernière étape est cruciale pour parvenir à projeter efficacement votre conscience et du même coup vous retrouver sur le plan astral.

Rendu à ce point, deux choses sont possibles. Soit que vous vous êtes réellement projeté dans votre corps psychique et que vous avez réussi une authentique projection astrale, soit que rien ne s'est produit et que vous êtes toujours couché sur le dos et bien détendu. Dans le cas échéant, ne désespérez pas. Avec de la pratique et des efforts constants, vous finirez par obtenir le succès escompté.

Quand vous serez parvenu à expérimenter une véritable sortie hors corps, contentez-vous au début à seulement regarder tout autour de vous et expérimenter quelques petits déplacements dans votre demeure. Vous aurez peut-être tendance à essayer de marcher, comme vous le feriez avec vos jambes, même si cela n'est pas tout à fait nécessaire. Souvenez-vous, votre véhicule astral répondra toujours plus aisément à une impulsion émotionnelle qu'à une commande mentale. Ce dernier demande de la pratique pour le contrôler et le diriger et vous êtes en stade d'apprentissage. Apprenez à vous déplacer pas à pas, lentement mais sûrement. Bref, il est certain que vous éprouverez une très grande satisfaction et cela est largement mérité. Par ailleurs, n'oubliez pas de demeurer à bonne distance de votre corps reposant sur le dos. Si vous passez trop près de celui-ci, il est fort possible que sans le vouloir vous en veniez à le réintégrer de façon très subite, ce qui mettrait un terme à votre sortie astrale.

Par ailleurs, comme vous ne serez aucunement régit par les lois du temps et de l'espace, tâchez de ne pas demeurer hors corps pendant une trop longue période de temps. Contentez-vous de petites séances pour commencer, tant que vous n'aurez pas acquis assez d'expérience en la matière. Cela s'avère important surtout si vos sens psychiques ne sont pas encore tout à fait alertes. En effet, vous pourriez ressentir une certaine solitude et un silence des plus complet, le tout parfois accompagné d'un léger sentiment de panique. Avec de plus en plus d'expérimentations, tout ceci vous passera.

Finalement, n'essayez pas d'en faire trop lors de vos premières tentatives réussies. Demeurez dans la pièce où vous êtes et prenez le temps nécessaire pour vous familiariser avec votre nouveau véhicule en effectuant quelques déplacements, sans plus. Quand viendra le temps de mettre un terme à votre sortie astrale, approchez-vous de votre corps physique par la seule force de votre volonté et réintégrez-le. Glissez à l'intérieur de celui-ci comme vous le feriez en enfilant un une combinaison une pièce. Après un court laps de temps, vous devriez avoir repris conscience de votre corps physique comme auparavant, comme si vous sortiez d'un long sommeil. Il est possible également que le simple fait de vous retrouver à proximité de votre corps sera suffisant pour spontanément le réintégrer.

Je le répète encore une fois, le succès réside surtout dans la capacité de pouvoir se retourner à l'intérieur du corps astral. Certaines personnes peuvent réussir du premier coup tandis que d'autres auront besoin de plus de pratique. Cela est relatif pour chaque individu. Si vous avez mis en pratique tous les exercices de ce présent ouvrage, vous devriez réussir en quelques tentatives tout au plus.

Lorsque vous aurez acquis passablement d'expérience, vous éprouverez sûrement l'envie de visiter d'autres Sphères et de nouvelles dimensions. Il vous sera, entre autres, possible d'explorer le plan éthérique afin d'avoir l'occasion de rencontrer et d'apprendre de nouvelles notions en provenance des Élémentaux. Comme je vous l'ai expliqué plus tôt, le plan astral est subdivisé en plusieurs niveaux de conscience. Ainsi, il vous sera possible de visiter et explorer entièrement toutes ces différentes zones de densité, selon vos désirs.

Pour visiter ces Sphères, vous n'aurez seulement qu'à le vouloir intensément et vous y projeter en conscience pour aussitôt vous y retrouver. Manifestez votre désir d'y être et vous y serez. De cette façon, explorez de nouvelles dimensions et tentez de vous enquérir d'informations des plus diverses. Essayez de rencontrer les habitants de ces zones de densité et recueillez tout ce dont il vous plaira en termes d'expériences et de connaissances.

La technique de la corde

La seconde méthode de projection astrale avec laquelle vous devez vous familiariser se nomme la technique de la corde. C'est un moyen différent qui ne fait pas emploi du simulacre. Si vous avez éprouvé des difficultés avec la technique précédente, il est fort probable que vous pourrez réussir plus aisément avec ce nouvel exercice. Les deux méthodes sont aussi efficaces l'une que l'autre. Il ne vous restera plus qu'à juger par vous-même quelle technique vous offrira le plus de succès à réaliser ce détachement de la conscience dans le corps psychique.

En suivant les explications qui suivront, cette méthode facile vous permettra de vous induire en une sortie astrale. Pratiquez-la sur une base régulière et vous serez à même de constater avec rapidité les résultats de votre progression. Je me permets de vous rappeler ce petit conseil de toujours tenir à jour vos pratiques et vos expériences, même vos échecs éventuels dans votre journal magique, de façon à conserver en permanence un bon suivi de votre formation. À l'aide de vos notes personnelles, vous pourrez ainsi comprendre avec plus d'aisance pourquoi telle ou telle journée s'est avérée plus efficace au détriment d'une autre et ainsi voir d'une manière éclairée tous vos progrès et futures réussites.

En temps normal, une séance quotidienne de la technique de la corde ne devrait guère excéder plus de trente minutes au maximum. Vous n'avez pas réellement besoin de calculer le temps, cette indication vous servira à titre informatif seulement. Si donc, au bout d'une trentaine de minutes environ, vous n'êtes pas parvenu à vous projeter sur le plan astral, arrêtez-vous et réessayez alors de nouveau un peu plus tard.

Premièrement, assurez-vous que le lieu que vous avez opté pour pratiquer cet exercice soit loin de toute distraction. Fermez les portes et fenêtres, coupez la sonnerie du téléphone, etc. Vous devez impérativement être dans un endroit tranquille et seul durant toute la durée de cette expérimentation. Veillez aussi à ce que ne soyez que faiblement éclairé. Tamisez les lumières ou éclairez-vous par la seule lueur d'une chandelle par exemple. Ensuite, assurez-vous de ne pas être trop vêtu; des vêtements amples seraient des plus appropriés. Vous devez pouvoir être à votre aise. Si vous désirez être nu, cela sera tout aussi parfait, c'est à vous de juger. Finalement, le dernier préparatif consiste à formuler à voix basse ou mentalement votre propre formule d'autosuggestion, laquelle vous employez déjà depuis un certain temps. Or, mentalisez positivement et au temps présent le fait que vous sortez de votre corps physique et que vous vous souviendrez de tout. Répétez cette phrase continuellement pendant un court moment, tout comme un mantra. Après plusieurs répétitions de votre formule, vous êtes fin prêt à passer à l'étape suivante.

Allongez-vous sur le dos, les bras le long du corps, paumes vers le bas et détendez-vous complètement. Étirez vos muscles de façon à ce qu'il n'y ait plus aucune réticence physique et relaxez tout votre corps. Par la même occasion, profitez-en pour détendre votre mental et chasser toutes ces pensées errantes de votre esprit qui risqueraient de vous nuire ou de vous perturber.

Enveloppez-vous ensuite d'une sphère de lumière dorée ou blanche. Cette étape est facultative, mais si vous éprouvez encore certaines craintes à vous retrouver sur le plan astral, de peur d'y faire une rencontre subite et imprévue, laquelle risquerait de vous surprendre et de prématurément mettre un terme à votre sortie hors corps, optez alors pour la sphère de lumière. Cette dernière vous protégera et apportera en vous un sentiment chaleureux de présence divine et de protection. Faites grandir cette sphère de façon à ce qu'elle englobe toute la pièce dans laquelle vous vous trouvez. Sachez que cette sphère vous protège et vous sécurise. Si désiré, vous pouvez également pratiquer le RMBP. Ce dernier vous apportera exactement les mêmes effets.

Dès que vous serez détendu et apte à poursuivre, fermez les yeux et respirez profondément en conservant un certain rythme. Demeurez attentif à votre respiration, celle-ci vous aidera à mieux vous centrer et augmentera votre capacité de concentration. Il est possible après peu de temps que vous en veniez à sentir le sommeil approcher. Si cela devait se produire, essayez de le combattre. Dans la pire des éventualités, vous vous endormirez et aurez tout simplement à recommencer l'exercice à un autre moment, lorsque vous serez plus alerte.

À présent, fixez attentivement la noirceur produite par vos yeux fermés. Il est plus que possible, après quelques instants, que des formes et des couleurs viennent à apparaître sur votre écran mental, bougeant ici et là de manière sporadique. Dans ce cas-là, continuez à les regarder tout en conservant le rythme de votre respiration. Cela vous aidera à vous centrer sur vous-même alors que peu à peu, vous aurez cette impression de rentrer lentement dans un certain état de transe.

Voici venue l'étape la plus importante de toute cette procédure. Imaginez, sans visualiser, qu'une corde est suspendue tout juste au-dessus de vous, soit au niveau de votre front, soit au niveau de votre plexus solaire. Saisissez-la dans vos mains et commencez à l'escalader. Ce qui est très important de réaliser, c'est que vous allez maintenant tirer sur la corde pour vous élever continuellement. Vous devez être en mesure de sentir cette corde entre vos mains tout au long de votre progression. Voilà entre autres réalités pourquoi vous avez développé votre sens du toucher psychique. Retenez que toute cette étape s'effectuera mentalement, sans jamais avoir recours à vos muscles et sans aucune visualisation. Sentez simplement la corde et cette action d'élever votre corps à mesure que vous grimpez, sans plus. Tentez également de demeurer entièrement concentré sur ce que vous faites sans jamais vous abandonner à la rationalisation. La projection astrale se produira naturellement. Or, ne commencez pas à rationaliser des pensées telles que "pendant encore combien de temps dois-je tirer sur la corde?" Grimpez, grimpez et grimpez sans penser, tout simplement et poursuivez votre ascension.

Tout au long de votre progression, vous devriez à un certain moment ressentir ce que j'appelle « *la décharge* ». Lorsque cela se produira, vous serez en mesure de ressentir une sorte de choc électrique, une vibration spéciale à travers tout le corps. N'ayez aucune crainte, cela est tout à fait normal et devra tôt ou tard se produire. Ce phénomène, cette sensation n'est pas désagréable et ne peut vous faire aucun mal. Vous risquerez tout simplement d'être surpris lorsque cela se produira lors des toutes premières fois. Ce sera le signe que vous attendiez. Cette décharge annonce que votre corps astral commence à se détacher du corps physique, donc tout va pour le mieux, vous êtes sur la voie du succès. Au moment même où vous serez en mesure de ressentir ce phénomène, votre corps devrait déjà vous sembler être très lourd, mais suivant cette décharge, il devrait normalement vous sembler l'être encore davantage, comme si vous étiez soudainement dans un état de relaxation très avancé. Poursuivez votre progression. N'arrêtez surtout pas de grimper.

Après avoir passé le début de la séparation du corps psychique, continuez à grimper cette corde imaginaire, toujours en la ressentant dans vos mains et en demeurant bien centré sur ce que vous faites. Restez calme et immobile. Votre corps vous semblera s'alourdir continuellement comme si vous vous enfonciez de plus en plus profondément. Si à un moment donné une inquiétude se faisait ressentir, tentez alors de la dissuader et de vous calmer en vous concentrant de nouveau sur votre rythme respiratoire. Souvenez-vous également de la présence de la sphère de lumière qui vous protège et elle vous apportera un sentiment de réconfort.

Finalement, vous devriez en peu de temps quitter votre enveloppe charnelle et vous retrouver sur le plan astral, flottant tout près de votre corps physique. Lorsque vous y serez parvenu, vous serez à même de contempler votre corps étendu sur le dos, calme et inerte dans un état de mort apparente. Contentez-vous alors que de petites explorations dans les environs et prenez le temps nécessaire pour vous familiariser avec votre corps astral. N'allez pas trop loin pour commencer. Effectuez que quelques déplacements, pas à pas et apprenez à vous déplacer convenablement. Une fois encore, n'oubliez pas de vous maintenir à une distance respectable de votre corps. Si vous passez trop près de celui-ci, il est plus que probable que vous en veniez à le réintégrer de façon subite, sans même avoir éprouvé le désir de mettre un terme à votre projection astrale.

Dans le cas contraire, si vous avez encore quelques difficultés à quitter votre enveloppe physique, vous pourrez forcer légèrement la sortie par la visualisation. Essayez alors ce qui suit. Après le phénomène de la décharge, imaginez votre corps s'alléger et ressentez que celui-ci flotte librement vers le plafond, tout juste au-dessus de votre corps physique ou encore, essayez de rouler consciemment sur le côté pour vous retrouver à l'extérieur de votre corps physique. Évidemment, vous ne bougerez pas réellement, tout cela s'accomplira mentalement.

Quand viendra le moment de conclure cette sortie hors corps, approchez-vous de votre corps physique par la seule force de votre volonté et réintégrez-le. Après un court laps de temps, vous reprendrez conscience comme auparavant, comme si vous sortiez d'un long sommeil.

Si vous n'obtenez pas de résultats convenables lors de vos premiers essais, n'allez surtout pas vous décourager pour autant. Notez qu'il est plus que probable que vous ne puissiez réussir dès votre première tentative. De façon générale, ce processus apporte les résultats escomptés en une trentaine de jours environ. Redoublez donc de patience et ne l'oubliez pas, le secret de la réussite consiste en ces trois mots que vous connaissez maintenant: la pratique, la pratique et la pratique!

35 - La Magie Astrale

Le magicien sait désormais comment, en appliquant divers procédés, s'induire en une projection astrale consciente. Il a également été expliqué les méthodes pour voyager au sein des différentes dimensions et comment parvenir à y rencontrer leurs habitants. Le magicien en formation va maintenant voir comment il peut parvenir à modifier ses pratiques quotidiennes et comment les élever à un niveau supérieur. L'élève finissant va maintenant découvrir comment pratiquer la magie et les rituels à même la Sphère du plan astral.

Modification des pratiques quotidiennes

Je vous ai mentionné au tout début de cet ouvrage que plus vous avancerez en niveau, plus vos pratiques quotidiennes en seraient écourtées. Voilà où maintenant tout ceci prendra un sens. Vous devriez maintenant être en mesure de réaliser à volonté un transfert de la conscience dans votre corps psychique et d'explorer à votre guise le plan astral. Si vous n'avez pas encore maîtrisé la projection astrale, cela ne vous empêchera pas nécessairement de pratiquer ce qui suit. Sachez que vous ne pourrez tout simplement pas l'expérimenter complètement. Vrai, vous pourrez tout de même vous exercer pour un moment ultérieur en appliquant la technique de la magie consciente à l'aide du double.

Il existe de nombreux bienfaits à pratiquer la magie au niveau du plan astral. Non seulement la mise en application des rituels de magie cérémonielle sera plus performante et beaucoup plus puissante, mais votre magie en deviendra tout aussi décuplée et vous gagnerez bien entendu en temps, en écourtant la durée de ces dites pratiques magiques.

Pour ce faire, induisez-vous en sortie hors corps et allez de l'avant avec la pratique de vos rituels, comme vous le feriez en temps normal, mais cependant, directement à partir du plan astral. Vous remarquerez avec quelle aisance vous serez en mesure de conduire les rituels et visualiser les symboles magiques à tracer. Votre degré de visualisation deviendra encore plus accentué.

Pratiquez donc de cette même façon le Rituel Mineur de Bannissement du Pentagramme, le Rituel de Bannissement de l'hexagramme, le Rituel du Pilier du Milieu et tous les autres rites de cet ouvrage, en le faisant de la même manière que vous le feriez si vous étiez sur le plan physique, comme vous avez pris habitude le faire à tous les jours.

Hormis vos pratiques quotidiennes, il vous sera également possible d'élaborer de tous nouveaux rituels et techniques occultes. Par exemple, en apprenant à s'entourer et à maîtriser un nuage formé de matière psychique, le mage serait en mesure de passer inaperçu aux yeux des Entités de ce plan, devenant ainsi invisible. Ceci n'est qu'une application magique parmi tant d'autres.

Rendu à ce degré de développement au sein de cette formation magique, je ne vous en dévoilerai pas plus au sujet des techniques astrales car je vous encourage fortement à l'expérimentation personnelle. Vous possédez maintenant assez de maturité magique pour être capable de faire vos propres essais et de réaliser vos propres expériences en suivant votre raisonnement et conscience.

La magie astrale à l'aide du simulacrum

Je tiens maintenant à vous expliquer une autre manière de procéder pour conduire vos rituels quotidiens. Bien qu'il vous soit maintenant possible de les pratiquer hors corps, comme il vient d'être démontré, il existe à cet effet une autre méthode dite pseudo-astrale ou si vous préférez, en projetant votre volonté à l'intérieur d'un simulacre de votre propre personne. La technique suivante sera appliquée de façon identique pour tous les rituels que vous voudrez entreprendre.

Asseyez-vous au centre de votre pièce de travail ou adoptez votre âsana et détendez votre corps. Respirez calmement avec un rythme régulier. Faites face à l'Est ou à la direction prescrite par le rituel le cas échéant et assurez-vous que ni vos bras, ni vos jambes ne soient croisés. Fermez à présent les yeux, vous êtes prêt à entamer le rituel.

Visualisez un simulacre de votre propre personne ou une image améliorée de vous, debout devant vous. C'est ce double qui accomplira le rituel à votre place. Prenez le temps de bien le constituer en éjectant via le plexus solaire la substance astrale de couleur gris argenté et visualisez-le clairement dans votre esprit. Vous savez comment le créer et je m'abstiendrai donc de commenter les détails. N'oubliez pas, le simulacre n'est pas un esclave soumis, ce dernier est réellement une partie de vous-même.

Lorsque votre double sera dûment créé et bien en place, clairement visible devant vous, utilisez votre force de volonté pour qu'il s'oriente face à l'Est ou à la direction prescrite par le rituel. Par cette simple commande mentale, votre double s'exécutera et prendra la position désirée.

Maintenant, sans jamais prononcer un seul mot, uniquement par votre volonté, faites accomplir à votre double astral tout le rituel en entier. Essayez de voir, ressentir et visualiser tout ce qu'il fait, comme si c'était vous qui meniez le rituel en question. Pour votre part, ne bougez pas et demeurez toujours en place, les yeux clos, assis au centre de votre cercle magique où reposerait généralement votre autel. Ainsi, voyez votre double faire le tour du cercle, s'adonner au tracé des symboles, à la vibration des noms magiques, etc. Vous ne faites que le contrôler et l'observer agir pour vous.

Lorsque le rituel sera complété, réintégrez votre simulacre et absorbez toute la substance astrale qui fut précédemment éjectée. Ouvrez les yeux, vous avez terminé.

Voici comment se déroule la pratique des rituels astraux. Bien entendu, vous vous direz que cette technique ne s'opère pas tout à fait à partir du plan astral, je l'admets, elle s'effectue plutôt à partir de votre propre substance psychique. Néanmoins, tôt ou tard vous finirez par expérimenter ce que l'on nomme la bi-location, c'est-à-dire qu'ultérieurement, lorsque vous serez assez ouvert et prêt, vous éprouverez une conscience à la fois de votre corps physique et aussi, en même temps, de votre corps astral, lequel sera en train de pratiquer le rituel. Il est même possible à certains moments que votre conscience passe sporadiquement de l'un à l'autre, se transférant ici et là, de corps en corps. Si vous avez mis en pratique tous les exercices de la projection de la conscience et de projection astrale, à un certain moment donné, lorsque vous serez en train de faire un rituel par votre simulacre, vous pourriez soudainement vous retrouver en lui et avoir, à ce moment-là, sans même nécessairement l'avoir souhaité, été projeté sur le plan astral.

Appliquez donc cette même méthode pour pratiquer le RMBP, le RBH et tous les autres rituels de cette formation magique. Vous constaterez en peu de temps comment vos pratiques quotidiennes s'effectueront rapidement. Peu à peu, vous finirez par faire tous vos rituels uniquement que de cette manière au lieu de les conduire physiquement, c'est-à-dire, astralement.

La Synthèse

L'Obtention des plus Grands Secrets Magiques

L'élève a appris au tout début de cet ouvrage les cinq maximes primordiales; les cinq règles de conduite de tout magicien digne de ce titre. En appliquant cette première règle d'Or : *étudier, apprendre et appliquer*, il a été en mesure d'élargir son savoir, d'apprendre de nouvelles techniques magiques et d'augmenter considérablement ses connaissances occultes.

La magie est véritablement une science complète. Lorsque nous empruntons le chemin initiatique, nous nous rendons compte rapidement qu'il existe un lot impressionnant de notions et de Lois hermétiques, naturelles et Cosmiques insoupçonnées, dont nous n'avions, jusqu'à ce jour, encore aucune connaissance de leur existence. Plus nous désirons ardemment apprendre, plus nous nous posons des questions. Ensuite, plus nous trouvons les réponses à nos interrogations, plus ces dernières amènent encore plus de questions à élucider. Tel est cette roue de l'apprentissage, elle tourne, tourne et tournera encore. Vous êtes ici sur cette Terre pour apprendre et agir, mais surtout, pour vous souvenir.

Je vous mentionnais que l'érudition en magie n'était jamais instantanée. En ayant mis en pratique tous les différents niveaux de cette formation de Haute Magie, vous savez maintenant de quoi il en retourne. Vous pouvez maintenant comprendre ce principe en ayant vous-même appliqué toutes les informations et les techniques que je vous ai transmises.

Ainsi, l'ultime sagesse magique ne pourra jamais vous être communiquée par aucune personne, ni aucun groupe ésotérique ou spirituel, ni même par votre humble guide sur ce sentier initiatique. Vous devez rechercher ces informations par vous-même et les appliquer quotidiennement dans votre vie de tous les jours. Pour ma part, je ne vous ai donné qu'un petit coup de pouce en vous révélant certains secrets de la magie. Mais retenez bien que ce livre que vous possédez maintenant, dont vous êtes en train de faire la lecture, vous avez dû entreprendre une certaine démarche pour vous le procurer. Il n'est pas apparu dans vos mains comme cela. Certes, le hasard n'existe pas! Rien n'arrive pour rien et si vous étiez attiré dans votre for intérieur à en faire l'acquisition, c'était indubitablement pour les meilleures des raisons. Comprenez-vous ce que j'essaie de vous expliquer? Sans avoir accompli vous-même cet effort pour chercher et acquérir ces informations, jamais vous n'auriez pu satisfaire votre soif de savoir, cette quête personnelle de connaissances magiques, laquelle est encore loin d'être achevée.

En ayant pris la décision de suivre cette formation magique, vous avez décidé d'exploiter au maximum toutes vos capacités. Vous avez appris à générer et contrôler la puissance magique en accord avec votre volonté et conscience. Vous avez également découvert comment mettre en application des rituels de magie cérémonielle pour générer cette puissance magique afin de l'utiliser à bon escient. Toutes ces techniques vous ont apporté les fruits de votre dur labeur et elles vous en apporteront encore davantage en vous ouvrant la porte à de toutes nouvelles dimensions.

Il existe en ce moment d'autres livres qui peuvent aussi vous apporter une étincelle de savoir et sûrement que vous en possédez déjà quelques-uns. Des livres traitant de la kabbale, de Haute Magie, de philosophie ésotérique, des ouvrages sur la spiritualité et bien d'autres. Votre bagage de connaissances grandit à la lecture de ces pages.

Ceci dit, bien que certains ouvrages, autres que celui-ci puissent tout aussi être d'excellentes références, si vous aspirez à découvrir les secrets ultimes de la magie, ce n'est pas ici que vous les trouverez. En effet, je vous ai transmis une bonne partie de mon savoir qui fait maintenant partie du vôtre. *Mais la véritable connaissance magique, cette grande et noble Science et discipline n'est pas disponible sur le plan matériel. Elle ne peut qu'être apprise et transmise que par les Entités des plans plus élevés.*

Je vous ai fourni à ce jour toutes les techniques magiques essentielles pour faire de vous un impressionnant magicien. Vous savez entre autres comment projeter votre conscience sur les autres plans d'existence et comment aller chercher ces informations et cette ultime sagesse magique. Je mentionnais précédemment que ces mêmes procédés vous ouvriraient de nouvelles portes, de nouveaux sentiers à explorer. Je vous ai donné tous les outils pour y arriver et maintenant, il n'en tient qu'à vous pour explorer ces Sphères Célestes afin d'y terminer votre formation magique. Je vous ai transmis l'essentiel des connaissances que je possède, une toute petite et infime parcelle de sagesse, pour que vous puissiez y parvenir. Dès lors, je vous quitte et me retire jusqu'à une prochaine fois. C'est à vous de jouer.

Ainsi, en ayant pris le temps nécessaire pour étudier et apprendre toute la matière contenue dans ce livre, en ayant mis en pratique sur une base régulière les techniques employées par les vrais magiciens, vous avez considérablement changé. Vous vous êtes littéralement transformé en une bien meilleure personne que vous ne l'étiez auparavant. Vous êtes à présent un véritable praticien de l'Art, un noble magicien qui sait désormais comprendre et appliquer cette Science Authentique qu'est la Science des Mages...

www.ingramcontent.com/pod-product-compliance
Lightning Source LLC
Chambersburg PA
CBHW060458090426
42735CB00011B/2029